Felicitas Römer

Meine liebe
NERVENSÄGE

Warum störende Kinder
nicht gestört sind und wie
wir ihnen helfen können

Dieses Buch ist auch als E-Book erhältlich:
ISBN 978-3-407-22474-3

www.beltz.de

1. Auflage 2012

Alle Rechte der deutschsprachigen Ausgabe
© 2012 Beltz Verlag, Weinheim und Basel
Umschlaggestaltung: www.anjagrimmgestaltung.de (Gestaltung),
www.stephanengelke.de (Beratung)
Umschlagabbildung: © GettyImages/Digital Vision/Mimi Haddon
Druck und Bindung: Beltz Druckpartner GmbH & Co. KG,
Hemsbach
Printed in Germany

ISBN 978-3-407-85943-3

Inhalt

Zwei

Drei

Vier

Von Problembären und Sündenböcken. Warum es manche Kinder schwerer haben und was wir von ihnen lernen können   119

Fünf

»Hilfe, mein Kind nervt!«
10-Punkte-Plan für gestresste Eltern

Ausblick

Vorwort

Liebevoll begleiten statt kritisch beäugen – der etwas andere Blick auf »schwierige Kinder«

Kinder stehen heute zunehmend im Mittelpunkt unserer Aufmerksamkeit. Sie gelten schon früh als »kleine Persönlichkeiten« und werden ernst genommen wie nie zuvor. Vorbei sind die Zeiten, in denen das Kind als beliebig formbare Knetmasse galt oder als Prügelknabe, der gefälligst einfach zu gehorchen habe. Wir pflegen einen kindzentrierten, demokratischen Erziehungsstil und haben es Ende des 20. Jahrhunderts endlich geschafft, das Recht des Kindes auf eine gewaltfreie Erziehung gesetzlich festzuklopfen. Wir gewähren dem Kind Mitspracherecht, es wird gefördert und materiell so gut ausgestattet wie möglich. Kurzum: Vielen Kindern geht es heute bestens.

Das ist eine wunderbare Entwicklung.

Einerseits. Wäre da nicht das Andererseits. Denn es gibt eine Kehrseite der Medaille. Das Kind gerät nämlich durch seine wachsende Bedeutung für Familie und Staat zunehmend unter kritische Beobachtung: Entwickelt es sich gut genug? Kann es das, was das gleichaltrige Nachbarkind schon kann? Ist es vielleicht hochbegabt? Schließlich darf uns der Hoffnungsträger Kind nicht enttäuschen. In Zeiten stagnierender Geburtenraten brauchen wir kompetenten Nachwuchs! Nicht nur Eltern wollen ihren Kindern eine glänzende Karriere ermöglichen, auch die Wirtschaft setzt voll und ganz auf möglichst leistungsstarke Führungskräfte von morgen. Das setzt Kinder zunehmend unter

Druck. »Bin ich gut genug?« ist eine Frage, die sich mittlerweile schon Grundschüler häufig stellen.

Doch nicht nur die Leistungsfähigkeit des Kindes, auch sein Verhalten wird von Eltern, Erzieherinnen und Lehrern einer ständigen Prüfung unterzogen: Verhält es sich »kooperativ« und »angemessen«? Sind seine Schlüsselkompetenzen ausreichend ausgeprägt? Ist es neugierig, durchsetzungsfreudig und anpassungsfähig? Oder ist es etwa manchmal störrisch, spröde oder schüchtern? Mischt es nicht ordentlich mit oder will es dauernd im Mittelpunkt stehen? Stört es oft oder ist es im Gegenteil zu introvertiert?

»Bin ich gut genug?«, fragen sich mittlerweile schon Grundschüler.

Dann bekommen Eltern in gut gemeinten Elterngesprächen zu hören, dass ihr Kind sich irgendwie »unangemessen« benehme. Ob feinmotorische Defizite oder Leseunlust, ob träumerischer Rückzug oder offensives Einfordern von Aufmerksamkeit: Es scheint, als gebe es immer mehr »auffällige« Kinder, die den pädagogischen Normen nicht entsprechen oder den reibungslosen Gruppenprozess in Kita und Schule hemmungslos durchkreuzen.

Doch ist das wirklich so? Haben wirklich 25 % aller Grundschulkinder eine Therapie nötig? Sind unsere Kinder kleine Tyrannen oder lerngestörte kleine Monster? Oder ist unser Blick einfach nur viel kritischer geworden?

Tatsache ist, dass immer mehr Kinder die Diagnose AD(H)S attestiert bekommen. Sind diese Kinder wirklich hirnorganisch krank? Oder liegen die Ursachen für unsere unruhigen Kinder vielleicht im System und sind also hausgemacht?

Wenn Eltern dann ernsthafte Probleme mit einem »schwierigen« Kind haben, stehen sie oft eher am Pranger, als dass ihnen jemand hilfreich zur Seite steht. Das erhöht den Druck sowohl bei den Eltern als auch beim Kind, dem ständig signalisiert wird, dass es irgendwie anders ist, als es eigentlich sein sollte.

Dabei braucht ein »auffälliges« Kind genau das: das sichere Gefühl, liebevoll angenommen zu werden. Doch die gegenwärtige, allgemein verbreitete Beobachtungs- und Bewertungspraxis macht Eltern und Erziehern diese akzeptierende Grundhaltung zunehmend schwer. Das Kind wird in erster Linie als Problembär mit massiven Defiziten betrachtet denn als junge Person mit ganz normalen Entwicklungsaufgaben, bei deren Bewältigung wir Erwachsenen erheblich beitragen könn(t)en.

Ein »auffälliges« Kind braucht das sichere Gefühl, liebevoll angenommen zu werden.

Dieses Buch wirft also zunächst einen Blick auf die gesellschaftlichen Bedingungen, in denen ein kritteliges Beäugen unserer Kinder hemmungslos blühen und gedeihen kann. Und es beschäftigt sich mit den fatalen Folgen, die daraus resultieren: Was heißt es eigentlich, »auffällig« zu sein? Wer bestimmt das? Und was bedeutet dieser Stempel für das betroffene Kind und seine Eltern?

Insofern ist dieses Buch ein Plädoyer dafür, einen gelasseneren und liebevolleren Blick auf unsere »schwierigen« Kinder zu werfen.

Dann aber möchte es Sie, liebe Leser und Leserinnen, dazu einladen, sich ganz individuell mit Ihrer »lieben Nervensäge« zu beschäftigen. Sie werden allerdings keine Patentrezepte finden, sondern zahlreiche bewährte Ideen aus der Beratungspraxis, die Sie im Sinne einer »Hilfe zur Selbsthilfe« ganz individuell aufgreifen und in Ihrem Familienleben umsetzen können. In diesem Sinne wünsche ich Ihnen eine hoffentlich anregende Lektüre und den ein oder anderen erfrischenden Aha-Effekt.

Hamburg, den 31.05.2012   Felicitas Römer

Eins

Generation Zahnspange.
Der Traum vom makellosen Kind.
Und seine Folgen

Alle Eltern wollen, dass sich ihre Kinder möglichst gut entwickeln. Der Wunsch, ein fröhliches, selbstbewusstes und leistungsfähiges Kind heranzuziehen, ist allzu verständlich, menschlich und legitim. Und er ist Ausdruck unserer elterlichen Fürsorge und Liebe.

Dass aber unser Wunsch nach dem starken und glücklichen Kind mittlerweile fast etwas Zwanghaftes an sich hat und wir nahezu ängstlich jede kleinste Abweichung unserer Kinder mit größter Sorge betrachten, manövriert uns und unsere Kinder langsam in eine missliche Lage. Wir geraten unter Druck. Wir werden zu Kinderperfektionierern, zu den schärfsten Kritikern unserer selbst und zu Beobachtern unserer Kinder. Doch warum fehlt uns zunehmend die Gelassenheit, Schwierigkeiten mit unseren Kindern als Chancen zu sehen und zu nutzen? Warum fehlt uns immer mehr der Mut, Abweichungen von der Norm liebevoll zu tolerieren und einfach als kleinere »Baustelle« in unser Leben zu integrieren? Um das verstehen zu können, ist ein kleiner Blick auf unsere gesellschaftliche Entwicklung hilfreich. Denn Erziehung findet nicht im luftleeren Raum statt, sondern geschieht immer im Kontext der aktuellen sozialen Bedingungen und Veränderungen.

Kinder sind für uns keine Selbstverständlichkeit mehr. Sie sind rares, wertvolles Gut geworden. Dank wirksamer Verhütungsmittel ist es kein zwingendes Naturgesetz mehr, Kinder zu bekommen. Es ist zu einem persönlichen Unterfangen geworden, das uns emotional bereichern und zu unserem Lebensglück beitragen soll. Zu einer freiwilligen Zusatzaufgabe, für die wir die volle persönliche Verantwortung tragen. Keinem Sohn wird heute die Verpflichtung in die Wiege gelegt, das Geschäft des Vaters zu übernehmen. Keine Tochter muss noch auf dem elterlichen Hof den Kuhstall ausmisten oder der Mutter beim Nähen helfen. Kinder sind kein Muss, nicht notwendig hilfreiche Unterstützung im Alltag oder Alter. Kinder sind zum Luxus geworden, den man sich gönnt und für den man sich bewusst entscheidet. Und dem man sich dann natürlich entsprechend verpflichtet fühlt.

Das ist eine positive Entwicklung, die uns viel Elend erspart. Wie viele Mütter sind früher an den Folgen einer Schwangerschaft gestorben oder wurden wegen einer unehelichen Geburt verstoßen. Diese schlimmen Zeiten sind vorbei. So erblicken hierzulande zwar viel weniger Kinder das Licht der Welt als früher, dafür aber prozentual mehr, die erwünscht sind und eine realistische Chance auf ein menschenwürdiges Aufwachsen haben. Insofern ist eine niedrige Geburtenrate ein Zeichen von Wohlstand und Fortschritt, nicht von Kinderfeindlichkeit. So paradox es scheint: Steigt der Lebensstandard eines Landes, sinken seine Geburtenraten. Das ist ein alter Hut. Kein Wunder also, dass Deutschlands Geburtenquote im internationalen Vergleich sehr niedrig ausfällt, schließlich sind wir eines der reichsten Länder der Welt. Nur 1,36 Kinder gebar eine deutsche Frau im Jahr 2009 durchschnittlich. Mit dieser mageren Rate bildet Deutschland in Sachen Babys das Schlusslicht Europas.

Viel Verantwortung auf wenigen Schultern? Wie der demografische Wandel Eltern und Kinder belastet

Die niedrige deutsche Geburtenrate ist nicht ganz so neu, wie in der gegenwärtigen öffentlichen Debatte suggeriert wird. Vielmehr ist sie schon seit Mitte der 1970er-Jahre – von leichten

Schwankungen abgesehen – auf niedrigem Niveau konstant. Die deutsche Bevölkerung droht weiter kontinuierlich zu schrumpfen. Laut Bundeszentrale für politische Bildung ist die Reproduktion einer Bevölkerung nämlich nur dann gewährleistet, wenn die Geburtenziffer dauerhaft bei einem Wert von 2,1 liegt.[1] Soll heißen: Brächte jede deutsche Frau im Laufe ihres Lebens durchschnittlich 2,1 Kinder zur Welt, wäre unser demografisches Problem zwar vorerst nicht gelöst, aber zumindest entschärft. Bleibt die Quote weiterhin so niedrig, wird die deutsche Bevölkerung laut Statistischem Bundesamt bis 2050 um rund sieben Millionen auf 75 Millionen Menschen zusammenschnurren.

Aber wenn der Zusammenhang zwischen Wohlstand und sinkender Geburtenrate bekannt ist und die deutsche Geburtenrate seit dreißig Jahren vor sich hindümpelt, warum finden wir das eigentlich auf einmal problematisch? Sind uns Babys plötzlich ans Herz gewachsen? Ist eine neue Kinderliebe ausgebrochen? Oder eine innovative Familienfreundlichkeit? Das Recht und die Möglichkeit, über seine Fortpflanzungsaktivitäten selbst zu bestimmen, sind doch schließlich wichtige Errungenschaften der Zivilisation und Frauenbewegung. Warum sollte das plötzlich schlecht sein?

Es sind vor allem wirtschaftliche Aspekte angesichts des verschärften globalisierten Wettbewerbs, die uns hier genauer hinsehen lassen. Wer soll unser Land ökonomisch vorantreiben, wenn ihm die Bewohner ausgehen? Zuwanderung wäre eine mögliche Lösung, über die man mittlerweile auch nachzudenken bereit ist.

Doch lieber wären den Politikern und Bevölkerungsexperten deutsche Babys mit gehobenem Bildungshintergrund, die allen Untersuchungen zufolge die besseren Chancen auf eine qualifizierte Ausbildung und gute Jobs haben. »Es gibt zwar nirgendwo in der Welt eine Knappheit an Menschen, aber wir brauchen qualifizierte Leute. Arbeitslose und Sozialhilfeempfänger lösen das Problem nicht, sondern verschlimmern es«, sagte Herwig Birg, Bevölkerungsexperte an der Uni Bielefeld, im Jahr 2000 im Spiegel.[2] Natürlich, wer will schon Kinder aus prekären Verhältnissen oder aus Hartz-IV-Familien durchfüttern? Sie kosten den

Staat zu viele Steuergelder und zahlen später zu wenig in die Sozialkassen ein. Also müssen Mittel- und Oberschichtpaare ran. Doch gerade die gut ausgebildete Frau, respektive die Akademikerin, zeigt sich, was den Reproduktionsfleiß angeht, angeblich störrisch. »Ja und?«, möchte man fragen. Es ist doch ihr gutes Recht. Jeder weiß, dass eine beruflich hoch qualifizierte Frau nach der Geburt eines Kindes einen gravierenden Karriereknick in Kauf nehmen muss – auch wenn viele das mittlerweile dementieren bzw. das Gegenteil davon vorzuleben scheinen, wie etwa Angelina Jolie und Heidi Klum. Sie demonstrieren lächelnd und souverän: Kind und Karriere? Geht doch!

Natürlich kann das gehen. Dass es allerdings auch auf das finanzielle Polster und das zur Verfügung stehende Hilfesystem ankommt, bleibt oft unausgesprochen. Und wie es allen Beteiligten dabei geht, weiß auch keiner genau. Dass die familiären Belastungen bei engagierten Doppelverdienern groß sein dürften, liegt auf der Hand.

Jede Frau, die sich mit dem Thema Kinderwunsch auseinandersetzt, weiß auch, dass von ihr heutzutage der maximale emotionale, praktische und finanzielle Einsatz in Sachen Kind abverlangt wird. Es darf in der Erziehung keine Mühe gescheut und keine Zeit verplempert werden, keine Chance darf ungenutzt bleiben, jedes noch so marginale kindliche Talent muss entdeckt werden. Das Kind soll nicht nur glücklich und erfolgreich, sondern auch psychisch stabil und konkurrenzfähig werden. Das Kleinkind wächst demzufolge am besten gleich dreisprachig auf, da sein Gehirn besonders aufnahmefähig ist und seine Berufschancen in einer globalisierten Welt damit rasant wachsen. Auch haben Eltern das Gefühl, viel an der Durchsetzungsfähigkeit ihres Sprösslings arbeiten zu müssen. Schon jetzt lassen sich immer mehr Mütter und Väter beobachten, die es einfach nur gut finden, wenn ihr Kind seine Interessen gegenüber anderen Spielkameraden hemmungslos durchsetzt. Der andere kleine Kerl ist selber schuld, wenn er sich nicht wehrt, er hat halt zu wenig Selbstbewusstsein! Viele Eltern bringen ihren Kindern entsprechend auch nicht mehr bei, Rücksicht auf andere Menschen zu nehmen. Eine gute Portion Egoismus und Rücksichtslosigkeit scheint man in unserer Ellbogengesellschaft zu brauchen. Warum also Kinder zu Gemeinsinn und Rücksichtnahme erziehen, wenn es letztlich doch nur darum geht, den eigenen Vorteil zu sichern? Wer den Weg des Erfolges einschlagen möchte, muss sich schließlich früh dem Wettbewerb aussetzen und das Gewinnen üben.

Bei all diesen Ansprüchen ist es kein Wunder, dass der Kinderwunsch auf irgendwann verschoben wird. Wie soll man das als Berufstätige wuppen, ohne daran zu verzweifeln? Bei so hohen Erwartungen wird jedes Babygeschrei zum Ernstfall, jeder Zornausbruch zum Störfall, jede langwierige Kinderkrankheit zum Desaster, jede vermeintliche Entwicklungsverzögerung zum Super-GAU. Kein Wunder, dass Eltern den Erziehungsberatungsstellen und Lerntherapeuten die Bude einrennen.

Der Traum vom harmonischen Familienleben und vom perfekten Kind platzt schnell, wenn die ersten Konflikte und Schwierigkeiten auftauchen. Viele Eltern vergessen, dass Konflikte, Streit und Stress zum Familienleben gehören, dass Kinder keine programmierbaren Maschinen und sie selbst keine Alleskönner sind. Es ist unübersehbar, dass immer mehr Eltern professionelle Hilfe aufsuchen, und zwar nicht nur in außergewöhnlich heftigen Familienkrisen. Sie wenden sich immer häufiger mit recht alltäglichen Problemen an Erziehungsberater, z.B. wenn das Kind in eine sogenannte »normative« – also, entwicklungspsychologisch betrachtet, völlig normale – Krisenzeit wie etwa die »Trotzphase« oder die Pubertät kommt.

Das ist an sich nicht schlecht: Niemand, der Hilfe benötigt, sollte sich scheuen, diese in Anspruch zu nehmen! Und es liegt auch keineswegs daran, dass die Eltern von heute unfähiger wären als in anderen Zeiten. Im Gegenteil: Sie wissen mehr denn je und sind engagierter denn je. Die steigende Tendenz, bei relativ »normalen« Problemen schon zum Therapeuten zu laufen, zeigt aber deutlich, dass die elterliche Sorge, etwas falsch zu machen, riesig ist.

Kinder können ebenso wenig perfekt sein wie Eltern.

Die mütterliche Vorstellung lautet oft: Wenn ich bloß alles richtig mache, kann ich Konflikte in der Familie und Stress verhindern. Und umgekehrt: Wenn es Stress und Streit gibt, bin ich schuld daran, weil ich etwas falsch mache. Das ist nicht nur unrichtig, sondern auch eine völlige Selbstüberforderung. Ebenso wenig, wie ich als Mutter und Vater alles richtig machen kann, kann mein Kind perfekt sein.

Das Vertrauen der Eltern in die eigenen Fähigkeiten und die des Kindes nehmen proportional ab, je höher der Druck von außen wird. Dabei ist es genau die Gelassenheit der Erwachsenen, die Kinder so dringend für ihre Entwicklung brauchen, ihre Zuversicht, ihr Zutrauen und ihren Zuspruch. Doch wenn ein Kind von Anfang an signalisiert bekommt, dass es immer etwas zu leisten habe, um den Eltern zu beweisen, dass sie keine Angst zu haben brauchen, dann ist das von Anfang an eine schwere Bürde.

Neben der massiven Verantwortung und den diffusen Erwartungen, die auf den Eltern lasten, bedeuten Kinder aber auch Verzicht und Verpflichtung. Mütter (und Väter) müssen stets verfügbar sein, eigene Bedürfnisse zurückstellen. Sie können an der Spaßgesellschaft vorübergehend nicht (oder nur begrenzt) teilnehmen. Und auch beruflich sind Eltern lange nicht mehr so mobil und flexibel, wie die Arbeitgeber sich das wünschen. Das scheint immer mehr Menschen abzuschrecken oder zumindest zu verunsichern. Mal ganz abgesehen davon, dass immer mehr Arbeitsverhältnisse befristet oder ohnehin unsicher sind. Wer kann sich heutzutage schon darauf verlassen, viele Jahre an einem Arbeitsplatz bleiben zu können?

Zudem wabert die bange Frage im Raum: Ist unsere Paarbeziehung überhaupt tragfähig? Wollen wir uns auf so lange Zeit festlegen? War früher Ehe als lebenslange Institution einfach gesetzt, so gibt es im heutigen Wertepluralismus unzählige unterschiedliche akzeptierte Lebensmodelle. Ob Single, »Living apart together«, unverheiratete Paare mit oder ohne Kinder, gleichgeschlechtliche Partnerschaften, Patchworkfamilien oder Alleinerziehende: all diese Lebensmuster sind mittlerweile gesellschaftlich akzeptiert. Das bedeutet wunderbare Entfaltungsmöglichkeiten ohne Repressalien – ein hart erkämpftes, wertvolles Novum!

Wir haben maximalen Entscheidungsfreiraum. Aber damit auch maximalen Entscheidungszwang: Jeder hat das Leben, das er führt, schließlich selbst zu verantworten. Sich auf Konventionen zu berufen, gilt nicht mehr und rechtfertigt nichts. Und so wird auch die Kinderfrage zur einsamen und individuellen Entscheidung. Viele Paare sind jahrelang mit diesem Thema beschäftigt, ohne zu einer klaren Position zu finden. Manchmal landen sie dann in der Beratung, um diesen Konflikt irgendwie zu lösen.

Doch trotz Elternzeit, erhöhten Kindergelds und versprochener Krippenplätze: Der erhoffte Babyboom ist bislang ausgeblieben, auch wenn die jeweiligen Familienministerinnen jede noch so kleine Veränderung der Gebärkurve nach oben als Erfolg ihrer politischen Maßnahmen zu interpretieren versuchen. Bei allen gut gemeinten Versprechungen und viel beschworenen Maßnahmen, um unser Land familienfreundlicher zu machen: Nichts ist heutzutage mit so vielen Hoffnungen und Ängsten gleichermaßen belastet wie die Kinderfrage. Frauen stecken in dem Dilemma »Kind oder Karriere«? Oder beides? Wie soll das gehen? Wann ist der beste Zeitpunkt? Habe ich den richtigen Mann? Riskiere ich, irgendwann alleinerziehend zu sein? Schon junge Frauen wissen um diese Problematik. So wird in dem Buch »Familie. Bildung. Vielfalt« der Bertelsmann Stiftung eine 19-jährige Frau zitiert:

>»Es ist eigentlich immer schlecht, Kinder zu kriegen. Man kann nicht vor dem Studium Kinder kriegen; im Studium Kinder zu kriegen ist auch schwierig; nach dem Studium sollte man eigentlich auch keine Kinder kriegen, weil man dann ganz schön alt ist, wenn man im Beruf anfangen möchte; wenn man gerade angefangen hat im Beruf, sollte man eigentlich auch keine Kinder kriegen, weil – welcher Arbeitgeber hätte das schon gerne? Und wenn man sich im Beruf richtig etabliert hat, ist man ganz schön alt.«[3]

Es gibt also genug Gründe, *keine* Kinder zu bekommen. Heutzutage eine Familie zu gründen scheint eine schwierige Entscheidung zu sein. Und eine mutige dazu. Im Grunde genommen müssten wir froh sein, dass angesichts dieser komplexen Gemengelage so viele Menschen das Abenteuer Familie wagen – und das oft mit großem Erfolg!

Politisch und ökonomisch betrachtet geht es aber nicht um die Verwirklichung persönlicher Lebensentwürfe, sondern schlicht darum, unser Land zu retten. Wir brauchen gebärwillige Frauen und zeugungswillige Männer. Weil uns sonst die zukünftigen Arbeitnehmer ausgehen, die in die Sozialkassen einzahlen und unser Land wirtschaftlich voranbringen. Weil wir immer älter werden und als Pflegebedürftige die Sozialkassen übermäßig strapazieren werden. Weil wir in der Welt wirtschaftlich unter den Ersten sein wollen. Weil wir dem Wirtschaftswachstum huldigen und dafür viele fleißige Leistungsträger brauchen.

So forderte Birg in besagtem Spiegel-Interview bereits im Jahr 2000, man müsse ein »Bevölkerungsbewusstsein« für den demografischen Wandel schaffen, so wie in den 1970er-Jahren das gesellschaftliche Bewusstsein für Umweltfragen, nämlich »mit viel Aufklärung, aber auch mit schierer Propaganda«. Damit »den Leuten deutlicher wird, dass ihre subjektive Entscheidung für oder gegen Kinder auch eine objektive Auswirkung hat, von der sie dann wieder als Einzelne unmittelbar betroffen sind. Dann kann man hoffen, dass der eine oder andere bei der Familienplanung auch an die Gesellschaft als Ganzes denkt«[4].

Aber wer hüpft schon mit seinem Liebsten ins Bett, um das Vaterland zu retten? Auch diese finsteren Zeiten haben wir glücklicherweise überwunden. Wir müssen hoffentlich nie wieder einem Führer Kinder »schenken«. Doch hat die Debatte rund um die demografische Entwicklung insofern gefruchtet, als es heute – elf Jahre nach dem zitierten Spiegel-Interview – tatsächlich in unser »Bevölkerungsbewusstsein« gedrungen ist: Deutschland schafft sich (angeblich) ab.

Was bedeutet all das für Familien heute? Es bedeutet, dass auf ihnen besonders viel Verantwortung lastet. Auf den Kindern, weil sie später viele politische, ökologische und wirtschaftliche Altlasten auf nur wenige Schultern werden verteilen können. Und auf den Eltern, weil sie wissen, dass sie dafür sorgen müssen, dass ihre Kinder diese Last auch werden tragen können.

Folglich müssen unsere Kinder fit gemacht werden – fit für eine ungewisse Zukunft, eine komplizierte Arbeitswelt, den globalisierten Wettbewerb. Es ist also kein Wunder, dass Eltern ihr Kind von Anfang an stark, selbstbewusst und konkurrenzfähig machen wollen. Und dass dieser Optimierungswahn bereits vor der Zeugung beginnt.

Vorgeburtlicher Optimierungswahn.
PID und Pränataldiagnostik

Der unübersehbare Trend heißt: Bloß nicht aus der Reihe tanzen. Wir wünschen uns das makellose und perfekte Kind, das im Leben gut durchkommt und möglichst nirgendwo aneckt. Zu groß könnten die Schwierigkeiten werden, die ihm auf dem Weg in die wettbewerbsorientierte Erwachsenenwelt begegnen könnten. Und zu hoch dann der Preis, den es durch sein »Anderssein« zu zahlen hätte.

Einen vorläufigen Höhepunkt in Bezug auf die Frage der potenziellen Kindesperfektionierung liefert derzeit die Diskussion um die sogenannte Präimplantationsdiagnostik (PID): Mit der PID kann man durch künstliche Befruchtung im Reagenzglas entstandene Embryonen auf Anomalien im Erbgut testen – zum Beispiel auf genetische Anlagen für unheilbare Krankheiten oder Behinderungen. Werden entsprechende genetische »Fehler« festgestellt, wird der Embryo nicht in den Uterus eingepflanzt und stirbt ab.

Das kann werdenden Eltern Fehl-, Totgeburten, schwerstbehinderte Kinder und somit unsäglichen Kummer ersparen. Sagen die Befürworter.

Kritiker fürchten hingegen Selektion und die Möglichkeit, »Designerbabys« herzustellen. Besonders in Deutschland ist man diesbezüglich sensibel: Die fürchterlichen Versuche der Nationalsozialisten und deren rassistische Einteilung des Menschenlebens in »lebenswert« und »lebensunwert« hängen uns schließlich noch traumatisch nach.

Sicherlich wollen die meisten Eltern kein Designerbaby mit

der Augenfarbe und Haarfarbe ihres Geschmacks, was derzeit ohnehin nicht machbar wäre. Sondern sie wollen einfach ein lebensfähiges Kind, dem ein langer Leidensweg erspart bleibt. Das ist ein völlig legitimer und verständlicher Wunsch. Doch das Problem bleibt: Welche Kriterien legen wir an? Darf man einen Embryo auch aufgrund seines Geschlechtes aussortieren und absterben lassen? Oder dann, wenn er eine leichte Behinderung in sich trägt? Wo ziehen wir die Grenzen? Wie tolerant ist eine Gesellschaft auf Dauer gegenüber Krankheit und Behinderung, wenn man diese per PID im Vorfeld (vermeintlich) eliminieren könnte? Sollen wir alles machen, was technisch machbar ist? Wie weit pfuschen wir der Natur ins Handwerk? Es wird unser Menschenbild sein, das sich hier durchsetzen wird. Und unsere Toleranzfähigkeit in Sachen »Andersartigkeit« und Behinderung.

Wenn es dann endlich so weit ist und der Schwangerschaftstest positiv ausfällt, beginnt ein neuer, wichtiger Lebensabschnitt für die werdende Mutter. Ab sofort obliegt ihr die Verantwortung für eine optimale physische und psychische Entwicklung des Kindes. Nun heißt es, für zwei zu denken. In Elternzeitschriften wird sie aufgefordert, ihrem Kind intrauterin maximal Gutes zu tun. Zum Beispiel, indem sie es mit entspannender Musik bedudelt, viel Frischluft für seine optimale Sauerstoffversorgung tankt und ihm per Schokoladenkonsum regelmäßig einen Schub Glückshormone zukommen lässt.

Natürlich kann es einer Frau nicht schaden, es sich während der Schwangerschaft gut gehen zu lassen. Es ist sicher auch für das Baby schön, wenn Mami sich entspannt oder ihre Lieblingssüßigkeit verspeist. Die Maßnahmen, die die werdende Mutter zu ergreifen hat, werden allerdings immer mehr dem Zweck untergeordnet, der Entwicklung des Kindes zu dienen. Die Frau tritt in den Hintergrund, sie wird zum Medium, zur vermeintlichen Kindesoptimiererin. Das Kindchen einfach gemütlich im Fruchtwasser vor sich hin reifen lassen und auf Mütterchen Natur vertrauen? Ganz so einfach ist es nicht! Auch die Schwangerschaft ist schließlich zu einer Wissenschaft für sich geworden. In Schwangerschaftsratge-

Die Frau tritt in den Hintergrund, sie wird zur vermeintlichen Kindesoptimiererin.

bern findet sie Antworten auf ihre Fragen: Darf ich noch auf dem Beifahrersitz Platz nehmen? Darf ich meine Nägel lackieren, ohne dem Kind zu schaden? Vergiften Haarspray oder blondierte Strähnchen mein Ungeborenes?

Sicher, eine schwangere Frau hat viele Fragen. Auch das ist natürlich. Aber einfach die eigene Mama ausfragen, wie es damals war? Reicht das? Ist die Hebamme wirklich auf dem neuesten Wissensstand? Es gibt sicher schon längst wieder neue Erkenntnisse, was für das Kind am besten ist.

Und ein neues Mutterideal gibt es schließlich auch. War die ideale Mutter vor 50 Jahren noch die biedere Hausfrau in Kittelschürze, die sich ganz dem Kuchenbacken und dem Nachwuchs widmete, so ist die Traummutter von heute eine schicke, schlanke Allrounderin, die Job, Haushalt und Kinder fröhlich unter einen Hut packt, ohne dabei Hobbys, Freunde und ihr Sexualleben zu vernachlässigen.

Ratgeber für die Schwangerschaft und die erste Zeit nach der Geburt sind manchmal informativ und hilfreich. Oft verunsichern sie aber auch, stiften Verwirrung oder leisten Schuldgefühlen Vorschub. Zum Beispiel, wenn die werdende Mami lesen muss, dass »negativer Stress« in der Schwangerschaft dazu beitragen kann, dass das Kind später Lernstörungen entwickelt. Was aber nutzt diese Aussage der Schwangeren, der es gerade nicht gut geht? Die vielleicht von ihrem Mann sitzen gelassen wurde und nun keine Idee hat, wie sie das alles schaffen soll? Nun weiß sie auch noch, dass sie ihrem Kind potenziell schadet, weil sie nicht gut drauf ist. Das sorgt eher für ein schlechtes Gewissen, das wiederum den Druck erhöht und die innere Haltung dem Kind gegenüber prägt. Stress aber lässt sich nicht immer vermeiden, auch nicht in der Schwangerschaft.

Schon hier beginnt das Drama der postmodernen Mutter: Vieles, was eigentlich helfen soll, produziert gleichermaßen Druck, zusätzlichen Stress, Sorge. Entlastung wäre hier angesagt, nicht Belehrung oder überflüssige Angstmacherei. Denn Angst ist ohnehin schon die ständige lästige Begleiterin der Mütter geworden. Immer weniger Frauen verlassen sich auf ihren Instinkt, ihre Intuition, ihr Gefühl, ihren Verstand und ihre Lebenserfahrung. Zu groß ist die Sorge, etwas falsch zu machen, etwas in der zarten Seele des Kindes grundsätzlich und unwiederbringlich zu ramponieren oder ein entwicklungspsychologisches Zeitfenster aus Unwissenheit schlichtweg zu verpassen. Folgerichtig werden viele Eltern komplett unentspannt – was sich dann direkt auf ihre Kinder überträgt.

Wenn Eltern ständig unter Strom stehen, brauchen wir uns über unruhige Kinder kaum zu wundern.

Wenn Eltern ständig unter Strom stehen, weil sie unsicher, überfordert oder verängstigt sind und dies von sogenannten Experten ständig durch zu hoch gesteckte und unrealistische Anforderungen verstärkt wird, brauchen wir uns über nervöse und unruhige Kinder kaum zu wundern.

Babytuning und Kleinkindchinesisch: Früher Input, maximaler Output?

Schwangerschaft überstanden? Baby gesund? Herzlichen Glückwunsch. Jetzt kann es losgehen. Es wartet jede Menge Arbeit auf die junge Mutter. Damit meine ich nicht so banale Versorgungstätigkeiten wie etwa Füttern, Waschen und Wickeln. Also das Allernotwendigste, das alle Mütter schon immer irgendwie gemacht haben. Nein, ich spreche hier von der Frühförderung. Ein Neugeborenes einfach nur herzen und ordentlich »bemuttern«? Wie altmodisch! Heute vermitteln wir dem Säugling »Kompetenztraining«. Auf dass er sich besonders gut und schnell entwickeln möge. Und wie das geht? Indem wir ganz besonders intensiv auf die Bedürfnisse des Säuglings eingehen, ihn spiegeln, uns ganz und gar auf das kleine Wesen einlassen.

Eigentlich ist das nichts anderes als Bemutterung, es hört sich nur wichtiger, cooler, wissenschaftlicher an. Und es klingt so, als bräuchte die Mutter dazu selber außergewöhnliche Kenntnisse und Fertigkeiten. Dabei braucht sie nur ein bisschen Empathie und ihre ohnehin vorhandenen Spiegelneuronen.

Der jungen Mutter von heute wird ständig von irgendeiner Seite suggeriert, dass es eine hohe Kunst sei, Kinder zu erziehen, und dass sie selbst dafür in besonderer Weise kompetent zu sein habe. Dabei wissen die meisten Frauen sehr wohl, wie sie am besten mit ihren Babys umgehen; sie werden aber selten in ihren Fähigkeiten unterstützt und positiv bestärkt. Im Gegenteil: Auch das Umfeld reagiert oft verunsichernd; ob Verwandtschaft oder Bekanntschaft, ob Freundinnen oder Erzieherinnen: Wer klopft der Mutter mal anerkennend auf die Schulter und sagt: »Prima, wie du das machst.«?

Zum Weiterdenken: Wertschätzung, mal ausgesprochen

- Wann hat Ihnen das letzte Mal eine Erzieherin, eine Lehrerin, ein Arzt oder ein anderer Mensch gesagt, dass Sie eine wunderbare Mutter sind und gute Erziehungsarbeit leisten? Dass Ihr Kind prima drauf, liebenswert und völlig in Ordnung ist, auch wenn es vielleicht nicht immer brav, angepasst und fleißig ist?
- Wann haben Sie zum letzten Mal einer Mutter/einem Vater ein ähnlich anerkennendes Wort gegönnt?

Vorbei scheinen also die Zeiten, in denen man Nachwuchs nebenher mit durchzieht. Wenn es ums Kind geht, darf es heute von allem ein bisschen mehr sein: Ein hochwertiges Erstausstattungsequipment, pädagogisch wertvolles Spielzeug, Bioessen und ökologisch unbedenkliche Möbel gehören heute fast schon zum Mindeststandard. Der kleine Erdenbürger verdient schließlich das Beste. Er wird zum Mittelpunkt der Familie erklärt. Obligatorisch ist für viele mittlerweile auch das komplette Babyboostingprogramm von Säuglingsschwimmen und Massage über Pekip bis hin zum Englischkurs in der Krabbelgruppe. Kinder müssen schließlich von Anfang an gefördert, ihre Sinne rechtzeitig angeregt werden. Das kommerzielle Kursangebot für Windelkinder und deren Mamis wächst rasant, die Reizüberflutung der Kleinen auch. Doch ist mehr wirklich mehr?

Wohl kaum.

Viele Eltern lassen sich dennoch nicht zur Gelassenheit bekehren. Sie rasen mit dem Kind in der Babyschale von A nach B, hetzen von Termin zu Termin und wundern sich dann, wenn das Kleine nachts keine Ruhe findet. So ist die Angst der Eltern, etwas zu verpassen, oft größer als ihr Vertrauen in die selbstgesteuerten kindlichen Lernprozesse. Denn wehe, die Kinder bleiben kognitiv oder motorisch unter ihren Möglichkeiten! Dann drohen lebenslanges psychisches Elend, gesellschaftliche Ausgrenzung und Armut. Eltern haben heutzutage das Potenzial ihrer Kinder maximal auszuschöpfen. Schon früh wird ihnen eingetrichtert: Ihr seid zuständig für das zukünftige Lebensglück und den Erfolg eurer Kinder! Macht was draus! Sorgt dafür, dass eure Kinder glücklich und stark werden, fit für den zukünftigen globalen Arbeitsmarkt. Verpasst nichts und macht bloß nichts falsch!

Im Grunde haben natürlich alle Elterngenerationen vor uns auch versucht, ihre Kinder auf die Zukunft vorzubereiten und ihnen ein möglichst gutes Leben zu ermöglichen. Dieser Impuls ist weder verwerflich noch neu. Doch reicht es heutzutage offensichtlich nicht, den Kindern einfach eine gute Kindheit angedeihen zu lassen. Heute muss das Kind schon früh möglichst viel pädagogisch hochwertigen Input bekommen, sodass es später maximalen Leistungsoutput produzieren kann. Der Druck, der auf jungen Eltern lastet, ist riesig.

Und es gibt kein Entrinnen. Die Gesellschaft erwartet es von uns. Also werden wir Mütter zu Hause brav zu Bastel- und Knetanleiterinnen, Lernanimateurinnen, Musiklehrerinnen, Chauffeusen, Coacherinnen, Managerinnen, Dauerbespaßerinnen, Nachhilfelehrerinnen, Kindertherapeutinnen. Der Terminkalender der Kleinen ist vollgestopft, Ehrgeiz und Sorge der Eltern sind gleichermaßen groß.

> Der Druck, der auf jungen Eltern lastet, ist riesig.

Dass Eltern viel für ihre Kinder tun und sich in der Erziehung engagieren, ist natürlich eine wunderbare Sache. Noch nie wurden Kinder so ernst genommen wie heute. Ihre Bedürfnisse zu berücksichtigen, ihre Meinung zu schätzen und sie bei wichtigen Themen und Entscheidungen mitreden zu lassen sind untrügliche Zeichen für den demokratischen Erziehungsstil, der sich bei uns durchgesetzt hat. Niemand wünscht sich die schwarze Pädagogik oder den Drill zu unbedingtem und blindem Gehorsam zurück, den viele unserer Eltern und Großeltern über sich ergehen lassen mussten.

Doch führt unser anspruchsvoller Erziehungsstil manchmal dazu, dass wir vergessen, dass Kinder einfach noch Kinder – also Lernende – sind. Das Kind mutiert zum anspruchsvollen Projekt, um das das gesamte Familienleben kreist. Das Paar tritt zunehmend in den Hintergrund – und bleibt dort auch meistens. In manchen Familien wird das Kind zum König erklärt, dem die Eltern stets zu Diensten sind. Eine einsame Position für einen jungen Menschen und oft auch eine anstrengende.

Herbert Grönemeyers gesangliche Parole »Kinder an die Macht« ist zwar ganz niedlich, letztlich aber dumm. Denn Kinder haben natürlich keine Weitsicht und sind mit so viel Verantwortung restlos überfordert. Familien, die den Kindern dauerhaft zu viel Macht und Verantwortung einräumen, haben früher oder später mit massiven Problemen zu kämpfen.

Schneller, schlauer, selbstbewusster? Konkurrenz im Sandkasten

Gleichermaßen neigen Eltern heute gelegentlich dazu, sehr konkrete Vorstellungen davon zu haben, was ihr Kind wann bitte schön zu können und zu machen habe. Der Impuls ist verständlich: Die Kleinen sollen es später einmal gut haben, sich in einer ungewissen Zukunft, einer Welt der maximalen Konkurrenz und des gnadenlosen Wettbewerbs durchsetzen können. Mit kleinen Erfolgen im Sandkasten zu punkten kann also schon mal nicht schaden. So wird ständig beäugt: Wer ist der Schnellste, wer ist am weitesten entwickelt? Wer hantiert am geschicktesten mit Eimer und Schippe? Wer kann früher laufen, schon sprechen oder am besten malen? Insbesondere Mütter beobachten den eigenen Nachwuchs peinlich genau, prüfen seine Fähigkeiten und vergleichen ständig mit den Spielkameraden. Kein Wunder, denn schließlich werden sie später für alles verantwortlich gemacht! Erleichternd, wenn das eigene Kind dann im Vergleich mit der Konkurrenz im Windelhöschen gut abschneidet. Grund zur Sorge entsteht hingegen rasch, wenn das eigene Kind vermeintlich nicht mithalten kann, einfach ein bisschen bummeliger ist oder andere Interessen zeigt als die meisten anderen Kinder: Viele Eltern werden heutzutage schnell nervös, wenn das Kind nicht zu den Überfliegern zu gehören scheint. Sie fragen sich: Machen wir etwas falsch? Müssten wir mehr für seine Entwicklung tun? Kann es später mithalten?

Kommen dann irritierende Bemerkungen anderer Mütter dazu, landet das Kind schnell in der Ergotherapie. Es ist zwar nicht schädlich für ein Zweijähriges, sich ein- bis zweimal wöchentlich im Bällchenbad zu suhlen oder mit Fingerfarben zu hantieren: Oft wäre dieser nachmittägliche Extratermin aber schlichtweg überflüssig.

Besonders Erzieherinnen tragen zur Verunsicherung der Eltern mehr bei, als ihnen möglicherweise bewusst ist.

»Ihr Kind malt zu wenig«, »Ihr Kind ist noch sehr verträumt«, »Ihr Kind hinkt feinmotorisch hinterher« sind Sätze, die Erzieherinnen heutzutage schnell und mit sorgenvollem Unterton, leider sogar gelegentlich etwas abwertend über die Lippen kommen. Na und?, möchte man fragen. Was ist schlimm daran?

Wer bestimmt denn überhaupt, wann das Kind was können soll? Die Erzieherin? Sind die meisten Kinderärzte im Rahmen ihrer Vorsorgeuntersuchungen noch recht tolerant in Bezug auf leichte Abweichungen der kindlichen Entwicklung, so werden immer mehr Eltern gesunder, fröhlicher Rabauken von Pädagogen in enervierenden Elterngesprächen über die vermeintlichen Defizite ihres Kindes aufgeklärt.

Wer sagt heute schon noch: »Ach, das wird schon.« Oder: »Das wächst sich aus.« Schon früh pflanzen wir unseren Kindern ein, dass sie irgendwie nicht richtig sind, dass sie anders sein sollten, als sie sind. Sie spüren dann diffus, dass sie irgendwie korrekturbedürftig sind. Ein gutes Beispiel hierfür ist die Zahnspange: Welches Kind bekommt nicht nahezu standardmäßig eine Klammer verordnet? Ein makelloses Gebiss ist nun mal zum Goldstandard geworden. Wer vertraut noch darauf, dass sich die Beißerchen von alleine in die richtige Position bewegen werden? Warum sollte man das Ri-

Viele Eltern werden nervös, wenn das Kind nicht zu den Überfliegern gehört.

Schon früh pflanzen wir unseren Kindern ein, dass sie irgendwie nicht richtig sind.

siko eingehen, dass sie schief wachsen, wenn man sie vorzeitig schon richten lassen kann?

Ein anderes Beispiel ist das Lispeln. Viele Kinder lispeln natürlicherweise, bis sie etwa sechs Jahre alt sind. Erst dann sind sie in der Lage, das »S« problemfrei auszusprechen. Bis vor ein paar Jahren hielt man das noch für normal. Auch hier fehlt Eltern und Ärzten mittlerweile die Geduld: Die meisten lispelnden Kinder landen bereits im Vorschulalter unnötigerweise in der Sprachtherapie. Warum auf Mutter Natur vertrauen, wenn man doch professionell nachhelfen kann? Und wenn es auch in Kita und Schule erwünscht zu sein scheint, dass das Kind möglichst rasch fit und fehlerfrei funktioniert?

Dass immer mehr kleine Kinder in diversen Therapien landen, ist eine erschreckende Entwicklung. Die Psychoanalytikerin Caroline Thompson konstatiert: »Oft genügt eine Bemerkung der Kindergärtnerin ... und schon suchen die Eltern bei einem Fachmann Rat. Sie tun es auch, wenn das Kind ihnen ein bisschen zu jähzornig erscheint oder wenn es über das in den Ratgebern vermerkte Alter hinaus noch ins Bett macht.« Und sie interpretiert diese Haltung als Angst der Eltern, »mit den Schwierigkeiten ihres Kindes konfrontiert zu werden und dadurch infrage gestellt zu werden«. Ihr Fazit: »Jedes wahrgenommene Symptom wird als Störung gedeutet, die die Fantasie vom perfekten Kind zerstört.«[5]

Was wir unseren Kindern damit unterschwellig vermitteln, liegt auf der Hand. Die subkutane Botschaft lautet: »Ich vertraue dir und deiner natürlichen Entwicklung nicht. Deshalb müssen wir nachhelfen, damit du dich so entwickelst, wie wir das gerne hätten.« Warum halten wir die kleinste vermeintliche Abweichung von der Norm immer schlechter aus? Warum bekommen Mütter sofort ein schlechtes Gewissen, wenn ihre Kinder nicht 100 %ig so ticken, wie es Pädagogen erwarten? Warum schämen sich Mütter, wenn ihr Kind noch länger in die Windel macht, als angeblich gut ist, oder es nachts nicht zügig durchschläft?

Wir wollen gute Mütter sein und unseren Job möglichst per-

Warum halten wir die kleinste vermeintliche Abweichung von der Norm immer schlechter aus?

fekt erledigen. Wir wissen viel über Erziehung und können uns jederzeit mit Informationen aus dem Internet oder Elternzeitschriften überhäufen. Es ist gut, dass viele unserer Fragen beantwortet werden, aber es gibt auch höchst widersprüchliche Expertenaussagen und unterschiedliche Erziehungsideale. Schließlich müssen wir trotzdem unseren eigenen Weg finden.

Das ist das Schwierige, wenn kein verbindlicher Wertekanon mehr existiert: Wenn wir etwas »falsch« gemacht haben, können wir uns auf niemanden berufen: Wir müssen die Verantwortung selber tragen. Und so viel ist gewiss: Fehler in der Erziehung hat bis jetzt noch jeder gemacht. Das wird auch so bleiben.

Dauergemäkel am Kind: Die pädagogische Defizitkultur. Mütterfantasien

Mütter fühlen sich für alles verantwortlich, weil sie für alles verantwortlich gemacht werden. Wenn das Kind nicht in all seinen Entwicklungsfacetten den Erfolg unserer erzieherischen Bemühungen widerspiegelt, wirft das ein schlechtes Licht auf uns. Das Kind schreibt schlechte Noten in der Schule? Die Mutter fördert das Kind nicht genug! Das Kind macht einen unglücklichen Eindruck? Wahrscheinlich arbeitet die Mutter zu viel und ist zu wenig zu Hause! So weit die gängigen Vorurteile, die leider auch in Lehrerkreisen immer noch zu selten hinterfragt werden.

Es ist kein Wunder, dass Mütter sich oft persönlich angegriffen und gekränkt fühlen, wenn Pädagogen an ihrem Kind herummäkeln. Es fehlt ihnen die Souveränität, zu sagen: »Mein Kind ist, wie es ist, und ich liebe es, auch wenn es nicht bastelt, nicht malt, schüchtern oder manchmal laut und ungestüm ist. Ich gebe ihm die Zeit, die es für seine Entwicklung braucht. Ich hetze es nicht und manipuliere es nicht, nur damit es schneller Erfolge vorzuzeigen hat und die Erzieherinnen ihre Ruhe haben und zufrieden sind.« Woher sollen sie diese Gelassenheit auch haben, wenn sie so wenig Unterstützung und Wohlwollen erhalten? Wer bemuttert die frischgebackene Mutter im Wochenbett, damit sie genug Energie für ihre eigene neue Rolle tanken kann? Wer bestärkt eine junge Frau bei ihren ersten Gehversuchen als Mami und sagt ihr, was sie alles gut macht? Stattdessen heißt es von der Hebamme: »Sie müssen Ihr Kind häufiger stillen/massieren/herumtragen.« Andere Mütter fragen mit großen Augen: »Wie, du lässt das Kind in deinem Bett schlafen?«, oder: »Was, du gehst schon wieder arbeiten?« Welche Erzieherin sagt mal anerkennend: »Ich finde, Sie leisten täglich sehr viel und Sie können stolz auf sich sein.«? Welcher Lehrer sagt: »Sie haben ein sehr lebendiges/liebenswertes/natürliches/humorvolles Kind, herzlichen Glückwunsch! Freuen Sie sich und genießen Sie Ihr Familienleben!«?

Positives Feedback, echte Wertschätzung oder Bestärkung in Elterngesprächen haben Seltenheitswert. Stattdessen werden Mütter von allen Seiten belehrt, kritisiert und mit Ansprüchen überhäuft. Ob das Kind nun zu laut oder zu leise ist, zu langsam oder zu schnell, zu aggressiv oder zu passiv. Dabei ist es doch ganz normal, dass Kinder noch nicht alles können, dass sie unterschiedlich sind und sich auch in verschiedenen Entwicklungsphasen unterschiedlich fühlen und verhalten.

Es ist normal, dass sich Kinder nicht immer angemessen und gleichermaßen formvollendet verhalten. Das können Erwachsene schließlich auch nicht immer.

Von pädagogisch mitunter zweifelhaften Anmerkungen lassen sich Mütter leicht irritieren, sie versinken dann schnell in Selbstzweifeln, die dann wiederum die Eltern-Kind-Beziehung belasten.

Zum Weiterdenken: Liebevoll beobachtet oder kritisch beäugt?

- Wann hat Ihnen das letzte Mal eine Erzieherin, eine Lehrerin, ein Arzt oder ein anderer Mensch einen mehr oder weniger subtilen Hinweis darauf gegeben, dass irgendetwas mit Ihrem Kind nicht 100 %ig in Ordnung ist?
- Wie haben Sie das erlebt? Haben Sie eher das Gefühl, dass die Expertin/der Experte Ihr Kind liebevoll beobachtet oder eher kritisch beäugt? Wie würde sich das eine anfühlen, wie das andere?

»Es ist, wie es ist, sagt die Liebe«, heißt es bei Erich Fried. Ein Kind zu lieben heißt nicht, es nach den eigenen Vorstellungen oder denen der Pädagogen zu formen, sondern es anzunehmen, wie es jetzt gerade ist, und es auf dem Weg zu unterstützen, so zu werden, wie es selbst gerne werden kann und möchte. Ab und zu sollten wir uns das wieder klarmachen.

Ein Kind zu lieben heißt, es anzunehmen, wie es gerade ist.

Alle Eltern hegen Hoffnungen und schmieden mehr oder weniger heimliche Pläne für ihr Kind. Es möge am liebsten stets fröhlich, freundlich und friedlich sein, dabei willensstark und durchsetzungsfähig. Eine rasche Auffassungsgabe und gute Noten wünscht man ihm und später natürlich einen guten Job und viel Erfolg im Berufsleben.

Elterliche Fantasien, Erwartungen und Wünsche sind völlig normal. Sie weisen einem Kind den Weg, geben ihm Orientierung und Halt. Schon während der Schwangerschaft entwickeln Eltern Wunschvorstellungen in Bezug auf das entstehende Wesen. Meistens sind diese unbewusster Natur, und wir erkennen sie – wenn überhaupt – erst rückblickend im Kontext unserer Biografie. Der Psychiater Daniel N. Stern hat sich in seinem Buch »Geburt einer Mutter« mit den psychologischen Aspekten des Mutterwerdens auseinandergesetzt. Hierin führt er die häufigsten mütterlichen Wunschfantasien auf, die auf ein Baby projiziert werden. Herausgekommen ist eine Auflistung, die bei psychologisch ungeschulten Lesern durchaus auf Widerstand stoßen oder zumindest Ernüchterung hervorrufen dürfte. Denn Mütter – so die Erkenntnis des Psychiaters – erhoffen sich von ihrem Baby immer, es möge doch bitte ihre ganz persönlichen Bedürfnisse erfüllen. Viele Wunschkinder sollen

- die Mutter trösten,
- der Mutter einen neuen Lebenssinn offenbaren,
- der Mutter endlich die symbiotische Liebe ermöglichen, die sie mit ihrer eigenen Mutter nicht leben konnte,
- die Depression der Mutter lindern,

- der Mutter über einen Verlust hinweghelfen,
- der Mutter bei der Ablösung von ihrem Elternhaus behilflich sein oder
- der Mutter das Gefühl vermitteln, gebraucht zu werden.

So selbstlos, wie oft getan wird, sind Mütter eben auch nicht. Auch das ist weder verwerflich noch empörend, sondern ganz »normal«. Mütter sind keine Heiligen und keine Übermenschen. Sie dürfen eigene Bedürfnisse haben und Schwächen. Und sollten dies auch unumwunden sich selbst eingestehen. Ein Beispiel:

Brigitte litt in der Pubertät unter massiven Ess-Störungen. Sie fand sich zu dick, obwohl sie immer eine sehr schlanke Figur hatte, sportlich und durchtrainiert war. Dennoch erschien es ihr unmöglich, sich und ihren Körper zu mögen: Ein Blick in den Spiegel genügte, um sich selbst massiv abzuwerten. Ihre Gedanken kreisten ständig ums Zu- oder Abnehmen, so etwas wie Eigenliebe oder zumindest Akzeptanz ihres Körpers gab es nicht.

Sie machte eine Diät nach der anderen, mit dem Ergebnis, dass sie immer mehr zunahm: Als junge Frau ist sie nicht mehr dünn, sondern eher »mollig«: Immer noch hadert sie stark mit sich und ihrem Körper, wenn auch nicht mehr ganz so heftig wie in der Pubertät.

Erst als sie mit Mitte zwanzig schwanger wird, beruhigt sich das Essproblem: Brigitte fällt es nun viel leichter, sich für ihr Kind gut, gesund und maßvoll zu ernähren. Das Wesen, das in ihrem Bauch wächst, gibt ihr erstmals das Gefühl, dass ihr Körper richtig ist. Sie selbst fühlt sich erstmals wichtig und bedeutsam, sodass sich ihr Körpergewicht nachhaltig normalisiert.

Brigittes Kind half ihr also maßgeblich dabei, sich selbst mehr zu akzeptieren, sich wichtig zu fühlen und sich mit sich selbst zu versöhnen – wenn auch vielleicht nur vorübergehend.[6]

- Sich von Ihrem Elternhaus abzulösen?
- Eine Beziehung zu retten?
- Einen schweren Verlust zu bewältigen?
- Einen Sinn im Leben zu finden?
- Eine psychische Krise zu überstehen?
- Sich bedeutsamer, wichtiger zu fühlen?
- ...?

Auch wenn es vielleicht nicht schmeichelhaft zu sein scheint, sich einzugestehen, dass wir nicht wirklich altruistisch sind: Es gibt keinen Grund, sich dafür zu schämen! Es ist aber auf jeden Fall hilfreich, sich über solche Zusammenhänge klar zu werden, um eventuelle unbewusste Verstrickungen mit dem Kind zu verhindern oder aufzulösen und es somit von einer schweren emotionalen Hypothek zu befreien.

Jedes Kind ein voller Erfolg.
Erziehung als Perfektionierungsplan?

So verständlich es ist, Wunschvorstellungen für das eigene Kind zu entwickeln, so unumgänglich ist es aber auch, dass diese enttäuscht werden. Der Journalist Carl Honoré beschreibt in seinem Buch »Kinder unter Druck« voller Selbstironie ein Gespräch mit der Lehrerin seines Sohnes, die ihm mitteilt, sein Kleiner sei künstlerisch besonders begabt. Hinfort träumt der ambitionierte Vater, sein Sohn könne als neuer Picasso in die höchsten Gefilde des internationalen Kunstbetriebs aufsteigen. Bis ihm das kleine Genie deutlich zu verstehen gibt, dass er an einem Zeichenkurs keinerlei Interesse habe. »Warum müssen sich die Erwachsenen immer in alles einmischen?«[7], fragt der Jüngling verärgert. Er blieb stur, der Vater musste seinen Wunsch aufgeben.

Ich erinnere mich auch an eine Mutter, die in geselliger Runde wunderbar selbstironisch schilderte, wie sie sich während der Schwangerschaft dem hoffnungsvollen Traum hingab, ihre Tochter werde sicherlich eine sehr begabte kleine Primaballerina werden. Dass dieses Mädchen dann sensomotorisch nicht voll auf der Höhe war, Ballett hochgradig verabscheute und sich lieber mit Jungs in der Halfpipe traf, erfüllte sie verständlicherweise mit Enttäuschung und Trauer. Doch sie überwand diese Frustration und akzeptierte, dass ihre Tochter nicht nach ihren Wünschen formbar war und ihren eigenen Weg gehen wollte. Sie durfte. Die Mutter entließ ihre Tochter aus ihrer Erwartungshaltung und kaufte der Kleinen ein Skateboard und einen Skaterhelm.

Einen ganz anderen Weg als die eben zitierte Mutter des skateboardbegeisterten Mädchens schlug Amy Chua ein, die amerikanisch-chinesische Juraprofessorin, die als »Tigermama« (vielleicht) in die Annalen eingehen wird. Sie beschreibt in ihrem Bestseller »Die Mutter des Erfolges«, wie sie mithilfe brachialer Erziehungsmethoden ihre Kinder zu Ruhm und Ehre brachte: »Wie ich meinen Kindern das Siegen beibrachte«, lautet der programmatische Untertitel: Es geht ums Gewinnen in einer wettbewerbsorientierten Leistungsgesellschaft, um die Jagd nach Preisen und Trophäen. Der Buchtitel bedient einen tief sitzenden Wunsch heutiger Eltern: Sie wollen keine »Loser« zu Hause haben, keine Versager. Sie wollen Kinder, die den Kampf um Erfolg und um einen guten Platz in der Gesellschaft erfolgreich führen können. Denn sie haben Angst, dass ihre Kinder in den hohen Wogen des globalisierten Wettbewerbs und des unübersichtlichen Arbeitsmarktes Schiffbruch erleiden könnten. Das Vertrauen in ihre eigene natürliche Erziehungskompetenz und in die Entwicklung ihres Kindes bleibt da oft auf der Stecke. Hier herrschen dann Zweifel statt Zuversicht und innerer Druck statt Gelassenheit.

Amy Chuas Buch ist allerdings – anders als in den Medien kolportiert wurde – kein Hohelied auf Drill und Zwang, sondern ein hoch ambivalentes, vielschichtiges und auch trauriges Buch über elterliche Profilneurosen. Und es beschreibt einen mütterlichen Entwicklungsprozess: Zum Schluss kapituliert die »Tigermama« nämlich vor der rebellierenden Tochter und bricht mit ihren radikalen Leistungsanforderungen, um die Beziehung zu ihrem Kind zu retten.

Die meisten von uns lehnen es ab, ihre Kinder zu knechten, sie zu purem Gehorsam zu zwingen. Und dennoch sind auch wir derzeit schwer gefährdet, unsere Kinder zunehmend als »Projekte« zu betrachten, für deren Gelingen wir uns Hals über Kopf in die Arbeit stürzen müssen.

Dass der Leistungsdruck in Schule und Kindergarten in den letzten Jahren drastisch zugenommen hat, ist kein Geheimnis mehr. »Generation Burn-out« nennt die Journalistin Janita Otten die Jugend von heute[8]: Immer mehr Schüler leiden mittlerweile unter dieser Managerkrankheit. Symptome wie Kopf- und Bauchschmerzen, innere Unruhe, Ängste und Erschöpfungszustände sind bei G-8-Gymnasiasten, teilweise aber auch schon bei Grundschülern zu erkennen. Hoch ist der Druck, es mal zu etwas bringen und dafür schon jetzt das Beste aus sich herausholen zu müssen. Das gesunde Mittelmaß hat ausgedient. Mit einem Hauptschulabschluss ist heute kein Ausbildungsplatz mehr zu ergattern. Mit dem Realschulabschluss bekommt man eine Lehrstelle, für die früher der Hauptschulabschluss gereicht hat. Und wer einen Abiturschnitt im Zweierbereich macht, hat noch lange keinen Studienplatz seiner Präferenz in der Tasche. Kein Wunder, dass Eltern ihre Kinder zu Höchstleistungen antreiben, gerne auch mithilfe von Nachhilfestunden. So ist der deutsche Nachhilfemarkt in den letzten Jahren ein gigantisches Geschäft geworden: Rund 3000 kommerzielle Nachhilfeschulen gibt es derzeit schätzungsweise in Deutschland. 1980 waren es gerade mal 800. Die Branche boomt. Laut einer Studie des Bundeministeriums für Bildung und Forschung aus dem Jahre 2008 nehmen derzeit ca. eine Million Kinder und Jugendliche Nachhilfeunterricht. Rund 1,5 Milliarden Euro geben Familien jährlich dafür aus. Allein die Marktführer »Studienkreis« und »Schülerhilfe« verzeichnen zusammen einen satten Jahresumsatz von rund 150 Millionen Euro. Ein lukratives Geschäft im Kampf um gute Zensuren – und gegen die Angst.

Den Schülern brummt inzwischen der Kopf. Nicht nur vom Büffeln für gute Zensuren. Sondern auch, weil sie genau wissen, was ihnen bei Leistungsversagen droht. Schon Achtjährige sprechen ernsthaft über ihre Sorgen, später mal keinen Arbeitsplatz zu bekommen, wenn sie nicht den Übergang auf das Gymnasium schaffen. Vor allem in Bayern und Baden-Württemberg ist dieser Druck wegen des strengen selektiven Verfahrens immens. Es ist traurig, mit ansehen zu müssen, dass unseren Kindern die fröhliche Unbedarftheit immer früher abhandenkommt und von diffusen Zukunftsängsten abgelöst wird. Dabei kommt ihnen der demografische Wandel doch entgegen, ihre Chancen auf gute und interessante Jobs werden besser sein als die unserer Babyboomergeneration. Das sagt ihnen aber offensichtlich niemand. Doch wenn wir Erwachsenen es nicht schaffen, unseren Kindern Zuversicht zu vermitteln und ihren Fähigkeiten zu vertrauen, wie sollen sie dann selbst zuversichtlich und selbstsicher werden?

Alle Eltern wollen, dass ihre Kindern später erfolgreich und gut durchs Leben kommen. Es liegt auch tatsächlich in der Verantwortung der Eltern, den Kindern einen Weg zu ebnen, auf dem sie sich gut entwickeln können. Doch sollten wir uns manchmal fragen, was eigentlich wir unter Erfolg verstehen? Ein gut bezahlter Führungsposten? Eine Künstlerkarriere? Ein ausgeglichenes Lebensgefühl zu entwickeln? Sich um seine Mitmenschen zu kümmern und ihnen Gutes zu tun? Sich mit sich und der Welt in Einklang zu fühlen? Gegen soziale Ungerechtigkeit zu kämpfen? Eine Familie zu gründen?

Die Sorge, die Eltern von Politik und Wirtschaft permanent eingepflanzt wird, dreht sich immer nur um Arbeitsplätze und Wettbewerb. Wenn wir aber immerzu Angst haben, unser Geld nicht zusammenzubekommen, löst das massive Existenzängste aus. Wer will schon, dass das Liebste, was man hat, irgendwann auf Hartz IV sitzen bleibt und hinfort zur nationalen »Resterampe« gehört?

Die Sorge, die Eltern eingepflanzt wird, dreht sich um Arbeitsplätze und Wettbewerb.

Sind wir deshalb so schnell bereit, unsere Kinder kritiklos den mitunter zweifelhaften Kriterien des Schulsystems auszuliefern, permanent an ihrer Leistungsfähigkeit zu feilen und ihre Bedürfnisse nach Muße und Reifezeit immer häufiger zu übergehen?

Vielleicht. Doch natürlich gibt es auch elterliche Eitelkeiten. Wer möchte nicht stolz seinen Nachwuchs präsentieren können, in der Hoffnung, dass ein Teil des Glanzes auf ihn zurückfällt?

Natürlich wollen Eltern die Bestätigung, dass sie es gut machen. Am nachhaltigsten lässt sich dieses erwünschte Gefühl durch ein erfolgreiches Kind herstellen: Wenn mein Kind begabt, schlau, schnell und gut in der Schule ist, dann wirft das schließlich auch ein gutes Licht auf mich und meinen Erziehungsstil. Der Erfolg des Kindes ist dann in gewisser Weise auch der Erfolg der Eltern.

Umgekehrt dokumentiert ein nicht so erfolgreiches Kind das erzieherische Versagen der Eltern. Diesem weitverbreiteten Missverständnis nicht aufzusitzen erfordert viel Arbeit an sich selbst.

Auch der bekannte Familientherapeut Jesper Juul stellt fest, dass es immer mehr sogenannte »Projektkinder« gibt. In seinem Buch »Elterncoaching« schreibt er: »In den vergangenen zwanzig Jahren haben wir eine wachsende Zahl von Projektkindern in Familien festgestellt, die von außen betrachtet alles andere als diktatorisch und herzlos sind.«[9] Wir gehen das »Projekt« eben mit anderen Mitteln an als die erwähnte chinesische Dame mit den hochfliegenden musikalischen Ambitionen.

Doch auch unsere Erwartungen können Druck auf unsere Kinder ausüben, selbst wenn sie auf schleichenden Sohlen daherkommen. Es sind besonders die unausgesprochenen Erwartungen der Eltern, die das Wohlbefinden und das Verhalten unsere Kinder nachhaltiger und subversiver prägen als die ausgesprochenen.

Projektkinder neigen dazu, ihren persönlichen Wert daraus zu beziehen, dass sie den Eltern gefallen, ihnen alles recht machen, nicht negativ auffallen, nicht aus der Reihe tanzen. Solange sie es schaffen, die erforderten (Anpassungs-)Leistungen zu erbringen, werden sie sich gut fühlen, da sie sich der positiven Resonanz durch Mama und Papa sicher sein können. Ein gesundes Selbstwertgefühl kann sich auf dieser Basis dennoch schwer ausbilden. Das Kind verliert seine eigenen Bedürfnisse aus dem Blick bzw. lernt erst gar nicht, diese wahrzunehmen. Es lernt vielmehr, sich immer und ausschließlich nach dem zu richten, was die anspruchsvollen Eltern von ihm fordern.

Oft ist Eltern nicht bewusst, wie deutlich ihre Kinder ihre Wünsche erspüren. In Beratungssettings kann man immer wieder feststellen, dass Kinder sehr genau formulieren können, was Eltern von ihnen erwarten. Schwierig wird es für das Kind aber erst, wenn es sich überfordert fühlt und die Erwartungen der Eltern nicht erfüllen kann oder es unglaublich viel Mühe kostet. Dann bleiben ihm statt Anpassung nur der Widerstand und die Rebellion. Und dann wird es für ambitionierte Eltern richtig haarig.

Was auf der Beziehungsebene passiert, wenn wir unser Kind zum Projekt erklären, beschreibt Familientherapeut Jesper Juul: »Wenn das Kind und seine Zukunft zu einem Projekt werden, verwandelt sich das Eltern-Kind-Verhältnis in eine Subjekt-Objekt-Beziehung, in der das Kind Objekt wird. Das Kind wird zu einer Art Gegenstand oder Eigentum reduziert ...«[10] Wer möchte schon zum Projekt eines anderen erklärt werden, an dem permanent herumgedoktert wird, bis man irgendwann dem Idealbild entspricht? Irgendwie bekommt das Kind zwar mit, dass die Eltern viel Engagement in seine Erziehung stecken und jede Menge Tamtam veranstalten – aber am Ende wird es merken, dass es den Eltern nur darum geht, ihre eigenen Vorstellungen zu realisieren, und zwar um jeden Preis, zur Not auch gegen die inneren Interessen des Kindes. Es spürt früher oder später, dass es nicht wirklich selbst im Zentrum der elterlichen Aufmerksamkeit steht, sondern dass es vielmehr um die »Ambitionen der Eltern, deren Selbstbild, Image und Wünsche« geht.[11]

So wird ein Erwachsener, der als Kind gelernt hat, dass nur seine Leistung und sein Können zählen, seinen Selbstwert immer über die Anerkennung von außen beziehen – und nicht aus einer Art Eigenliebe oder Selbstwertschätzung. Für viele Menschen bedeutet das, sich beruflich und privat bis an den Rande der Erschöpfung auszubeuten, bloß um die angemessene Dosis Zuwendung und Anerkennung zu bekommen, die sie für ihr mageres Selbst so dringend benötigen. Wir sollten vermeiden, unseren Kindern das zuzufügen. Wir sollten ihnen stattdessen erlauben, sie selbst zu sein. Mit den Makeln, Eigenheiten und

> Wir sollten unseren Kindern erlauben, sie selbst zu sein.

Unzulänglichkeiten, die Menschen nun mal haben. Ein perfektes Kind wäre schlichtweg unmenschlich.

Dass es ganz normal ist, Erwartungen an sein Kind zu haben, haben wir gesehen. Oft sind wir uns nicht im Klaren darüber, was genau wir von unserem Kind erwarten. Es lohnt sich aber, darüber nachzudenken.

Prüfen Sie also hin und wieder, ob Ihre Erwartungen realistisch sind, woher sie kommen und ob Ihr Kind auch wirklich in der Lage ist, diese Erwartungen zu erfüllen. Erlegen Sie sich bitte keine Denkverbote auf nach dem Motto: »Das darf ich nicht denken/erwarten.« Seien Sie möglichst ehrlich: Je klarer Sie sich über Ihre Hoffnungen und Wünsche in Bezug auf Ihr Kind sind, desto besser.

Sorgen Sie auch für diese Übung für Ruhe, eine angenehme Atmosphäre und stellen Sie das Telefon ab. Nehmen Sie Stift und Papier zu Hand.

- Welche Erwartungen haben Sie an Ihr Kind? Was erhoffen Sie sich von ihm? Jetzt und später? Schreiben Sie alles auf, was Ihnen einfällt. Die Erwartungen können sich beziehen auf:
  - das Verhalten in der Familie
  - das Verhalten außerhalb der Familie
  - Schule und schulische Leistungen, Schulabschluss
  - Hobbys und Interessen
  - späteren Beruf und Verdienst
  - Familiengründung
  - Freundschaften
  - Lebensweise
  - etc.

Bleiben Sie aber bitte nicht in allgemeingültigen Floskeln hängen, sondern werden Sie so konkret wie möglich. Nutzen Sie diese Gelegenheit, hemmungslos alle Ihre Wunschfantasien zu formulieren, selbst wenn Ihnen klar sein sollte, dass sie vielleicht übertrieben sind. Wenn Ihnen nichts mehr einzufallen scheint, wechseln Sie die Perspektive:

- Was glaubt Ihr Kind, was Sie von ihm erwarten?

- Was würde Ihr Mann/Partner oder eine gute Freundin sagen, was Sie sich von Ihrem Kind wünschen?

Legen Sie das Geschriebene eine Weile in eine Schublade und nehmen Sie es erst nach ein paar Tagen wieder in die Hand. Lesen Sie gründlich. Und fragen Sie sich:

- Wie realistisch sind meine Erwartungen? Worüber muss ich schmunzeln? Was ist eigentlich Quatsch? Was davon kann ich über Bord werfen? Was meine ich wirklich sehr ernst?
- Wie fühlt sich mein Kind angesichts dieser Erwartungen höchstwahrscheinlich? Geliebt, angemessen gefordert oder überfordert?
- Welche Erwartungen soll mein Kind auf jeden Fall erfüllen, was ist mir besonders wichtig? Welche Erwartungen sind auf einem »anderen Mist« gewachsen, vielleicht auf dem der eigenen Eltern oder des Partners?
- Was würde passieren, wenn mein Kind diese wichtigen Erwartungen nicht erfüllte?
- Wo kommen diese Erwartungen her? Was haben diese Erwartungen mit meiner Kindheit oder meinem Leben zu tun?

Wer Kinder erzieht, sollte sich manchmal mit seinen Ängsten beschäftigen. Ängste üben insbesondere dann große heimliche Macht aus, wenn wir uns zu wenig mit ihnen beschäftigen.

Heimlicher Hinderer. Warum Angst ein schlechter Erziehungsratgeber ist

Wenn Sie sich viele Sorgen um Ihr Kind machen, fragen Sie sich gelegentlich:

- Glauben Sie fest daran, dass Ihr Kind ein gutes Leben haben wird, auch wenn es vielleicht das Abitur nicht schafft?
- Wenn ja, können Sie ihm das auch vermitteln? Weiß bzw. spürt Ihr Kind das?
- Wie groß ist Ihr Vertrauen auf einer Skala von 1 (kein Vertrauen) bis 10 (absolutes Vertrauen)?
- Wo sitzen Ihre Ängste und Sorgen? Was genau befürchten Sie?

- Was wäre das Schlimmste für Sie (spätere Arbeitslosigkeit des Kindes, Perspektivlosigkeit, wenn das Kind keinen Partner fände, etc.)?
- Woher kommen diese Ängste? Haben sie etwas mit Ihrer Vergangenheit und Lebensgeschichte zu tun? Oder vielleicht sogar mit der Lebensgeschichte Ihrer Eltern? Oder lassen Sie sich »nur« von Lehrern oder anderen Eltern ein bisschen unter Druck setzen?

Geheime Botschaften: Was wir unseren Kindern unbewusst mitgeben

Oft übertragen wir Wünsche, die wir uns selbst nicht erfüllen konnten oder die uns nicht erfüllt wurden, unbewusst auf unsere Kinder. Hier als Beispiel ein echter Klassiker aus der Beratungspraxis:

> Ein Mann wollte in seiner Kindheit immer ein Instrument lernen, durfte aber nicht. Als er später Vater wird, schickt er seine Kinder zum Klavierunterricht. Zunächst macht es ihnen Spaß, sie verlieren aber zunehmend das Interesse daran. Als sie den Instrumentalunterricht verweigern, empfindet der Mann dies als persönliche Niederlage. Es wird ihm klar, dass er den Kindern etwas gönnen wollte, was ihm selbst versagt geblieben war. Er merkt, dass er immer noch sehr traurig darüber ist, dass er damals kein Instrument lernen durfte. Erst als er diese Trauer zulässt, kann er den Kindern zugestehen, ein anderes Hobby zu suchen.

Es lohnt also immer, sich zwischendurch einmal Folgendes zu fragen: Habe ich Wünsche in meiner Kindheit oder meinem Leben begraben müssen und hoffe nun, dass mein Kind diese Wünsche stellvertretend für mich erfüllt?

Es ist für Kinder kein Problem, diese elterlichen Wünsche zu erfüllen, wenn ihnen das Hobby Spaß macht oder/und sie die erwarteten Erwartungen erfüllen können. Schwierig wird es für Kinder erst dann, wenn der (unbewusste) Wunsch ihren Neigungen und Begabungen zuwiderläuft oder sie sich überfordert fühlen. Dann kann es zu Verweigerungshaltung und Widerstand kommen.

Ähnlich ist es mit dem Deligieren: Wir geben unseren Kindern manchmal Aufgaben mit auf den Weg, die sie für uns erfüllen sollen. Diese sind manchmal ausgesprochen, meistens aber nicht. So kann es sein, dass Eltern von ihren Kinder unbewusst erwarten, dass sie

- einen bestimmten Beruf ergreifen, etwa einen künstlerischen, den zu wählen man sich selbst nicht getraut hatte (»Ich habe den Fehler gemacht, nicht meinen Neigungen zu folgen. Trau du dich!«)
- beruflichen Erfolg haben, weil ihnen selber beruflicher Erfolg versagt blieb (»Mach es besser als ich, denn ich habe es nicht geschafft. Mach mich stolz!«)
- keinen beruflichen Erfolg haben, weil sie selbst auch keinen beruflichen Erfolg hatten (»Sei bloß nicht besser als ich, denn dann müsste ich mich als Versager fühlen, und das will ich nicht!«)
- ein ähnliches Leben wie die Eltern führen sollen, weil das die Lebensweise der Eltern bestätigt (»Wenn du so ähnlich lebst, wie wir das tun, dann spüre ich, dass wir es gut gemacht haben«)
- ein ganz anderes Leben als die Eltern führen sollen, weil das eigene Leben als langweilig oder »falsch« erlebt wird (»Ich will nicht, dass du so unglücklich wirst, wie ich es bin.«)
- möglichst viele Liebschaften durchleben, weil man sich selber erotische Abenteuer versagt hat (»Leg dich nicht so schnell fest, wie ich das getan habe, ich habe so viel verpasst!«)
- sich für ihre Eltern rächen, die Unrecht oder ein Unglück erlebt haben etc. (»Die Welt war ungerecht zu mir. Nun zeige der Welt, dass sie schlecht ist.«)

Bevor Sie jetzt überlegen, was Sie Ihrem Kind vielleicht unbewusst in Auftrag geben, was im Übrigen sehr schwierig ist, sollten Sie lieber darüber nachdenken, was Ihnen Ihre Eltern wohl alles für unbewusste Aufträge mitgegeben haben. Man kann solche Aufträge am besten im Rückblick erkennen und besonders gut dann, wenn Sie mit diesen Aufträgen irgendwann einmal haderten. Bäumt sich ein Mensch gegen solche Delegierung auf, so ist das nämlich meistens mit einem schlechten Gewissen, Schuld- und Schamgefühlen oder sogar Panikattacken verbunden. Wenn Sie damit gelegentlich zu tun haben, könnten Sie darüber nachdenken, welche elterlichen Regeln Sie zu durchbrechen versuchen. Loyalitätskonflikte mit den Eltern gehören zu den schwierigsten Konflikten überhaupt, weil sie an unsere Substanz gehen und unsere Identität und Integrität zu bedrohen scheinen.

Wenn Sie sich jetzt fragen, was das alles mit unseren »schwierigen Kindern« zu tun hat: sehr viel. Denn wenn Erwachsene ihre (psychische) Welt aufräumen, so spüren das auch die Kinder. Insofern sind eine gute Selbstkenntnis und die Bereitschaft der Eltern, immer mal wieder bei sich selbst zu forschen, ein nicht zu unterschätzender Schatz für unsere Kinder. Je mehr die Eltern mit sich im Reinen sind, desto unbelasteter können Kinder aufwachsen.

Je mehr die Eltern mit sich im Reinen sind, desto unbelasteter können Kinder aufwachsen.

Zwei

Was heißt schon »schwierig«?
Stigmatisierte Kinder zwischen
Norm und Not

»Mein damals 10-jähriger Sohn Markus hatte in der Grundschule Schwierigkeiten. Oder besser gesagt: Seine Klassenlehrerin hatte Schwierigkeiten mit ihm. Er störte ihren Unterricht, war unkonzentriert und unruhig, machte nicht richtig mit, quatschte angeblich dauernd dazwischen und störte die anderen Kinder. Die Lehrerin beschwerte sich bei mir darüber und forderte mich auf, ihn auf ADHS testen zu lassen und mit ihm zu einem Kinder- und Jugendtherapeuten zu gehen. Irgendwas stimme mit meinem Sohn ja nicht. Ansonsten könne er leider nicht in der Klasse bleiben. Ich war ziemlich verzweifelt, weil ich nicht wusste, was ich machen sollte. Also suchte ich einen Therapeuten für meinen Sohn, auch wenn ich es eigentlich nicht richtig einsah. Ich hatte nicht das Gefühl, dass er sehr viel anders oder anstrengender als gleichaltrige Jungs war. Aber was hätte ich denn tun sollen? Er wollte ja schließlich bei seinen Freunden in der Klasse bleiben.« (Miriam, 36 Jahre)

Markus ist kein Einzelfall. Im Gegenteil. Eltern, Erzieherinnen, Lehrer, Ärzte und Kindertherapeuten scheinen sich oft einig zu sein: Immer mehr Kinder fallen angeblich aus dem Rahmen, freilich meistens auf unerwünschte Weise. Sie werden entweder als aggressiv, unkonzentriert, ungezogen oder hibbelig bezeichnet, sie malträtieren im Kindergarten ihre Spielgefährten oder folgen in der Schule dem Unterricht nicht, geben Widerworte oder hören einfach nicht hin, wenn man mit ihnen spricht. Immer mehr Kinder werden als auffällig beschrieben und als therapiedürftig eingestuft, vornehmlich Jungen. Doch sind unsere Kinder tatsächlich immer häufiger gestört, krank oder schlichtweg unerzogen, wie es von so manchen Experten behauptet wird?

»Kleine Tyrannen« und »hilflose Helden«: Verwöhnte Kinder bedürftiger Eltern?

Nicht jedes Kind, das von irgendjemandem als »auffällig« erlebt oder bezeichnet wurde, hat auch tatsächlich eine »Störung« oder ein »Defizit«. Ist nicht jede kindliche Reaktion in sich logisch, nämlich »psycho-logisch« nachvollziehbar – auch wenn wir sie nicht auf Anhieb verstehen? In psychotherapeutischen Settings werden viele zunächst merkwürdig wirkende Verhaltensweisen verständlich, wenn man sich nur die Mühe macht, ihren Hintergrund zu verstehen. Das gilt für die Erwachsenen übrigens ebenso wie für Kinder.

Bevor wir uns jedoch der diffizilen Frage zuwenden, was eine Verhaltensauffälligkeit überhaupt ist und wie sie zu verstehen ist, werfen wir einen Blick auf das Bild des Kindes, das in der Gesellschaft gerade kursiert und medial verbreitet wird. So richtig positiv fällt es derzeit nicht aus.

In Zeiten von Super-Nanny & Co. muss man nahezu zwangsläufig den Eindruck gewinnen, dass chaotische Zustände im Kinder- und Klassenzimmer eher die Regel denn die Ausnahme sind. Das medial verbreitete Bild der überforderten Eltern, die ihren eigenen Frust an den Kindern auslassen, während sie ihnen weder klare Regeln vermitteln noch Zuneigung entgegenbringen, prägt das öffentliche Meinungsbild. »Eltern von heute können keine Grenzen ziehen«, heißt es dann gerne mal pauschal. Und immer wieder ist die Rede von den »kleinen Tyrannen«, die ihren Eltern hemmungslos auf dem Kopf herumtanzen und den armen, hilflosen Erwachsenen das Leben schwer machen. »Selbst schuld«, schimpfen viele, »hätten sie ihren Kinder nur mal ordentlich Manieren beigebracht.« Dass es so einfach meistens eben nicht ist, wissen alle, die sich ernsthaft mit Kindererziehung, Elternberatung und Entwicklungspsychologie beschäftigen.

Auch diverse Bestseller von Kinderpsychiatern und -psychologen tragen nicht gerade dazu bei, den Ruf von Kindern und Eltern zu verbessern. Sie haben stets Alarmierendes aus ihrer täglichen Berufspraxis zu berichten. Wie etwa Michael Winterhoff, der in seinem sehr kontrovers diskutierten Bestseller »Warum unsere Kinder Tyrannen werden« beschreibt, dass immer mehr Kinder eine extrem geringe Frustrationstoleranz haben, bei jeder noch so kleinsten Enttäuschung ihren Unmut äußern und ihren Eltern fröhlich auf der Nase herumtanzen – ohne dass diese dieser »Fehlentwicklung« etwas Konkretes entgegenzusetzen hätten. Im Gegenteil: Es sind Winterhoffs Ansicht nach gerade die Eltern, die ihre Kinder durch symbiotisches, unreifes Verhalten zu solchen kleinen Tyrannen heranziehen.

»Bestimmerkinder« nennt die Journalistin Anja Maier die vorlauten und dominanten Gören, die ihren Müttern den täglichen Speiseplan diktieren und sie wie Lakaien herumkommandieren. Ein ganzes Buch hat sie gefüllt mit schrillen und leicht gehässigen Geschichten über die »Edeleltern«[1] des Berliner Stadtteils Prenzlauer Berg, die ihre Sprösslinge zum einzigen Lebensinhalt hochstilisieren und hinfort lieber auf ein eigenes Leben verzichten, um den kleinen Prinzen und Prinzessinnen die elitäre Privatschule finanzieren zu können. Mag sein, dass der Prenzlauer Berg mit seinen legendären Latte-macchiato-Müttern nun zum Sinnbild dieser Entwicklung geworden ist: In anderen Städten gibt es ähnliche Szenen, in denen durchgestylte Mütter ihren ebenso durchgestylten Kindern stets und unumstößlich die absolute Vorfahrt einräumen. Diese »Me first«-Haltung ist also längst nicht auf einen Berliner Stadtteil begrenzt und passt im Grunde wunderbar in unsere Ellenbogen- und Leistungsgesellschaft.

Das Kind als Sinnstifter: Anja Maier ist natürlich nicht die Erste, die diese Tendenz ausmacht. Und so ganz neu ist sie übrigens auch nicht. Schon vor 25 Jahren hat der Soziologe Ulrich Beck in seinem Buch »Risikogesellschaft« schlüssig dargelegt, wie sich die dramatischen gesellschaftlichen Veränderungen mehr oder weniger subtil in unserem Liebes- und Familienleben manifestieren. Wenn in der Postmoderne die fortschreitende Individualisierung und die Auflösung alter Rollenmuster zu Irritationen führen, so gibt es doch eines, was uns Sicherheit gibt: das Kind. So wird es zur »letzten verbliebenen, unaufkündbaren, unaustauschbaren Primärbeziehung«. Denn: »Partner kommen und gehen. Das Kind bleibt.« Mit dem Kind erleben die Eltern, was in der Gesellschaft kaum noch vorkommt: »In ihm wird eine anachronistische Sozialerfahrung kultiviert und zelebriert, die mit dem Individualisierungsprozess gerade unwahrscheinlich und herbeigesehnt wird.«[2]

In diesem Sinne wird das Kind für die Eltern nicht nur auf eine *neue* Weise, sondern auf eine *existenzielle* Weise bedeutsam. Die französische Psychoanalytikerin Caroline Thompson sieht darin eine Umkehrung, ja Pervertierung der naturgegebenen Abhängigkeitsverhältnisse: »Was ich die Tyrannei der Liebe genannt habe, rührt zum Teil daher, dass wir uns von unseren Kindern abhängig fühlen und deshalb den Gedanken nicht ertragen können, ihre Liebe zu verlieren, und sei es auch nur vorübergehend. Doch in Wahrheit ist es das Kind, das in einen Zustand absoluter Abhängigkeit hineingeboren wird, die im Laufe seiner Entwicklung allmählich abnimmt, bis es Autonomie und Unabhängigkeit erlangt. Heute hat sich die Konstellation umgekehrt: Es sind die Eltern, die sich im Zustand der Abhängigkeit von ihren Kindern befinden.«[3] Dass dieses vermeintliche Paradoxon nicht ohne Wirkung auf Kinder bleiben kann, liegt auf der Hand.

Ausgeschimpft. Warum uns Expertenschelte nicht weiterhilft

Doch nicht nur gut betuchte Elitemamas und -papas »investieren« jede Menge Geld und Energie in ihre Kinder, ohne ihnen gleichzeitig etwas abzuverlangen, was sich etwa als Rücksichtnahme, Disziplin, Höflichkeit oder Verzicht bezeichnen lassen würde. Dass sich in (fast) allen sozialen Schichten eine Neigung zur Verwöhnung der Kinder abzeichnet, ist nicht von der Hand zu weisen. Wobei »Verwöhnung« von Psychologen auch gerne mit einer gewissen Form der Vernachlässigung gleichgesetzt wird, denn in beiden Fällen wird die kindliche Persönlichkeitsentwicklung eher behindert denn gefördert. Die materielle Überversorgung unserer Kinder und die emotionale und erzieherische Überpräsenz der Mütter bei gleichzeitiger Abwesenheit des Vaters hinterlassen ganz sicher ihre Spuren.

Auch hat Kinderpsychiater Michael Winterhoff sicher nicht ganz unrecht, wenn er in seiner Praxis beobachtet, dass sich manche Eltern innerlich schlecht von ihren Kindern abgrenzen und ihnen insofern kein adäquates Gegenüber sein können. Die Folge sind irritierte und überforderte Kinder, die sich einerseits wahnsinnig mächtig fühlen, weil sie ihre Eltern herumdirigieren können. Gleichermaßen erleben sie sich als alleingelassen, hilflos, nicht richtig an die Hand genommen. Und sind kaum in der Lage, selbstständig Probleme zu bewältigen oder Unlustgefühle zu ertragen.

Auch Wolfgang Bergmann schreibt in seinen Buch »Ich bin der Größte und ganz allein« über Kinder, die sich zwischen Größenwahn und Einsamkeit bewegen und auf dem besten Wege sind, eine sogenannte narzisstisch gestörte Persönlichkeit zu entwickeln. Er schreibt: »Jeder Verzicht fällt dem modernen Kinder-›Ich‹ ungeheuer schwer und bindet, wo er doch geleistet werden muss, die seelischen Kräfte über eine lange Zeitspanne hinweg. Lehrer und Sozialpädagogen berichten immer wieder davon, wie buchstäblich fassungslos Kinder reagieren, wenn sie Wünsche aufgeben müssen. Darauf sind sie nicht (ausreichend) vorbereitet.«[4]

Ähnlich wie Winterhoff nimmt Bergmann die Eltern freundlich in die Pflicht, das Kind liebevoll zu »führen«, statt es sich selbst, seinen Neigungen und seinen Stimmungen zu überlassen.

Auch Winterhoffs Beobachtung, dass es Eltern gibt, die emotional so von der Zuwendung ihrer Kinder abhängig sind, dass sie sich nicht in der Lage sehen, ihnen etwas vorzuschreiben oder zu verbieten, ist vielleicht nicht ganz verkehrt. Natürlich ist ein solcher »emotionaler Missbrauch«[5] (Winterhoff) von Kindern durch ihre Eltern nichts, was man ernsthaft rechtfertigen oder befürworten könnte. Doch ist dieser »Missbrauch« wirklich mittlerweile bundesdeutsches erzieherisches Standardprogramm? Sind nahezu alle Eltern so narzisstisch gestört und bedürftig, dass sie ihren Kindern kein »Leuchtturm« mehr sein können, wie Jesper Juul die verantwortungsbewusste erzieherische Grundhaltung bezeichnet?[6]

Und übertreibt Winterhoff nicht, wenn er quasi eine ganze Elterngeneration als erziehungsunfähig darstellt? Und die Kinder als durchweg verzogene Früchtchen, die keinerlei soziale Regeln mehr beherrschen? »Bereits Grundschüler«, so schreibt er verallgemeinernd, »sind notorisch unaufmerksam und haben enorme Schwierigkeiten, sich auch nur kurze Zeit auf eine gestellte Aufgabe zu konzentrieren und sich Lerninhalte über einen längeren Zeitraum hinweg zu merken und in anderem Kontext wieder anzuwenden.«[7] Und weiter behauptet er: »Das Sozialverhalten vieler Kinder ist hochproblematisch. Sie sind in ihrer Umgebung wirklich kleine Tyrannen, sie treten Gleichaltrigen gegenüber körperlich und verbal extrem aggressiv auf und sind nicht ansatzweise in der Lage, sich in eine Gruppe zu integrieren.«[8]

Sind solche Verallgemeinerungen zulässig? Gar wissenschaftlich haltbar? Sind die meisten Kinder wirklich verwöhnt, unsozial und aggressiv? Sozusagen kaum noch lernfähig, nicht lernwillig, also kaum beschulbar? Wie kommt es dann, dass immer mehr Kinder es auf das Gymnasium und sogar das Abitur schaffen? Und wo kommen dann all die freundlichen, hilfsbereiten jungen Menschen her, denen ich täglich begegne?

Zunächst muss man natürlich bedenken, dass Kinderpsychiater ausschließlich mit Kindern zu tun haben, die tatsächlich Probleme haben (oder machen?) oder denen es aus irgendeinem Grund psychisch nicht gut geht. Insofern muss ihre Wahrnehmung der kindlichen Realität selektiv sein. Und sicher lassen sich aus den Erfahrungen in ihrer beruflichen Praxis Tendenzen ableiten, die etwas mit unserer gesellschaftlichen Wirklichkeit zu tun haben. Insofern sind diese Expertenbücher hilfreich und interessant. Man sollte sich allerdings hüten, die darin beschriebenen Probleme als flächendeckend und allgemeingültig zu betrachten. Und außerdem offeriert auch Herr Winterhoff ein bestimmtes subjektives Weltbild, das er für unverrückbar richtig hält, wenn er von einer »normalen Entwicklung«[9], einem »normalen Umgang«[10], von »Fehlverhalten«[11], »brauchbaren Erwachsenen«[12], »defizitären Erwachsenen«[13] und von einem »falschen Weltbild«[14] spricht. Denn wer kann schon sicher sagen, was »normal«, was »krankhaft« oder ein »richtiges« Weltbild ist?

Aus Sicht des betroffenen Kindes handelt es sich übrigens keineswegs um eine »Fehlentwicklung« oder eine »Störung«: Das Kind entwickelt sich folgerichtig, sozusagen entsprechend seinen möglicherweise irritierenden oder ambivalenten Inputs. Es kommt ganz auf den Blickwinkel an, den man einzunehmen bereit ist. Und darauf, wie viel Mühe man sich macht, das kindliche Verhalten verstehen zu wollen.

Plakative Thesen à la Winterhoff treffen immer auf offene Ohren. Über die schlimmen Kinder »schlechter« Eltern hat man schließlich schon immer gerne hergezogen. So soll schon Sokrates ca. 400 Jahre vor Christus gesagt haben: »Die Kinder von heute sind Tyrannen. Sie wiedersprechen ihren Eltern, kleckern mit dem Essen und ärgern ihre Lehrer.« Auch für die Jugend hatte er angeblich keine freundlichen Worte übrig. So wird ihm auch folgendes Zitat zugeschrieben: »Die Jugend liebt heutzutage den Luxus. Sie hat schlechte Manieren, verachtet die Autorität, hat keinen Respekt vor den älteren Leuten und schwatzt, wo sie arbeiten sollte. Die jungen Leute stehen nicht mehr auf, wenn Ältere das Zimmer betreten. Sie widersprechen ihren Eltern, schwadronieren in der Gesellschaft, verschlingen bei Tisch die Süßspeisen, legen die Beine übereinander und tyrannisieren ihre Lehrer.«

Kommt Ihnen das irgendwie bekannt vor? Mir auch. Schon immer gab es eine gewisse Bereitschaft, sich über die junge Generation zu beschweren, ihr schlechtes Benehmen zu unterstellen und den Untergang der Gesellschaft vorherzusagen, falls sich diese Jugend nicht grundlegend ändert.

Viele Expertenbüchern und Erziehungsratgeber sind durchaus hilfreich. Doch ihr zweifelhafter Nebeneffekt ist eben, dass sie Eltern das Gefühl suggerieren, sie seien nur noch unbeholfene Stümper, die irgendwo im Erziehungsnebel herumdümpeln und jederzeit Rat und Hilfe von Erziehungsexperten oder Psychologen benötigten, um ihre Kinder auch nur einigermaßen gut durchs Leben zu hieven. Auch die Medien haben die Brisanz des Themas längst erkannt und bedienen sämtliche Ängste und Vorurteile:

Schon 2005 monierte der »Spiegel«, dass »Mütter und Väter um ihre Autorität kämpfen« müssten: »Deutschlands Väter und Mütter sind überfordert«, heißt es hier im Vorspann, und weiter: »Genervt von ihren Kindern, suchen sie in Scharen Rat in Elternkursen und Erziehungsseminaren. Schon denken Pädagogen darüber nach, Nachhilfe für Eltern zur Pflicht zu machen.«[15] Und der »Stern« titelte 2007: »Kleine Tyrannen: 100 Fragen ratloser Eltern und 100 Antworten erfahrener Experten.«[16] Im Mai 2008 legte er nach: »Los, erzieht mich!«. Auf dem Cover prangt ein motzig wirkender Junge: Er verschränkt trotzig die Arme und blickt säuerlich herausfordernd nach oben. Untertitel: »Warum die Wohlstandsgesellschaft kleine Monster schafft.« Im Artikel stellen die Autoren ernsthaft die Frage: »Erziehung – gibt's das noch?«[17]

Ist Erziehung wirklich eine höhere Lebenskunst, die kaum noch jemand beherrscht? Die man mühsam lernen muss und ohne fremde Hilfe kaum zu bewältigen vermag? Brauchen Eltern für jede noch so kleine erzieherische Intervention einen Experten, der ihnen sagt, was sie wie und wann zu tun hätten? Sind wir von unserer natürlichen Fähigkeit, unseren Kindern Liebe und Halt zu geben und ihnen den Weg ins Leben zu weisen, tatsächlich mittlerweile so weit abgekoppelt?

Wohl kaum. Nahezu alle Eltern, die von außen übergestülpte Ängste, Anforderungen und Druckgefühle loslassen können, entdecken in sich eine Art »Feinfühligkeit« wieder, die ihnen den Umgang mit sich und den Kindern erleichtert. Es gilt einfach nur, sich auf diese inneren Fähigkeiten wieder zu besinnen, statt sich von Pädagogen, Erzieherinnen und Psychologen verrückt machen zu lassen. Die Macht der Experten wächst, der entsprechende Markt ebenso. Doch wer sich auf seine eigenen Erziehungskompetenzen verlassen kann, ist auf den sogenannten Expertenrat nicht mehr so stark angewiesen. Darauf sollten Eltern hinarbeiten – ihre innerliche Souveränität und das Vertrauen in die eigenen Fähigkeiten zu erhalten oder wiederzuerlangen.

Eltern können in sich eine »Feinfühligkeit« entdecken, die ihnen den Umgang mit den Kindern erleichtert.

Souverän zu sein heißt nicht, immer alles zu wissen oder alles immer richtig zu machen; eine gewisse Souveränität ermöglicht Eltern vielmehr, andere, neue Perspektiven einnehmen zu können und problematische Verhaltensweisen des eigenen Kindes nicht als Bedrohung, sondern als Entwicklungschancen sehen zu können.

Auf der Suche nach der gelungenen Mischung: Erziehung zwischen Wertschätzung und Verwöhnung

Eltern sind heute keineswegs inkompetenter als früher, wie ihnen ständig suggeriert wird. Im Gegenteil. Noch nie gab es so viele Eltern, die ihre Kinder mit Respekt und Wertschätzung erziehen, die sich so intensiv mit ihnen beschäftigen und ihre Entwicklung ernst nehmen. Man kann das nicht hoch genug schätzen, denn immerhin ist es noch nicht lange her, dass Kinder als vollwertige und ernst zu nehmende Menschen akzeptiert werden. Erst im Jahr 1968 entschieden deutsche Gerichte, dass die Artikel 1 und 2 des Grundgesetzes – »Die Würde des Menschen ist unantastbar«, »Jeder hat das Recht auf die freie Entfaltung seiner Persönlichkeit« und »Jeder hat das Recht auf Leben und körperliche Unversehrtheit« – uneingeschränkt auch für Kinder gelten. Und ein verbrieftes »Recht auf gewaltfreie Erziehung« haben Kinder laut § 1631 des Bürgerlichen Gesetzbuches erst seit 1998.

Seitdem hat sich die Ansicht, dass Kinder einen respektvollen Umgang verdient haben, rasant verbreitet und ist in vielen Bereichen der Gesellschaft angekommen. Auch die Statistik belegt, dass die Prügelstrafe und körperliche Züchtigungen »out« sind: die Mehrheit aller Eltern pflegt eine gewaltfreie Erziehung, wenn auch der verharmloste »Klaps auf den Hintern« mitunter noch als Erziehungsmittel akzeptiert wird. Schlagen mit Gegenständen, etwa Stöcken oder Teppichklopfern, wie es noch in den 50er- und 60er-Jahren üblich war, ist heute glücklicherweise tabu.

Noch in unserer Elterngeneration sah das hierzulande ziemlich anders aus: In den 1950ern ließ man Babys noch stundenlang schreien, in der Annahme, es würde ihre Lunge stärken. Sie wurden nicht getröstet oder geschaukelt, weil sie das angeblich verwöhne. Das psychische Grundbedürfnis des Säuglings nach Gehalten- und Getragenwerden, nach körperlicher Nähe und mütterlicher (oder väterlicher) Wärme wurde schlichtweg ignoriert. Auch später hatten die Kinder dann eher zu spuren, Strafen waren an der Tagesordnung, nach dem seelischen Wohlbefinden wurde selten gefragt. Auch geschlagen wurde durchaus noch in vielen Familien, zum Teil noch in der Schule, auch wenn es glücklicherweise langsam aus der Mode kam.

Natürlich gibt es auch heute immer noch viel zu viel Gewalt in Familien. Wer würde das bestreiten? Ob Kindesmisshandlung, psychische oder sexuelle Gewalt oder Vernachlässigung: Es gibt immer noch viel zu viele Kinder unter uns, denen es nicht gut oder sogar richtig schlecht in ihren Familien geht. Man sollte das keineswegs unter den Tisch kehren, hier gibt es sehr viel zu tun. Kinderschützer und Sozialpädagogen, die in der aufsuchenden Familientherapie arbeiten, finden hier manchmal die bedauernswertesten Zustände vor und haben oft alle Hände voll zu tun, um das schlimmste Elend von Kindern abzuwenden.

Diese Tatsache sollte aber dennoch nicht darüber hinwegtäuschen, dass es vielen Kindern in Deutschland bei ihren Eltern sehr gut geht. Es gibt in weiten Teilen der Gesellschaft einen Konsens darüber, dass Kinder wertgeschätzt und respektiert werden sollten. Ich will auch nicht leugnen, dass es mit der Wertschätzung manchmal übertrieben wird und das Kind zum hofierten König der Familie mutiert, das fortan das Zepter und das Regiment führt: Auswüchse gibt es immer. Doch in der Regel leisten Eltern gute Arbeit und erziehen ihre Kinder verantwortungsvoll. Schade, dass ihnen immer wieder von allen Seiten eingeredet wird, sie machten es nicht gut genug. Das verunsichert, macht Druck, schwächt ihre Position und degradiert sie nachhaltig zu Erfüllungsgehilfen von Schule und pädagogischen Besserwissern.

Natürlich: Wer würde behaupten, es gebe in Familien keine Probleme? Das genaue Gegenteil ist der Fall: In allen Familien gibt es Probleme und Konflikte. Das ist ganz normal. Können wir nicht einfach akzeptieren, dass es überall Schwierigkeiten gibt, wo Menschen miteinander leben? Vor allem, wenn die individuellen und auch die gesellschaftlichen Ansprüche ständig wachsen und der Druck, alles immer perfekt machen zu müssen, unentwegt steigt?

Es geht in der Erziehung keineswegs darum, möglichst keine Probleme mit den Kindern zu haben. Sondern darum, sie zu erkennen und als lösbare Aufgaben in das eigene Leben zu integrieren.

Aggressiv, ausgebrannt oder aufmerksamkeitsgestört: Die modernen Leiden unserer Kinder

»Jedes zehnte Kind hat eine psychische Störung«, lautete es auf Welt online am 3.3.2011.[18] Diese Schätzung stammt von Kinder- und Jugendpsychiatern. Wissenschaftliche Belege werden hierfür nicht genannt. Professor Michael Schulte-Markwort, ausgewiesener Experte in Sachen Kinderpsyche und Leiter der Klinik der jugendpsychosomatischen Abteilung an der Uni-Klinik in Hamburg, sieht die Lage sogar noch drastischer: Seiner Ansicht nach ist sogar jedes vierte Kind psychisch auffällig. Seine Erkenntnisse zieht er aus einer Studie der Weltgesundheitsorganisation und der KIGGS-Studie des Berliner Robert-Koch-Instituts. Demzufolge seien 25 % aller Kinder »unruhig, überaktiv, unkonzentriert, können nicht lange still sitzen und lassen sich leicht ablenken. Oder sie neigen zu Wutanfällen, streiten sich viel mit anderen Kindern, stehlen zu Hause oder in der Schule, machen sich viele Sorgen, sind unglücklich und leiden unter Ängsten«[19]. Psychosomatische Beschwerden wie Kopf-, Bauch und Rückenschmerzen sind laut diesen Studien auf dem Vormarsch. Auch unter Nervosität, Niedergeschlagenheit und Einschlafstörungen leiden unsere Kinder zunehmend.

Sogar von Burn-out-Phänomenen bei Kindern ist mittlerweile häufiger die Rede. Immer mehr Schüler seien erschöpft, so Schulte-Markwort im Hamburger Abendblatt vom 12.08.2010: »Kinder werden immer disziplinierter und leistungsbereiter. Dieses führt auch dazu, dass sie sich sehr anstrengen und sich oftmals selber überfordern«, so die Erkenntnis des Kinderpsychiaters.[20]

Diese Einschätzung korrespondiert mit den Erfahrungen vieler Schulpsychologen. So sagte beispielsweise Hans-Jürgen Tölle vom Zentralen Schulpsychologischen Dienst der Stadt München schon 2007 der Süddeutschen Zeitung: »Depressionen nehmen etwa seit acht Jahren stark zu.«[21] Vor allem die Zehn- bis Zwanzigjährigen litten phasenweise unter Depressionen, es gebe aber auch immer mehr Grundschüler, die sich dem Druck nicht gewachsen fühlen und mit psychischen Symptomen reagierten. Auch in unseren Nachbarländern zeigt sich dieser Trend. Doch der österreichische Oberarzt für Kinder- und Jugendpsychiatrie an der Christian-Doppler-Klinik in Salzburg Dr. Leonhard Thun-Hohenstein spricht in einem Interview auf der Gesundheitsseite wecarelife.at lieber von kindlichen »Überforderungssymptomen« als vom Burn-out, die sich in »einer unspezifischen Stresssymptomatik wie Hektik oder Zerfahrenheit, Erschöpfung, körperlichen Symptomen (Bauchschmerzen) oder aber auch sozialem Rückzug äußern können«[22].

Doch ganz gleich, wie man es nennen mag, ob »Überforderungssymptom«, »Burn-out« oder »psychische Auffälligkeiten«: Viele Ärzte und Psychiater beobachten, dass es immer mehr Kindern in unserem Land psychisch nicht gut oder sogar richtig schlecht geht.

Andere Experten halten dagegen: Es stimme zwar, dass immer mehr Kinder in Therapien gingen und mehr Medikamente nähmen, aber daraus den Schluss zu ziehen, dass tatsächlich mehr Kinder und Jugendliche psychisch »gestört« seien, sei nicht zulässig. Nur der Blick auf sie habe sich verändert. Es werde genauer hingeschaut, wie es einem Kind gehe, was eine positive Entwicklung bedeute. Eltern und Kinderärzte seien sensibler geworden. Dazu komme, dass viele Symptome, die früher gar nicht als krankheitswertig aufgefallen seien, mittlerweile neu bewertet würden. Und das führe dann schlicht zu den erhöhten Zahlen (angeblich) therapiebedürftiger Kinder.

So mahnt der Chefarzt der Kinder- und Jugendpsychiatrie der Asklepios-Klinik in Hamburg Emil Branik vor allzu viel Panikmache und Pathologisierung: »Nicht jede Krise, jedes Stimmungstief ist gleich eine Krankheit.« Und er ergänzt: »So etwas gehört zum Leben und muss bewältigt werden.«[23] Da hat er natürlich recht. Auch Kinder haben Phasen, in denen es ihnen nicht gut geht oder sie mit besonderen Schwierigkeiten konfrontiert sind. Das ist in der Tat gar nichts Ungewöhnliches oder Beängstigendes. An der Beobachtung der Experten, dass immer mehr Kinder in psychologische oder psychiatrische Behandlung kommen, ändert das trotzdem nichts.

Außerdem zweifelt Emil Branik an der Aussagefähigkeit der kursierenden Zahlen: »Solche Umfragedaten sind nicht wissenschaftlich eindeutig belegt«, meint er. Auch da mag er recht haben. Schauen wir uns zum Beispiel die Untersuchung zur Gesundheit von Kindern und Jugendlichen in Deutschland, »KIGGS«, an: Das Robert-Bosch-Institut befragte im Rahmen dieser bundesweit angelegten Studie zwischen 2003 und 2006 über 17.000 Kinder und Jugendliche zu ihrer eigenen Befindlichkeit. Als Merkmale psychischer Probleme wurden abgefragt:

- »Emotionale Probleme« wie etwa Ängste oder Sorgen, die als solche wahrgenommen werden oder sich in körperlichen Beschwerden äußern wie etwa Bauchweh oder Kopfschmerzen.
- »Hyperaktivitätsprobleme«, also motorische Unruhezustände, leichte Ablenkbarkeit, starker Bewegungsdrang und impulsives, unüberlegtes Verhalten.

- Verhaltensauffälligkeiten wie etwa aggressives Verhalten und Prügeln, Wutausbrüche, Ungehorsam, Lügen und Stehlen.
- Probleme mit Gleichaltrigen, also Kontaktschwierigkeiten, Ausgeschlossensein, Keine-Freunde-Haben, Gehänseltwerden etc.

Die Auswertung der individuellen Selbsteinschätzungen ergab, dass sich immerhin 17 % der befragten Kinder und Jugendlichen zwischen 11 und 18 Jahren so beschrieben, dass sie von den Verfassern der Studie als »auffällig« bezeichnet wurden. Interessant ist aber, dass weit mehr Eltern ihre Kinder als auffällig bezeichnen: Laut deren Aussage zeigen 28 % aller Befragten in mindestens einem der vier Bereiche Verhaltensauffälligkeiten. Während die Eltern auch weitaus häufiger ihre Söhne als auffällig bezeichneten, fanden diese sich selbst weitaus seltener auffällig oder problematisch. Mädchen hingegen bezeichneten sich selbst häufiger als auffällig, als Jungen das taten.

Schon hier wird deutlich, wie schwierig es ist, Verhaltensauffälligkeiten überhaupt objektiv zu erfassen: Was die einen als völlig »normal« bezeichnen, kann für die anderen schon nahezu krankhaft erscheinen. Und obwohl viele Jungen sich für völlig normal halten, finden Erwachsene ihr Verhalten offensichtlich irgendwie unangemessen. Liegt das nun daran, dass die Kinder keinen selbstkritischen Blick auf sich selbst haben? Vergleichen sich Jungen eher mit anderen »auffälligen« Kindern und finden sich und die anderen dann normal? Oder haben die Erwachsenen schlicht und einfach völlig andere Erwartungen an das Verhalten der Kinder? Sind viele Eltern einfach nur »erwartungsgestört«?

Man weiß es nicht, und die Studie sagt darüber auch nichts aus. Zusammenfassend lässt sich vielleicht sagen, dass die gesamte KIGGS-Studie also keineswegs auf gesicherten Diagnosen basiert – wenn es denn so etwas überhaupt gibt –, sondern auf der höchst subjektiven Bewertung eines bestimmten kindlichen Verhaltens durch die Betroffenen und deren Eltern selbst.

> Was die einen als »normal« bezeichnen, kann für die anderen schon krankhaft erscheinen.

Unter Druck und unter Beobachtung: Warum immer mehr Kinder als »auffällig« gelten

Dass es auf Grundlage solcher Selbsteinschätzung schwierig ist, wissenschaftlich fundierte Aussagen über die psychischen Befindlichkeiten einer ganzen Generation zu machen, liegt auf der Hand.

Doch es gibt auch ein paar (vermeintlich?) handfeste Fakten, die darauf schließen lassen, dass es um die psychische Gesundheit unserer Kinder nicht zum Besten steht: Schließlich weisen auch Krankenkassen vermehrt darauf hin, dass immer mehr Kinder Psychopharmaka verschrieben bekommen. So beklagte die Techniker Krankenkasse kürzlich, dass der Trend, immer mehr Kindern Medikamente gegen das Aufmerksamkeitsdefizit-Hyperaktivitäts-Syndrom (ADHS) zu verschreiben, nach wie vor ungebrochen ist: »Im Jahr 2006 erhielten noch fast 20.000 TK-versicherte Kinder und Jugendliche zwischen sechs und 17 Jahren Pillen gegen die Aufmerksamkeitsstörung. Im Jahr 2010 waren es bereits 29.000. Bereinigt um den Zuwachs der Versicherten in der Altersklasse ist die Anzahl der betroffenen Kinder damit um 23 Prozent gestiegen«, heißt es in einer Pressemitteilung der Techniker Krankenkasse vom 19. Oktober 2011. Und das, obwohl Ritalin und Co nun schon seit Längerem stark umstritten sind und deren maßvollerer Einsatz von vielen Seiten mittlerweile lautstark eingefordert wird.

Ebenso alarmierend ist laut Techniker Krankenkasse der Anstieg der Verordnung von Medikamenten mit dem Wirkstoff Risperidon für Kinder. Eigentlich ist Risperidon ein sogenanntes »atypisches Neuroleptikum« und wird zur Behandlung von Schizophrenie, bei bipolaren Störungen und psychotischen Episoden im Rahmen einer Demenz eingesetzt. Es hemmt die Wirkung des Botenstoffs Dopamin im Gehirn und wird offensichtlich immer häufiger bei Kindern mit »Verhaltensstörungen«[24] und erhöhtem Aggressionspotenzial angewendet: Die Techniker Krankenkasse verzeichnet verblüfft eine glatte Verdoppelung der betroffenen Kinder zwischen 2006 und 2010.[25] (Meinen Recherchen zufolge verordnen manche Kinderärzte dieses Mittel mittlerweile ebenso wie Ritalin, ohne einen psychiatrischen Facharzt zurate zu ziehen. Manchmal reicht sogar schon ein deutlicher Lehrereintrag in das Hausaufgabenheft des Kindes, um den Arzt dazu zu bewegen, Menge und Art des Medikaments zu verändern. Man kann nur hoffen, dass es sich hierbei um Ausnahmen handelt.)

Kinderpsychiater schlagen aber auch noch aus einem anderen Grund Alarm: Denn obwohl der Bedarf an Therapien für Kinder immer höher wird, gibt es viel zu wenige Therapieplätze für die kleinen seelisch angeschlagenen Klienten. So moniert der Wiener Landesverband für Psychotherapie, dass in Österreich überhaupt nur ein Drittel der psychisch kranken Kinder in Behandlung sei.[26] Außerdem könnten sich viele Eltern eine Therapie nicht leisten oder die Kinder hätten lange Wartezeiten auszuhalten. Auch in Deutschland sind Kinderpsychotherapieplätze leider immer noch Mangelware: Laut einem Artikel in der ZEIT ist der Bedarf an Therapieplätzen etwa doppelt so hoch wie das Angebot.[27] Auch hier sind Wartezeiten bis zu einem halben Jahr eher die Regel denn die Ausnahme. Dass das für ein Kind in einer mittelschweren Krise unerträglich lang sein muss, ist für jeden nachvollziehbar.

Wie das Burn-out-Syndrom bei Erwachsenen zur Volkskrankheit mutiert ist, so sind psychische Auffälligkeiten und Stresssymptome bei Kindern durchaus zum Massenphänomen geworden. Auch wenn es offensichtlich keine wissenschaftlich gesicherten Daten gibt und Kritiker auch die angeblich erhöhten Medikamentenzahlen anzweifeln: Irgendwie scheinen unsere Kinder »auffälliger« oder »gestörter« zu sein als früher, häufiger in Therapie zu müssen und mehr Medikamente zu benötigen.

Oder wird der Rahmen, in den die Kinder entwicklungsmäßig und verhaltenstechnisch passen sollen, nur immer enger gesteckt? Kann es sein, dass unser Blick auf Kinder kritischer und ungeduldiger geworden ist? Dass wir zunehmend verlernen, ihnen Zeit zu lassen und ihrer Entwicklung mit Zuversicht zuzuschauen? Sind wir intoleranter geworden in Bezug auf »abweichendes« Verhalten? Können wir

Wird der Rahmen, in den die Kinder passen sollen, immer enger gesteckt?

Besonderheiten und Krisen unserer Kinder schlechter ertragen, weil wir fürchten, sie könnten ihnen eine potenziell gloriose Zukunft verbauen? Und weil wir Angst haben, sie könnten ein schlechtes Licht auf uns und unsere erzieherische Kompetenz werfen?

Die letztgenannte Sorge wäre übrigens weder selten noch ganz unberechtigt: In der Tat ist es leider immer noch gängige Praxis, ein als »problematisch« oder »unangemessen« bezeichnetes kindliches Verhalten als unmittelbare Folge einer »schlechten« Erziehung zu missdeuten: Die Mutter (die sich in den meisten Fällen für die Erziehung zuständig fühlt) sitzt beim Gespräch mit dem Lehrer oder der Erzieherin folgerichtig gleich auf der (gefühlten) Anklagebank. Kein Wunder, dass Eltern Angst haben, ihr Kind könnte irgendwo anecken. Eltern brauchen schon ein starkes Selbstbewusstsein, um Pädagogen und Lehrern die Stirn zu bieten, die das Verhalten eines Kindes monieren oder an dem ganzen Kind herummäkeln. Wer hier nicht die nötige Souveränität und am besten noch eine Menge Humor mitbringt, ist der Kritik der Pädagogen dann mehr oder weniger hilflos ausgeliefert. Hier können Eltern dann entweder nur trotzig reagieren: »Na und? Mein Kind ist eben so!« Oder sie resignieren, nehmen alle Kritik an ihrem Kind unkritisch an, fühlen sich schuldig, werden vielleicht wütend auf ihr Kind und bringen es schnell zur Therapie, auf dass es möglichst nicht mehr auffallen möge.

Sind unsere Kinder also »gestörter« als die Kinder vorheriger Generationen? Haben sie mehr Stress, Kummer und innere Nöte als früher? Oder schauen wir nur genauer hin? Es mag wohl beides stimmen: Wie wir im ersten Kapitel bereits gesehen haben, sind der Anpassungs- und Leistungsdruck auf Kinder in den letzten Jahren enorm gewachsen. Das Gefühl, gut »funktionieren« zu müssen, unter dem viele Erwachsene leiden, ist mittlerweile auf unsere Kinder übergesprungen. Das konstatieren Eltern, die Kinder selbst, aber auch Therapeuten und Kinderärzte.

Andererseits sind Eltern auch schneller alarmiert als früher: Sie schauen genauer hin, ob ihr Kind das normative Soll erfüllt,

Das Gefühl, gut »funktionieren« zu müssen, haben mittlerweile auch Kinder.

ob es sich häufiger danebenbenimmt oder leistungsmäßig nicht richtig mithalten kann. Oder natürlich auch, ob es ihm einfach nicht gut geht und sich »auffällig« benimmt.

Doch was heißt denn nun eigentlich, »auffällig« zu sein? Und ist ein Kind, das sich auffällig verhält, denn auch »gestört«? Hier zur Veranschaulichung ein recht typisches Beispiel aus der Beratungspraxis:

Lukas stört in der Kita. Aber ist er auch »gestört«? Eine Familienberatung

Lukas ist fünf Jahre alt und ein aufgewecktes Kerlchen. Er kann schon etwas lesen und rechnen und scheint recht clever zu sein. Allerdings läuft er in der Kita ständig nervös hin und her, kann sich auf nichts richtig konzentrieren und ignoriert häufig die Anweisungen der Erzieherinnen. Er wirkt fahrig und ungeduldig, und seitdem seine kleine Schwester geboren wurde, schlägt er in der Kita immer häufiger unvermittelt andere Kinder, sozusagen »aus heiterem Himmel«. Die Erzieherin bezeichnet ihn kurzerhand als »aggressiv«.

Klarer Fall: Lukas ist verhaltensauffällig. Er muss eine Verhaltenstherapie machen, damit er lernt, sich angemessen zu verhalten.

Oder etwa nicht?

Vordergründig betrachtet fällt sein Verhalten natürlich auf – und zwar besonders der Erzieherin. Sie findet, er verhalte sich »unangemessen« und »unkooperativ« und spricht von »unerwünschtem Verhalten«. Das ist neudeutscher Pädagogensprech und bedeutet nichts anderes, als dass das Kind nicht das macht, was man von ihm verlangt. Früher hätte man gesagt, es »gehorcht« nicht. Für das Empfinden der Erzieherin müsste Lukas ruhiger sein, länger am Stück puzzeln können und sich mit Worten streiten statt mit Fäusten. Die Erzieherin wendet sich an die Eltern und fordert sie auf, sich Hilfe zu holen.

Die angesprochenen Eltern wenden sich tatsächlich Rat suchend an eine Familienberatungsstelle. Beim Erstgespräch wirkt die Mutter sehr gekränkt, weil sich die Erzieherin »abfällig« über ihren Sohn geäußert habe. Der Vater ist empört, die Mutter den Tränen nahe, beide sind zunächst skeptisch, weil sie fürchten, dass hier weiter an ihrem Sohn herumgemäkelt werden könnte. Erst nachdem der Berater sich als vertrauenswürdig erweist und den Eltern klarmachen kann, dass er nicht »gegen« Lukas, sondern »für« ihn sei, zeigen sie sich zugänglicher. Sie berichten von zu Hause: Auch sie finden Lukas anstrengend, denn er »gehorcht« oft nicht und macht angeblich, »was er will«.

Für den Berater stellt sich im Laufe der Beratungssitzungen ein differenzierteres Bild dar: Es zeigt sich nämlich, dass der Vater keinen emotionalen Zugang zu seinem Sohn findet, dass er sich schlecht einfühlen und ihm deswegen auch wenig Verständnis entgegenbringen kann. Es fällt ihm schwer, zu erkennen, dass Lukas' Verhalten ein Ausdruck eines Leidensdrucks ist. Der Vater fühlt sich vielmehr ständig von Lukas provoziert und unterstellt ihm sogar böse Absichten: »Das macht er doch nur, um uns zu ärgern.« Auf die Frage, warum ihr Sohn sie denn wohl ärgern wolle, findet er allerdings keine Antwort.

Er selbst hingegen kritisiert viel an Lukas herum. Aufgefordert, etwas Positives über seinen Sohn zu sagen, verfällt er in minutenlanges, für alle Anwesenden bedrückendes Schweigen. Lukas erzählt, dass sein Papa viel mit ihm schimpfe und manchmal sehr laut werde, sodass er am liebsten in sein Zimmer flüchte. Der Vater räumt selber ein, manchmal so wütend auf Lukas zu sein, dass ihm die Hand »ausrutsche«. Allerdings gibt es auch Phasen, in denen der Vater auf Lukas' »Fehlverhalten« nicht reagiert, sondern es stillschweigend duldet, sodass Lukas nie genau weiß, mit welcher Reaktion genau er zu rechnen hat. Die Mutter erscheint hilflos und überfordert mit Lukas, er ist ihr einfach zu anstrengend und unruhig; laut Eigenaussage kümmert sie sich lieber um die kleinere Tochter, die »ganz brav« und pflegeleicht sei, hat aber gleichzeitig ein schlechtes Gewissen dabei, weil sie meint, ihren Sohn dann zu vernachlässigen.

Ist Lukas nun gestört oder reagiert er nicht im Grunde völlig angemessen auf das, was er zu Hause und in der Kita täglich erlebt?

Wenn ein Kind auf einen emotional unberechenbaren Vater und eine harmoniebedürftige, überforderte Mutter angewiesen ist, kann das seine innere psychische Balance erheblich stören. Wie soll Lukas sich geerdet oder gesehen fühlen, wenn der Vater emotional nicht greifbar ist und die Mutter das Geschwisterkind offensichtlich bevorzugt? Zu Hause eiert er sozusagen herum, nicht wissend, wo er Halt und Geborgenheit finden kann, wo er emotional »andocken« kann. Und auch in der Kita bekommt er überwiegend das Gefühl vermittelt, eine echte Nervensäge zu sein. Muss Lukas nicht tief verunsichert und voller Wut sein? Und drückt er das nicht genau mit seinem Verhalten aus? Wie würden wir uns fühlen, wenn wir innerlich derart haltlos durch unseren Alltag irren müssten?

Genau genommen stimmt mit Lukas also alles, denn sein Verhalten ist – psychologisch betrachtet – vollkommen nachvollziehbar. Mit diesem Hintergrundwissen lässt sich schnell verstehen, warum Lukas innerlich nicht zur Ruhe kommen kann und seine Aggressionen unvermutet an seinen Spielkameraden auslassen muss.

Anmerkung 1: Damit keine Missverständnisse aufkommen: Das Verhalten eines Kindes zu verstehen heißt keineswegs, es zu dulden und passiv zuzuschauen, wenn es Mist baut, Dinge zerstört oder ein anderes Kind verletzt. Die als problematisch erlebte Verhaltensweise eines Kindes zu hinterfragen und zu verstehen ist also keineswegs »Kuschelpädagogik«, wie so oft abfällig behauptet wird. Die Befindlichkeit eines als »verhaltensauffällig« identifizierten Kindes zu verstehen und in seinen *systemischen* Bezügen zu hinterfragen (dazu dann mehr und ausführlich in den Kapiteln 4 und 5) ist ein wichtiger diagnostischer Schritt, aus dem dann eine entsprechende, manchmal recht simple, aber effektive Problemlösungsstrategie entwickelt werden kann.

Anmerkung 2: Ein nervöses, irritiertes Kind wie Lukas braucht – auch und besonders – außerfamiliär Menschen, die ihm klare Strukturen, klare Regelungen und freundliche, aber ebenso klare Ansagen bieten. Es braucht Erwachsene, die sich nicht hinreißen lassen, das Kind oder die Eltern zu verurteilen, ohne zumindest davon auszugehen, dass es einen tieferen Grund für dieses Verhalten geben muss. Auch dann, wenn wir diesen zunächst nicht erkennen können.

Keine Frage: Da wird einer Erzieherin eine Menge persönliche Reife abverlangt. Aber wenn sie es schafft, im Umgang mit Lukas verlässlich, ruhig und geduldig zu bleiben, ohne ihn mit Liebesentzug zu strafen, könnte sie eine Menge dessen kompensieren, was Lukas bei seinen Eltern derzeit nicht lernen kann: dass erwachsene Menschen ihm eine verlässliche mentale und emotionale Stütze sein können. Und dass er – trotz allem – in Ordnung ist, so wie er ist.

Anmerkung 3: Um einem weiteren Missverständnis vorzubeugen: Es wäre nun ein Leichtes, den Eltern die Schuld für Lukas' Verhalten in die Schuhe zu schieben. Wenn der Vater noch nicht mal seine eigenen aggressiven Impulse im Griff hat, wie kann er das dann von seinem 5-jährigen Sohn erwarten? Auch hier hilft nur ein genauerer Blick, der nicht von vorschnellen Vorverurteilungen und arroganter Empörung getrübt ist. Die Tatsache, dass Lukas' Vater nicht weiß, wie »Vatersein« überhaupt geht, liegt tief in seiner eigenen schmerzhaften Vergangenheit begründet: Er litt unter einem lieblosen Vater, der seinem einzigen Sohn mit seiner unberechenbaren cholerischen Art, mit Prügeln und »harter Hand« das Leben schwer machte. Lukas' Vater machte es also schon viel besser als sein eigener Vater! Vor allem, weil er sich bereit zeigte, dazuzulernen.

Nachtrag:

Im Laufe der Beratung versuchte der Berater, die Bindung zwischen Vater und Sohn zu stärken, was zu einer deutlichen Linderung der Symptomatik von Lukas führte. Der Vater entdeckte seinen Sohn bei verschiedenen »Männer«-Unternehmungen ganz neu und konnte erstmals »Stolz« auf ihn empfinden, weil er sich beim Fahrradfahren so gut angestellt hatte. Er ging mit ihm nun auch häufiger schwimmen, was Lukas großen Spaß machte. Der Vater fühlte sich plötzlich bedeutsam und bekam eine Ahnung davon, dass es auch schön sein kann, Vater eines Sohnes zu sein. Und vor allem genoss er, dass er in der Lage war, seinem Sohn etwas zu geben und ihm etwas beizubringen. Die Mutter erlebte dadurch eine erhebliche Entlastung und konnte sich ohne schlechtes Gewissen ihrem Baby zuwenden. Die Situation zu Hause entspannte sich zunehmend. Die Erzieherin berichtete ebenso von einer positiven Veränderung in der Kita: Lukas haute nicht mehr und wirkte auch nicht mehr so angespannt.

»Elterngespräche«: Nicht nur die Wortwahl, sondern viel mehr die innere Einstellung macht's

Wie in unserem Beispiel fühlen sich viele Eltern zunächst gekränkt oder angegriffen, wenn ihr Kind von Pädagogen als »aggressiv« oder anderweitig »auffällig« bezeichnet wird. Das ist verständlich, vor allem, wenn Erzieherinnen oder Lehrerinnen »von oben herab« sprechen, als seien sie die Wissenden und die Eltern die Unfähigen. Viele Eltern fühlen sich indirekt gemaßregelt und reagieren verständlicherweise mit Gegenangriffen (»Die Lehrerin ist total unfähig, die kommt mit meinem schlauen Kind einfach nicht klar!«) oder Verweigerung (»Ich lasse mir doch von der keine Therapie vorschreiben!«). Das ist schade, weil so kein Vertrauensverhältnis zwischen Eltern und Lehrerinnen entstehen kann, eine Zusammenarbeit dadurch erheblich erschwert wird und letztlich dem Kind in keiner Weise geholfen ist.

Die Art, wie die pädagogischen Profis mit Eltern ins Gespräch kommen, ist hier ein ganz entscheidendes Moment. Vielen »Experten« fällt es leider immer noch schwer, Eltern mit der nötigen Wertschätzung zu begegnen und nicht abfällig über ein als problematisch erlebtes Kind zu reden. Dabei geht es natürlich um die Wortwahl, aber noch viel mehr um die Haltung, die viel subtiler zum Ausdruck kommt und von den Eltern eher unbewusst »erspürt« wird. Hier gibt es durchaus akuten Nachholbedarf in Sachen »Gesprächsführung«, aber auch selbstkritischer Reflexion vonseiten der »Profis«. Vielen engagierten und empathischen

Lehrern gelingt es zwar, eine konstruktive »Erziehungsallianz« mit den Eltern zu bilden, manchen allerdings auch nicht.

Bitte möglichst unauffällig!
Oder: Wie geht »normal«?

Es ist schon merkwürdig: Wie leben in einer Gesellschaft, in der Menschen reich und berühmt werden, weil sie blond sind und sich gerne als Dummchen darstellen oder weil sie literarisch mittelmäßige, aber pornografisch anmutende Bücher schreiben. Castingshows boomen, jeder schräge Vogel will auf der Bühne zeigen, was er kann. Oder was er eben nicht kann. Auch auf die Gefahr hin, sich der Lächerlichkeit preiszugeben: Auffallen um jeden Preis, lautet hier die Devise. Am meisten Geld verdienen oft nicht diejenigen, die am besten singen oder schauspielern, sondern die, die sich am besten zu vermarkten wissen oder schamlos genug sind, sich vor laufender Kamera psychisch oder physisch zu entblößen. Weder Bescheidenheit noch Gemeinsinn machen sich in unserer Gesellschaft bezahlt, sondern massiver Konkurrenzwille, Ehrgeiz, Hemmungslosigkeit.

In der Pädagogik dagegen herrscht ein ganz anderes Ideal: Hier heißt es, möglichst brav, möglichst unauffällig zu bleiben. »Angemessenes Verhalten«, wie es im Pädagogendeutsch so schön heißt, zeichnet sich nämlich dadurch aus, dass es nicht auffällt, weil die Erwartungen des Gegenübers erfüllt werden. Viele kluge, brave, überangepasste Mädchen ticken so und werden deshalb oft schlichtweg übersehen. Selbst wenn sie beginnen, eine Magersucht zu entwickeln, und auf dem besten Weg sind, sich komplett unsichtbar zu machen, schauen viele Erwachsene noch weg.

Natürlich: Normen sind in erster Linie dazu da, das gemeinschaftliche Leben zu regeln. Ohne Gesetze – die auch Normen sind – können wir uns ein Leben nicht vorstellen. Alles, was sich innerhalb dieser Normen abspielt, ist für uns mehr oder weniger »normal«. Dass Kinder lernen müssen, was »normal« ist, was »erwünscht« und was »unerwünscht« ist, war schon immer Teil von

Erziehung und Sozialisation. Das ist auch notwendig, denn das gibt Sicherheit und Orientierung. Es ist also keine Frage, dass Kinder lernen müssen, was man in der Erwachsenenwelt als »gut« und was man als »schlecht« bezeichnet. Doch auch hierüber kann man (auch mit Kindern übrigens) trefflich philosophieren.

Wer bestimmt denn überhaupt, was »normal« ist? Und muss man sich immer daran halten? Gibt es nicht zwingende Gründe, manchmal gegen die Norm zu verstoßen? Und muss das immer schlecht sein? Es kann nicht schaden, immer mal wieder kritisch zu hinterfragen, woran wir uns eigentlich so alles gewöhnt haben. Nur, weil etwas als ›normal‹ gilt, muss es schließlich noch lange nicht gut sein.

Und überhaupt: Sind wir gewillt, alle Normen kritiklos hinzunehmen, oder trauen wir uns auch mal, diese laut infrage zu stellen?

Ich kann mich erinnern, dass ich in einer Gesprächsrunde, in der viele Pädagogen saßen, große Irritation hervorrief, als ich fragte, wer denn eigentlich bestimme, was »angemessenes Verhalten« sei. Es folgte peinliches Schweigen. Keiner wusste darauf eine Antwort, aber alle hatten eine relativ genaue Vorstellung davon, wie ein Kind wann am besten zu reagieren habe. Hierüber könnte man doch trefflich sprechen: Was erwarte ich von einem Kind? Und wie reagiere ich, wenn das Kind anders reagiert? Wie gehe ich als Profi mit Irritation um, wie kann ich als Pädagoge mit meiner eigenen Unsicherheit umgehen?

Diese Fragen werden offensichtlich selten gestellt.

Viele Erfolge außergewöhnlicher Menschen sind darauf zurückzuführen, dass sie den Rahmen sprengten, in dem sie sich eigentlich hätten bewegen sollen. Wäre die 16-jährige Laura Dekker so brav gewesen, wie die Schule das von ihr verlangt hat, hätte sie ihre Weltumsegelung wohl kaum geschafft. Ganz gleich, was man von solchen Rekorden halten mag: Es erfordert Mut und Überzeugung, die Ketten der Normen bewusst zu sprengen. Politische Revolutionen wären auch niemals zustande gekommen, wenn sich immer alle brav an Gesetz und alle geltenden Normen gehalten hätten.

Normen sind im besten Sinne also Orientierungshilfen, die

Pfeiler, die uns den Weg markieren, auf dem wir wandeln können, ohne allzu sehr anzuecken.

Im Moment scheinen die pädagogischen Normen und Richtlinien aber merkwürdigerweise mehr Druck zu erzeugen, als einfach nur Orientierungshilfe zu sein. Wer wann was zu können hat, was »angemessenes« und was »unangemessenes« Verhalten ist: Die Toleranz in Bezug auf psychische, motorische und sprachliche Reifeverzögerungen scheint derzeit immer mehr zu sinken. Die Vorstellungen davon, was normal und was nicht mehr normal ist, werden immer stärker eingegrenzt, ein Hinterfragen dieser Entwicklung ist von Kitas und Schule mitunter ziemlich unerwünscht. Und das paradoxerweise, obwohl in Schule und Pädagogik derzeit viel von »Individualisierung« gesprochen wird: Doch wird das in der Praxis auch wirklich gelebt? Es stimmt zwar, dass in der Grundschule mittlerweile individualisierter Unterricht immer häufiger vorkommt. Das heißt aber nur, dass das Kind in seinem eigenen Tempo lernen kann und eventuell – wenn die Lehrer flexibel und fantasiereich sind – mithilfe unterschiedlicher Methoden. Das Ziel aber steht fest: Bestimmte Basiskompetenzen müssen zu einem bestimmten Zeitpunkt erworben worden sein. Wie das passiert ist, ist letztlich egal: Auf das Ergebnis, den viel beschworenen »Kompetenzenoutput« kommt es an.

Dazu passt, dass immer mehr Vergleichsarbeiten eingeführt werden und Lernergebnisse national und international miteinander verglichen werden. Wie kann man da noch von individualisiertem Lernen sprechen, wenn der Output überall standardisiert ist? Und an den meisten Gymnasien ist individualisiertes Lernen zwar in fast allen Konzepten erwähnt, in der Unterrichtspraxis aber kaum vorhanden.

Manche Kritiker sprechen sogar von einem unausgesprochenen pädagogischen »Unauffälligkeitsideal«: Immer weniger Lehrer und Erzieherinnen seien in der Lage, eigenwillige, besonders kreative, fantasievolle oder temperamentvolle Kinder auszuhalten. Das durchschnittliche Kind, das sich weder durch eine besondere Begabung auszeichnet noch durch Frechheiten unbeliebt macht, sei das Ideal der Pädagogen geworden. Von »Gleich-

macherei«, Zwang zum Konformismus und »Normalisierungs-
wahn« ist die Rede.

Stimmt das? Wird der Rahmen für tolerierbares kindliches
Verhalten immer enger gesteckt? Gibt es immer weniger Erzieher und Lehrer, die wirklich das individuelle Kind sehen und seine Eigenarten ertragen können? Wird auch in der Schule und zu
Hause nur der unauffällige Durchschnittsmensch lanciert, wie
der Genetiker Markus Hengstschläger kürzlich in der ZEIT sagte? Schule, so moniert er, »arbeite immer auf den Durchschnitt
hin«. Und er fragt:»Wie soll etwa eine Durchschnittsnote ent-
scheiden, ob jemand ein guter Arzt wird?«Weiterhin kritisiert er,
dass vielen der Mut fehle, auch mal aufzufallen:»Da schwärmt
ein Vater: ›Mein Sohn ist so problemlos, ist noch nie negativ aufgefallen.‹ Aber auch positives Auffallen ist nicht erwünscht. Das
wäre nämlich Stress: Das Kind hat dann wahrscheinlich Bedarf
nach mehr.« Und er bemängelt die Tendenz, zu viel Zeit auf die
Schwächen der Kinder zu verschwenden:»Wir geben viel Geld
aus, um den Kindern zu sagen, was sie nicht können, und ihnen
dann zu raten, sich hauptsächlich mit den Dingen zu beschäftigen, die sie nicht gut können. Das ist nicht sinnvoll.«[28]

In der Tat begegnet man z. B. in Elterngesprächen immer häufiger skurrilen Argumentationen. Zum Beispiel finden es manche Erzieherinnen/Lehrerinnen mittlerweile hochbedenklich,

- wenn ein 3-jähriges Kind noch nicht gut mit der Schere umgehen kann;
- wenn ein 4-Jähriger noch ab und zu in die Hose macht oder
  nachts noch eine Windel braucht;
- eine Fünfjährige noch beidhändig malt und schreibt;
- wenn ein Dreieinhalbjähriger keine Lust hat, zu kneten, zu
  malen oder zu schaukeln;
- wenn eine Vierjährige lispelt;
- wenn ein Zweieinhalbjähriger sich nach dem Kitabesuch
  nicht noch mit Gleichaltrigen zum Spielen trifft;
- wenn ein Vierjähriger beim Kinderyoga nicht mucksmäus-
  chenstill ist;
- wenn ein 6-Jähriger es nicht mag, im Mittelpunkt zu stehen;

- wenn ein 5-Jähriger noch nicht lesen lernen möchte und sich nicht für Buchstaben interessiert;
- wenn ein 7-Jähriger immer noch lieber Rollenspiele als Gesellschaftsspiele spielt;
- wenn ein 8-Jähriger ab und zu mal handfeste Streitereien mit Klassenkameraden hat usw.

Viele Mütter kommen irritiert aus Elterngesprächen heraus, weil ihr fröhliches Kind wohl doch einige »Defizite« in seiner Entwicklung aufzuweisen habe. Insgesamt werden die Margen für eine gesunde Entwicklung immer enger gesteckt, die Geduld, auf einen Entwicklungsschritt einfach mal ein bisschen zu warten und das Kind in der Zwischenzeit einfach weiter gernzuhaben, bringen immer weniger Eltern und »Experten« auf.

Groteskerweise betrifft diese zweifelhafte pädagogisch motivierte Tendenz zur »Gleichmacherei« auch begabte oder besonders begabte Kinder:

- So wurde einer nachgewiesenermaßen mathematisch hochbegabten Gymnasiastin eine Eins als mündliche Mathenote verweigert, da sie sich im Unterricht zu oft (!) melde. Sie musste sich im Unterricht hinfort zurückhalten und langweilte sich immer mehr, da sie auch keine Sonderaufgaben bekam. (Man kann das durchaus als aggressives Verhalten des Lehrers interpretieren!)
- Ein schauspielerisch sehr begabtes Mädchen bekam nur eine sehr kleine stumme Rolle in einem Schultheaterstück mit der Begründung, dass jedes Kind schließlich dieselben Chancen haben solle. (Weil alle mittelmäßig spielen, darf auch sie nicht positiv auffallen.)
- Ein Kind, das hervorragend Geige spielte, durfte nicht in einem Schulkonzert auftreten, weil es den anderen Kindern »die Show gestohlen hätte«.
- Ein Kind, das in der ersten Klasse schon lesen konnte, durfte der Klasse nicht laut vorlesen und bekam auch keine zusätzlichen Sonderaufgaben, weil das die anderen Kinder angeblich sonst frustriert hätte.

Was lernen unsere Kinder hierbei? Dass irgendetwas mit ihnen nicht stimmt; dass es von Vorteil ist, nicht aufzufallen, noch nicht mal durch besondere Fähigkeiten oder Begabungen. Später können diese Kinder dann als Erwachsene in teuren Therapien lernen, ihre Eigenartigkeiten zu akzeptieren und sich zu mögen, so wie sie sind.

Doch warum können wir ihnen nicht von vorneherein gestatten, sie selbst zu sein? Eine Erziehung, die die Eigenarten des Kindes zulässt und ausdrücklich gestattet, steht übrigens in keinerlei Widerspruch zu der Erziehung zu Gemeinsinn, Respekt und Teamfähigkeit, wie so oft behauptet wird. Es geht schließlich nicht darum, einem Kind alles kritiklos durchgehen zu lassen oder es zu einem rücksichtslosen Egoisten zu erziehen.

Es geht vielmehr darum, die Eigenarten eines Kindes zu respektieren und sein Verhalten verstehen zu lernen, statt es vorschnell zu bewerten und zu verurteilen. Dafür brauchen wir reife Erwachsene, die ihm mit Humor, Geduld und einer guten Selbstkenntnis ein konturiertes Gegenüber sein können. »Tyrannen«, wie sie Michael Winterhoff bezeichnet, ziehen wir erst heran, wenn wir unseren Kindern nicht mehr authentisch begegnen und nicht in der Lage sind, mit ihnen emotional, mental und geistig in Kontakt zu treten.

Je besser wir mit uns selbst vertraut sind, je souveräner wir selbst sind, desto besser können wir unsere Kinder auch dann annehmen, wenn sie »anders« sind als der Mainstream oder »anders«, als andere sie haben wollen. Alle Erwachsenen, die mit ungewöhnlichen Kindern zu tun haben, sollten sich gelegentlich an die eigene Nase fassen und sich fragen: »Was stört mich an diesem Verhalten/dieser Eigenart?« – »Was traut sich dieses Kind, was ich mich niemals trauen würde?« – »Was hat es bekommen, was mir verweigert wurde?« – »Warum löst dieses Kind so heftige Widerstände in mir aus?«

Jedes Kind kann seinen ganz persönlichen Weg finden, wenn es einen wohl gesonnenen und souveränen Erwachsenen hinter sich weiß. Auch und besonders dann, wenn er krumm oder ungewöhnlich sein mag.

Jedes Kind kann seinen ganz persönlichen Weg finden.

Übrigens: Der eingangs erwähnte Junge namens Markus ging tatsächlich ein paarmal zu einem Kinder- und Jugendtherapeuten. Dieser bescheinigte ihm, dass er ein gesunder, freundlicher Junge und mit ihm alles in Ordnung sei. Der Mutter empfahl er, den Sohn die Schule oder zumindest die Klasse wechseln zu lassen. Sie tat das, und seitdem macht Markus keine Probleme mehr. Da hatte sein Verhalten wohl doch mehr mit dem Unterricht zu tun, als die Lehrerin wahrhaben wollte ...

»Jungen nerven öfter und werden schneller bestraft«

Interview mit Sascha Denzel, Mitbegründer des Vereins »Jungenarbeit Hamburg e. V.«. Der Erzieher und Gewaltpädagoge arbeitet seit vielen Jahren in Kitas und Grundschulen mit Jungen und leitet Weiterbildungsseminare für Erzieher(innen).

Römer: »*Über Jungen- und Mädchenerziehung ist viel geschrieben worden. Brauchen Jungen etwas grundsätzlich anderes als Mädchen?*«

Denzel: »Nein, der Ansicht bin ich nicht. Sowohl Mädchen als auch Jungen brauchen in erster Linie authentische Menschen, die sie auf ihrem Weg zum Erwachsensein wertschätzend begleiten. Sie brauchen Erwachsene, die sich mit ihnen auseinandersetzen, sich für sie interessieren und ihnen auch Grenzen aufzeigen. Das sind meistens die Eltern, es können aber auch andere Erwachsene sein.«

Römer: »*Herr Denzel, manchmal hat man den Eindruck, dass in Kitas und Schulen an Jungen mehr herumkritisiert wird als an Mädchen. Können Sie das bestätigen?*«

Denzel: »Ja, da ist durchaus was dran. Insgesamt wird das Verhalten von Jungen in Kitas und Schule öfter moniert und auch öfter sanktioniert als das von Mädchen. Wenn sie zu laut und zu bewegungsintensiv sind, fallen sie negativ auf, aber auch wenn sie zu schüchtern und zu zurückhaltend sind. Die Leistungen von Jungs werden übrigens auch oft schlechter bewertet. Die Jungen merken das dann und fühlen sich oft schlechter und ungerecht behandelt. Wir haben das Thema mal in einem Projekt ›Jungen und Schule‹ mit Grundschülern aufgegriffen: Heraus kam, dass letztlich auch die Lehrer merkten, dass sie auf ›auffälliges‹ Verhalten bei Jungen sehr viel schneller und heftiger reagierten als bei Mädchen.«

Römer: »*Woran liegt das Ihrer Ansicht nach?*«

Denzel: »Das liegt wahrscheinlich daran, dass besonders Erzieherinnen und Lehrerinnen von ›auffälligen‹ Jungen schneller genervt und gestresst sind als von problematischen Mädchen. Sie stoßen dabei an ihre eigenen Grenzen, weil von ihnen sehr viel Klarheit und Konsequenz verlangt werden. Diese Jungen fordern sie besonders heraus – und das kann eben anstrengend sein. Es kommt auch sehr darauf an, wie gut sie den Aktivitäts- und Bewegungsdrang und die Lautstärke der Jungen aushalten können. Manche fühlen sich davon regelrecht bedroht. Anderen wiederum macht das nicht so viel aus und sie gehen lockerer damit um.«

Römer: »*Laute, störende und anstrengende Jungen stehen bei Lehrern schnell unter dem Verdacht, ADHS zu haben, und werden oft über die Eltern an einen Kinderarzt oder Therapeuten verwiesen. Warum ist das so?*«

Denzel: »Lehrer und Lehrerinnen wollen verständlicherweise, dass ihr Unterricht funktioniert. Das ist ja auch ihr Job. Manche Jungen stören aber so, dass es einfacher zu sein scheint, das Problem nach außen zu verlagern, als es intern zu lösen. Andere sollen sich dann um das Problem kümmern, die Lehrerin muss dann nicht ihr Konzept infrage stellen oder sich darüber Gedanken machen, ob sie vielleicht mit dem Verhalten des Jungen etwas zu tun hat. Außerdem ist das Thema ADHS derzeit so virulent, dass manche Pädagogen sehr gezielt nach den typischen Symptomen suchen. Und sie dann natürlich auch finden.«

Römer: »*Was können Ihrer Erfahrung nach die Ursachen für das unruhige und störende Verhalten von Jungen in der Schule sein?*«

Denzel: »Manche Jungen kommen aus Familien, die sich mit verschiedenen Schwierigkeiten herumplagen, und sind dadurch schon mal grundsätzlich verunsichert. Manche bekommen zu Hause zu wenig klare Grenzen gesetzt. Oftmals fehlen auch die Väter, die sich als authentisches männliches Gegenüber zur Verfügung stellen und mit denen die Jungen zu Hause ›üben‹ können. Sie meinen dann, ›männlich‹ zu sein heißt, sich möglichst ›anders‹ zu verhalten als Mädchen. Und weil Mädchen eben eher ruhig sind, meinen sie dann, Rabauken sein zu müssen.

Manchmal fühlen sich aber Jungen in der Schule auch einfach nicht wohl, nicht richtig beheimatet. Die Themen, die sie beschäftigen, werden hier nicht aufgegriffen, ihre Lebenswelt wird oft nicht berücksichtigt. Zudem sind Jungen häufig in der Klasse in Hierarchien organisiert, innerhalb deren sie sich vielleicht unwohl fühlen. Sie sind dann eher damit beschäftigt, sich aus einer ungeliebten Position zu befreien oder sich irgendwie zu beweisen, als dem Unterrichtsstoff zu folgen.«

Römer: »*Viele Lehrer klagen darüber, dass sie keinen Zugang zu den ›schwierigen‹ Jungen bekommen und nicht wissen, was sie mit ihnen im Unterricht machen sollen. Was könnte helfen?*«

Denzel: »Zunächst muss man einfach bereit sein, sich auf ein Kind einzulassen, das sich vielleicht nicht so verhält, wie man es sich wünscht. Das ist schon mal das Wichtigste. Ich muss mich auf seine ›Jungenebene‹ begeben, ohne selber zum Kind zu werden. Dazu gehört eine erwachsene, verantwortungsbewusste und annehmende Grundhaltung, zu sagen: ›Dieser Junge hat halt seine Probleme. Das ist eben so.‹ Ihn deshalb nicht abzuwerten, sondern es erst mal so zu akzeptieren, wie es ist. Auffällige Jungen leiden ohnehin schon unter dem Gefühl, ›schlecht‹ zu sein, das sollte man als Erzieher oder Lehrer nicht noch bedienen.

Dann muss man versuchen, dahinterzuschauen, zu überlegen: Warum verhält sich das Kind denn so? Was könnte dahinterstecken? Welche Gründe könnte es haben? Könnte es etwas mit der Jungengruppe in der Klasse zu tun haben? Gibt es Probleme in der Familie?

Wichtig ist auch, dass Erwachsene eine authentische Beziehung zu dem Jungen herstellen. Das kann auch mal bedeuten, dass man sagt: ›Mensch, jetzt weiß ich grade auch nicht weiter. Wie sollen wir das Problem denn jetzt lösen?‹ Oder: ›Jetzt werde ich auch wütend, und ich will das eigentlich nicht. Was machen wir denn da jetzt?‹ Man gibt auf dieser Ebene auch etwas von seinen eigenen Gefühlen preis, und das löst meistens bei den Jungen viel aus. Denn sie merken dann ja, dass auch Männer sich mal hilflos fühlen, ohne dass das schlimm sein muss. Sie werden dann rasch ruhiger und entwickeln manchmal ganz kreative Ideen, um Konflikte zu lösen.

Manchen Pädagogen fehlt auch einfach die Bereitschaft, sich zu überlegen, ob sie selbst oder ihre Form des Unterrichts das ›schwierige‹ Verhalten der Jungen vielleicht begünstigt. Sie gehen davon aus, dass sich die Jungen zu verändern hätten. Dabei ist es oft wichtig, zu überlegen, was man womöglich selber damit zu tun hat und was man selbst ändern könnte, um besser mit den Kindern klarzukommen.

Außerdem sollten Lehrer unbedingt manchmal einen Perspektivenwechsel vornehmen, sich also fragen, was die ›schwierigen‹ Jungen für positive Seiten mitbringen. Und sich überlegen, wie man diese Aspekte dann konstruktiv in den Unterricht einbinden könnte.«

Römer: »*Wie könnte Schule den Jungen insgesamt gerechter werden?*«

Denzel: »Auf jeden Fall muss Jungenarbeit im Rahmen der gesamten Klasse ablaufen. Es reicht nicht, Jungen aus der Klasse rauszunehmen und mit ihnen Fußball zu spielen. Es geht vielmehr darum, sich bewusst mit den Jungen, ihren Bedürfnissen und ihren Lebenswelten auseinanderzusetzen. Wenn es den Jungen besser geht, wenn sie innerlich ruhiger werden und lernen, bewusster mit sich und anderen Kinder umzugehen, dann profitieren alle davon – auch die Mädchen.

Ein ganz konkretes Beispiel: Man könnte Mädchen und Jungen jeweils einen Entwurf zur Klassenraumgestaltung machen lassen und diese zum Anlass nehmen, um über die jeweiligen Interessen zu reden. Darf in einem Klassenraum auch ein Poster von Meister Yoda hängen oder müssen es immer nur Tierplakate oder hübsche Blumenbilder sein? Wie könnte man die unterschiedlichen Vorlieben miteinander kombinieren, sodass sich sowohl Mädchen als auch Jungen in der Klasse wohlfühlen?

Auch kann der Lehrer sich Gedanken machen, über welches Thema er einen Aufsatz oder ein Diktat schreiben lässt: Muss es immer Feenstaub oder kann es auch mal eine deftige Piratengeschichte sein? Wie kann er die Jungen ansprechen? Welche Inhalte interessiert sie? Welche Bücher stehen zur Verfügung? Dürfen auch mal eckige, technikorientierte Bilder gemalt werden oder müssen es immer bunte Wiesen sein? Und dann ist natürlich immer die Frage, wie man mit der Bewegungsfreude der Jungen umgeht und ihrem spielerischen Spaß am Kräftemessen. Wie kann man das sinnvoll in den Unterricht einbauen?

Sehr wichtig finde ich auch, mit Jungen über die Hierarchien zu reden, die sie bilden. In vielen Klassen sind solche Jungencliquen ein großes Problem, leider wird mit ihnen selber aber dazu kaum gearbeitet. Es ist aber wichtig, dort sehr genau hinzuschauen: Wie geht es den Jungen? Ist einer unglücklich, weil er ausgegrenzt wird? Fühlt sich einer ständig übergangen? Gibt es einen Bestimmer? Und wie funktioniert das System überhaupt? Wer unterstützt wen, und wem geht es gut, wem schlecht dabei? Darüber mit den Jungen selber ins Gespräch zu kommen wäre extrem wichtig. Manchmal muss man natürlich auch intervenieren, indem man zum Beispiel einen sehr dominanten Bestimmer kurzerhand aus einer Gruppe herausnimmt, damit die anderen auch mal zum Zug kommen. Jungenarbeit bedeutet ja nicht nur, die Jungen zu verstehen, sondern auch, ihnen bestimmte Grenzen aufzuzeigen und sie für ihr Verhalten zu sensibilisieren.«

Römer: »*Viele Mütter erziehen ihre Söhne allein. Was raten Sie ihnen?*«

Denzel: »Zunächst rate ich ihnen, nicht den männlichen Erziehungspart übernehmen zu wollen. Alleinerziehende Mütter sollten sich eingestehen, dass sie vielleicht nicht alle Bedürfnisse des Jungen erfüllen können. Das ist okay so.

Ich rate ihnen auch, Männer, soweit es irgendwie geht, in die Erziehung ihres Sohnes mit einzubeziehen. Ob Vater oder neuer Freund, Onkel oder sonst wer: Es ist gut für einen Jungen, einen Mann in der Nähe zu haben, mit dem er Kontakt pflegen kann. Es ist auch gut, wenn Jungen in Sportvereinen, beim Musikmachen oder bei anderen Hobbys männliche Bezugspersonen haben können. So lernen sie, dass es unterschiedliche Möglichkeiten gibt, ein Mann zu sein.

Wichtig finde ich auch, dass alleinerziehende Mütter ihren Söhnen deutliche Grenzen setzen. Manche haben solche Schuldgefühle, weil ihre Söhne ohne Vater aufwachsen, dass ihnen das schwerfällt. Jungen brauchen aber Grenzen – auch von ihren Müttern.

Manche Mütter erklären ihren Sohn zum ›Mann im Haus‹. Sie sollten aber bedenken, dass das einen Jungen unter Umständen überfordern kann. Ein Junge sollte kein Partnerersatz sein und auch nicht zum Beschützer der Mutter gemacht werden. Das tut ihm auf Dauer nicht gut.«

Drei

Sinnvolle Symptome, zweifelhafte Diagnosen. Warum Festschreibungen schaden und Störenfriede Gutes tun

Wie wir bereits gesehen haben, gibt es also kein »auffälliges Verhalten an sich«, sondern diese Bezeichnung ist bereits die Interpretation eines bestimmten Verhaltens innerhalb eines bestimmten Kontextes durch eine bestimmte Person. Das heißt: Es gibt jemanden, der behauptet, dass das Kind sich in einer bestimmten Situation wiederholt »auffällig« benimmt. Nun gilt es also zu fragen:

- Wer sagt das?
- Womit begründet dieser Mensch seine Beurteilung?
- Was hat dieser Mensch für Vorstellungen? Wie flexibel ist er in Bezug auf das, was als »normal« gilt? Wie geduldig und verständnisvoll ist er in Bezug auf die Unzulänglichkeit des Menschen?
- Kann er/sie Irritationen schlecht ertragen?
- Kratzt das Verhalten des Kindes an seinem Selbstbewusstsein? Fühlt sich ein Lehrer z. B. in seiner Autorität untergraben?
- Muss er jegliche Beteiligung an dem Verhalten des Kindes leugnen, zum Beispiel, um seine Ehre zu retten, und muss deshalb dem Kind die alleinige »Schuld« für sein Verhalten geben? (»Mein Unterricht ist toll, mit dem Kind stimmt etwas

79

nicht.«) Dasselbe gilt natürlich für Eltern, die schon im Vorfeld eine mögliche Beteiligung abwehren, indem sie sagen: »Ich gebe mir solche Mühe mit meiner Erziehung, an mir kann es nicht liegen! Mit dem Kind stimmt etwas nicht!«

- Hat er/sie bereits versucht, das Kind zu trösten, es zu beruhigen? Oder mit ihm zu sprechen, um herauszufinden, was sich emotional bei ihm abspielt?
- Hat er/sie versucht, die Situationen zu analysieren, wann dieses Verhalten auftritt?
- Hat er eine (intuitive) Ahnung davon, warum das Kind sich aggressiv, wütend oder unruhig verhält? Eine Art Arbeitshypothese, mithilfe derer man dem Kind eventuell weiterhelfen könnte?
- Ist seine Art, darüber zu reden, von Sorge und Anteilnahme oder eher von Anklage, Abneigung und Ärger geprägt?

Je nachdem, wie diese Antworten ausfallen, können wir dem Urteil des Beobachters folgen – oder vielleicht eben auch nicht.

Wenn Erzieherinnen oder Lehrerinnen Ihnen also mitteilen, dass Ihr Kind sich auffällig verhält, tun Sie gut daran, sich das als »auffällig« erklärte Verhalten genau beschreiben zu lassen und Hinweise auf ADHS oder andere »Störungen« erst einmal sacken zu lassen. Natürlich: Lehrer und Erzieherinnen sind pädagogische Profis, die sich gut mit Kindern auskennen. Daher ist es auch durchaus empfehlenswert, sich ihre Beobachtungen anzuhören und sie nicht gleich ungeprüft zu verwerfen. Oftmals sind ihre Beobachtungen und Einschätzungen zutreffend. Dennoch lohnt sich auch manchmal ein kritisches Hinterfragen dessen, was die Profis Ihnen über Ihr Kind mitteilen.

Elterngespräche: Wie gehe ich mit Kritik an meinem Kind um?

Wenn Sie also auf ein angeblich »auffälliges« Verhalten Ihres Kindes angesprochen werden, fragen Sie sich selbst:

- Kann ich nachvollziehen, was die Erzieherin/die Lehrerin über mein Kind sagt?

- Habe ich mein Kind auch häufiger schon mal so laut/wütend/schüchtern/störend ... erlebt?
- Kann es sein, dass es sich nur in der Schule so verhält?
- Hat jemand anderes schon Ähnliches über mein Kind gesagt, ich habe es aber nicht ernst genommen?
- Habe ich das Gefühl, die Erzieherin/Lehrerin meint es aufrichtig und gut mit mir und meinem Kind? Oder hat das Ganze einen leicht despektierlichen Anstrich?
- Kann es sein, dass mir die Erzieherin/Lehrerin zwar nicht sonderlich sympathisch ist, ihre Beobachtungen aber dennoch stimmen könnten?
- Zeigt sich die Erzieherin/Lehrerin gekränkt ob des kindlichen Verhaltens? Oder genervt? Oder ist sie besorgt?
- Will sie Ihnen und Ihrem Kind wirklich helfen, oder sollen Sie sozusagen hinter den Kulissen dafür sorgen, dass ihr Unterricht wieder besser funktioniert?

Viele Berater begegnen in ihren Sitzungen Kindern, die sich ganz »normal«, freundlich und offen verhalten, obwohl sie von Lehrern oder Eltern als massiv auffällig beschrieben werden. Manchmal sind Kinder auch in Beratungssituationen unruhig und nervös, aber meistens nur, solange die Erwachsenen *über sie* sprechen und sie zum problematischen Mittelpunkt der Beratung erklären. Sobald sie spüren, dass die Eltern *über sich* und *von sich selbst* sprechen, werden Kinder erfahrungsgemäß ruhiger. Viele kleine Kinder ziehen sich dann in eine Ecke des Zimmers zurück und wenden sich hoch konzentriert einem Spielzeug zu. Auch hier zeigt sich: Das Verhalten eines Kindes hängt ganz besonders von der Personenkonstellation und der Situation ab, in der sich das Kind befindet, und natürlich von dem Verhalten und den Haltungen der Personen um sie herum.

Es ist jedenfalls offensichtlich: Manche Menschen sind allzu rasch dabei mit Urteilen und (Pseudo-)Diagnosen. Es ist sehr erstaunlich, wie leichtfertig manche Lehrer und Erzieherinnen immer noch das harte Urteil über ein Kind fällen, das da lautet: »Das Kind ist gestört.« Und auch Eltern sind leider schnell geneigt, ein Kind zum Problemmacher der Familie und somit zum

Störenfried zu deklarieren. Oft gibt es in ein und derselben Familie ein braves »Lieblingskind« und ein als »hoch problematisch« erlebtes Kind. Die Rollen sind hier klar verteilt, was mitunter für beide Kinder zu massiven inneren Konflikten führen kann. (Mehr dazu in Kapitel 5)

Wenn auch Sie manchmal das Gefühl haben, dass etwas mit Ihrem Kind nicht »stimmt«: Machen Sie sich klar, dass es höchstwahrscheinlich sehr wohl stimmig auf innere Zustände reagiert – auch wenn Sie das vielleicht gerade (noch) nicht verstehen. Wir wissen manchmal doch viel weniger, als wir glauben.

Wir alle haben unsere sogenannten »blinden Flecke«: Ecken in unserer Psyche, in die wir nicht so ohne Weiteres Einblick haben. Das ist überhaupt nicht schlimm oder ungewöhnlich. Die Frage ist nur: Bin ich bereit, mal einen Blick in diese verborgenen Ecken zu werfen?

Halten wir also fest:

Ob ein kindliches Verhalten als »auffällig« bezeichnet wird,

- hängt stark vom Beobachter ab, insbesondere von seiner Erwartungshaltung (»Ein Kind in dem Alter muss sich anders verhalten«), seinen Erfahrungswerten, seiner Empathiefähigkeit, seiner Frustrationstoleranz und seiner Feinfühligkeit;
- hängt von den kulturellen Werten ab, die gültig sind: Ein Kind, das in China aufwächst, wo Disziplin und Gehorsam eine sehr viel größere Rolle spielen als bei uns, wird wohl schneller als widerspenstig eingestuft werden als ein ganz normales westliches Kind, das nicht »gedrillt« wird, sondern bewusst so erzogen wird, dass es auch mal Widerworte geben darf;
- hängt von dem Alter des Kindes ab: Einem dreijährigen Kind lässt man einen Tobsuchtsanfall wohl gelassener durchgehen als einem Achtjährigen. Während man davon ausgeht, dass widerspenstiges Verhalten in der sogenannten »Trotzphase« ein normales Verhalten ist, gilt das später eher als »unangemessenes Verhalten«, zumindest, wenn es sich häufig wiederholt;
- hängt davon ab, ob sich das bestimmte, als »auffällig« bezeich-

nete Verhalten häufig wiederholt oder ob das Kind auch in der Lage ist, in einer ähnlichen Situation anders zu reagieren;

- hängt davon ab, ob es andere Personen in Mitleidenschaft zieht, etwa andere Kinder beschimpft oder schlägt, den Unterricht stört usw.

- hängt vom Geschlecht des Kindes ab: Auch wenn die Geschlechterrollen nicht mehr so starr verteilt sind wie noch vor 50 Jahren, so gilt ein wildes, temperamentvolles oder aggressives Mädchen immer noch schneller als »auffällig« als ein entsprechender Junge. So ganz frei von Rollenklischees sind wir eben doch (noch?) nicht;

- hängt stark davon ab, was wir als »normales« Verhalten bezeichnen. Dass sich das, was wir für »normal« oder »unnormal« halten, ständig verändert, kann man gut am Beispiel Homosexualität sehen. Früher wurde sie offiziell als Krankheit bezeichnet, die man auszurotten habe. Heute ist man davon glücklicherweise abgerückt. Auch wenn es noch immer viele Vorurteile gibt, hat sich die Sicht auf die gleichgeschlechtliche Liebe doch glücklicherweise weitgehend liberalisiert. Homosexuell zu sein gilt bei uns nicht mehr als »krankhaft« und findet sich deshalb auch nicht im ICD-10-Katalog für psychische Störungen. Hier heißt es ausdrücklich: »Die Richtung der sexuellen Orientierung selbst ist nicht als Störung anzusehen.«[1]

Diagnostizieren statt kommunizieren? Wenn Probleme delegiert statt gelöst werden

Bedenkenswert ist nicht nur die Tatsache, dass immer mehr Kinder als »auffällig« bezeichnet werden, sondern auch die zunehmende Tendenz von Erzieherinnen und Lehrern, an den Kindern kritisch-distanziert herumzudiagnostizieren. Wie in Lukas' Beispiel aus dem letzten Kapitel: Die Erzieherin beobachtet ein bestimmtes Verhalten (»Lukas schlägt manchmal Kinder, die ihm nichts getan haben«) und zieht daraus einen Schluss: »Er ist aggressiv.« Diese Interpretation ist natürlich hochsubjektiv, denn die Toleranzgrenzen – besonders, was »Aggressionen« angeht – sind unterschiedlich hoch. In der Regel nehmen z. B. männliche Erzieher Raufereien lockerer als Frauen, die mit Aggressionen häufig anders umgehen als Männer.

Erzieherinnen oder Lehrer konfrontieren Eltern dann mit ihren Interpretationen, die dann leider oft schon zu Festschreibungen geworden sind: »Ihr Kind ist laut, unruhig und unkonzentriert.« Zack – schon ist der Stempel auf dem Kind: Aha, es ist ein »Zappelphilipp«. Der Verdacht AD(H)S schwebt dann leider auch sehr schnell im Raum.

Ganz anders wäre hingegen die Formulierung: »Lukas hat Phasen, in denen er unruhig hin und her läuft und sich schlecht konzentrieren kann.« Oder: »Er macht manchmal einen sehr nervösen Eindruck.« Oder noch besser: »Ich erlebe Lukas als sehr unruhig und manchmal auch als wütend. Erleben Sie Lukas zu Hause auch manchmal so?«

Hier macht nicht nur der Ton die Musik, sondern hier schwingt direkt die Haltung mit, die ich als »Experte« den Eltern entgegenbringe. Doch machen wir uns nichts vor: Da kann ein Pädagoge sich noch so »political correct« ausdrücken oder eine »wertschätzende Wortwahl« benutzen: Wenn er das Kind nicht mag, es innerlich abwertet oder die Eltern ohnehin schon im Vorfeld für unfähig hält, kommt das auch nonverbal sehr deutlich rüber.

Auch in Lukas' Fall interpretiert die Erzieherin vorschnell, indem sie sagte: »Mit Lukas stimmt etwas nicht.« Sie sagt nicht: »Es geht ihm offensichtlich nicht gut, es bedrückt ihn etwas, er ist innerlich beunruhigt.« Sie sagt: »Er stört.« Indem sie die Eltern auffordert, sich für Lukas Hilfe zu holen – was an sich richtig und gut ist! –, hat sie das Problem rasch delegiert: Nicht sie ist diejenige, die bereit ist, Lukas zu beruhigen, sondern die Eltern haben im Hintergrund irgendwie dafür zu sorgen, dass Lukas in der Kita nicht mehr nervt.

Lukas merkt natürlich, dass nicht nur die Eltern genervt von ihm sind, sondern auch die Erzieherin unzufrieden mit ihm ist. Möglicherweise fühlt sie sich in ihrer professionellen Kompetenz untergraben, weil sie es nicht schafft, ihn zum friedlichen Mitmachen zu bewegen. Es ist verständlich, dass sie frustriert ist. Aber ihr Ärger irritiert Lukas zusätzlich. Statt ihm die Möglichkeit anzubieten, bei ihr mental oder emotional »anzudocken«, wird er als Störenfried identifiziert und soll woanders lernen, sich »anständig« zu benehmen. In dieser Hinsicht bin ich mit Michael Winterhoff einig, der bemängelt, dass sich Erzieherinnen immer häufiger in »die Position des Diagnostikers« begäben, der die »Auffälligkeit lediglich registriert und anschließend an die Eltern oder Therapeuten delegiert«[2]. Statt sich dem Kind gegenüber als verlässliches Gegenüber klar zu positionieren und ihm damit die Möglichkeit zur Orientierung und zur psychischen Reifung zu bieten, verlagert sie das Problem flugs nach außen. Mag sein, dass sie in ihrer Ausbildung nicht gelernt hat, wie man sich einfühlend verhalten und gleichzeitig deutlich Präsenz zeigen kann, allerdings müsste das für eine Erzieherin doch einigermaßen selbstverständlich sein. Bei aller professionellen Distanz, von der berechtigterweise immer häufiger die Rede ist: Wer nicht willens oder in der Lage ist, zu den Kindern eine authentische Beziehung aufzubauen, ist in diesem Job falsch.

Natürlich geht es ohne die Hilfe der Eltern oft nicht. Und sie darauf anzusprechen und sie darum zu bitten, sich zusätzliche Hilfe zu holen, ist keinesfalls verwerflich oder falsch. Im Gegenteil: Manchmal braucht es den Anstoß von außen, damit Eltern und Familien anfangen, familieninterne Probleme tatkräftig anzupacken. Trotzdem wäre es hilfreich für Lukas, wenn sich die Erzieherin ihrerseits schon mal bereit erklärte, an der Lösung des Problems mitzuarbeiten: Man würde zum Beispiel eine Art Team bilden, ein Team, das sich zum Ziel setzt, Lukas zu »erden«, gemeinsam mithilfe verschiedener Maßnahmen dafür zu sorgen, dass er wieder ruhiger werden kann.

Ein simpler Ansatz dazu, der interessanterweise in Kitas und Schule kaum genutzt wird, wäre, Lukas auf seine innere Unruhe einfach mal anzusprechen. »Du bist ganz schön zappelig heute, stimmt's? Hast du eine Idee, was der kleine Zappelmann in dir heute braucht?« Auch Wut bzw. der Ausdruck von Wut wird häu-

> Wer nicht willens oder in der Lage ist, zu den Kindern eine authentische Beziehung aufzubauen, ist in diesem Job falsch.

fig einfach unterbunden, aber selten angesprochen: »Mensch, bist du aber wütend heute. Ganz doll wütend bist du, stimmt's?« Es wäre ein deutlicher Ausdruck dafür, dass das Kind mit seiner Gefühlslage wahrgenommen wird. Und vor allem, dass es diese Gefühle auch haben darf.

Das beruhigt Kinder in der Regel, wenn auch vielleicht nur vorübergehend, leiden sie doch auch immer unter dem Gefühl, zu stören und irgendwie nicht richtig zu sein.

Allerdings – und hier liegt ein strukturelles Hauptproblem – lässt der Personalschlüssel in Kitas eine solche intensive, beziehungsorientierte Arbeit mit Kindern nicht zu. Wenn sich drei Erzieherinnen um 15 Kinder kümmern sollen, bleibt natürlich kaum Zeit, sich einem leidenden oder »schwierigen« Kind wirklich aufmerksam widmen zu können, selbst wenn die Erzieherinnen das aufrichtig wollten.

Die mangelnde Bereitschaft, sich ernsthaft und bewusst mit den Gefühlen von Kindern auseinanderzusetzen, spielt allerdings auch eine nicht zu unterschätzende Rolle. Wie oft kann man Erzieherinnen beobachten, die Kinder nur herumschicken und offensichtlich ohne jede innere Beteiligung »versorgen«. »Lass das, sei leise, tob nicht herum, geh hierhin, geh dorthin!« Man glaubt kaum, wie lieblos manche Erzieherinnen Kinder hin und her schieben, als seien sie bloß lästiges Inventar. Schade ist auch, dass im Umgang mit den Kindern oftmals Fantasie und Humor fehlen. So beobachtete ich an einem lauwarmen Frühlingstag mehrere Kinder, die höchst kreativ auf dem Gelände einer Kita einen kahlen Baum mit ihren bunten Mützen »schmückten« und dabei glücklich glucksten und kicherten. Kaum hatte die Erzieherin das gesehen, fing sie an herumzuschimpfen, die Mützen von dem Baum zu pflücken und die Kinder zum »Spielen« zu schieben. Sie hatte den Kindern schlicht den Spaß verdorben und ihre originelle Idee mit Füßen getreten. Es war ein wahrlich trauriges Schauspiel, das sich mir dort bot.

Zudem wird – aufgerüttelt durch den lästigen PISA-Alarm – auch von Erzieherinnen mehr denn je erwartet, mit den Kindern förderliche Projekte und Aktionen durchzuführen, um den Eltern vorzeigbare »Lern«-Ergebnisse präsentieren zu können. Ob Englisch für Kleinstkinder oder naturwissenschaftliche Experimente: Bildung wird leider immer mehr mit kognitiver Leistung verbunden als mit Bindung. Die Anforderung, mit den Kindern authentische Beziehungen einzugehen und so ihre psychische Reifung zu befördern, stellen Eltern an Erzieherinnen leider selten.

Selbstreflexion (auch) für Profis: Welche Kinder lösen welche Gefühle in mir aus?

Immer wieder sollten sich Erwachsene, die beruflich oder auch privat viel mit Kindern umgehen, fragen:

- Kann ich es aushalten, dass Kinder um mich herum fröhlich sind, auch wenn ich es zum Beispiel selbst nicht bin oder auch als Kind nicht immer war?
- Was löst es in mir aus, dass ein Kind bessere Chancen hat, als ich damals hatte? Macht mich das traurig?
- Was löst es in mir aus, wenn ich sehe, dass Kinder nicht genug Wärme und Liebe zu Hause bekommen? Habe ich das Gefühl, das Kind retten zu müssen?
- Kann ich es ertragen, wenn mich ein Kind nicht mag oder mich sogar phasenweise ablehnt? Was löst das in mir aus? Wie gehe ich damit um?
- Nehme ich es persönlich, wenn ein Kind nicht auf mich reagiert, wie ich es mir wünsche? Zweifle ich schnell an meiner Kompetenz oder Autorität? Was verunsichert mich? Und wie kann ich konstruktiv mit dieser Verunsicherung umgehen?
- Bin ich bereit, mich in ein Kind einzufühlen? Bin ich willens, mich auf die Beziehungsebene einzulassen oder ist mir das (zurzeit) zu viel?
- Habe ich den Kopf überhaupt frei, um mich um ein Kind so intensiv zu kümmern, oder überfordere ich mich damit? Könnte mir jemand diese Arbeit nach Absprache dann abnehmen (Partner, Kollege etc.)?
- Fühle ich mich (zurzeit) psychisch stabil genug, mich auch in Kinder einzufühlen, denen es nicht so gut geht? Oder muss ich mich davor schützen, weil es in mir zu viele unerwünschte Gefühle aufwühlen würde?

- Was wünsche ich mir von den Kindern? Was sollen sie mir geben (Bestätigung, Zuneigung, Respekt …)? Was möchte ich ihnen geben? Woher kommen diese Wünsche?
- Warum reagiere ich »allergisch« auf ein bestimmtes Kind? Was macht mich wütend, ärgerlich, hilflos? Was hat das mit mir zu tun? Mit welchen Verhaltensweisen von Kindern komme ich überhaupt nicht klar, und woran liegt das möglicherweise?
- Wenn ich mich über ein Kind oder deren Eltern aufrege, welchen Impuls verspüre ich dann? Habe ich das Gefühl, es eigentlich »besser« zu wissen? Fühle ich mich überlegen? Oder ist die Empörung eine Möglichkeit, unangenehmere Gefühle von mir fernzuhalten, etwa Mitgefühl, Traurigkeit usw.?
- Welchen Kindern kann ich milde und liebevoll begegnen, welchen weniger? Woran liegt das? Wie kann ich einen Modus finden, trotzdem fair, gelassen und freundlich zu bleiben?

Erwachsene, die sich, ihre wunden Punkte, ihre Kindheit und die damit verbundenen Gefühle gut kennen, sind meistens gut in der Lage, eine emotionale Beziehung zu Kindern aufzubauen, ohne sich darin zu verstricken. Auch die »Schwächen« und die Grenzen der eigenen Belastbarkeit zu kennen wäre hilfreich. Es wäre sehr schön, wenn möglichst viele Erzieherinnen, Lehrer und alle anderen, die sich beruflich mit Kindern beschäftigen, sich immer mal wieder bewusst in Selbsterfahrung übten. Das in die entsprechenden Ausbildungen einzubinden sollte meiner Ansicht nach zur Pflicht werden.

Einfach out. Warum ein schüchternes Kind keine »soziale Phobie« hat

Wir alle wissen, dass es zurückhaltende und weniger zurückhaltende Menschen gibt. Das hat etwas mit ihrem Temperament, mit ihrer Erziehung, mit der Geschwisterkonstellation und sicher auch ihrem ganz speziellen Genmix zu tun. Früher war es kein so großes Problem, ein schüchternes Kind zu sein. Zurückhaltung den Erwachsenen gegenüber wurde ohnehin erwartet, bei Mädchen galt es sogar manchmal als »süß«. Heutzutage wird kindliche Schüchternheit oft ebenso kritisch beäugt wie kindliche Aufsässigkeit. Vor allem bei Jungen wird Schüchternheit als etwas Negatives bewertet. Wer sich nicht ständig in Konkurrenzsituationen begibt, keine Lust hat, im Mittelpunkt zu stehen, sich nicht immerzu durchsetzt oder seine Leistungen zur Schau stellen will, hat schnell den Stempel »Weichei« oder »Sensibelchen« weg. Zumal heute oft schon von Grundschulkindern verlangt wird, kleine Referate zu halten oder andere Lernergebnisse vor der Klasse zu präsentieren. Es wird von Kindern immer früher erwartet, dass sie sich gut darstellen und selbstbewusst auftreten können. Pech für die, die etwas zurückhaltender geraten sind. Und gut für die, die immer gerne im Rampenlicht stehen.

Schüchtern zu sein ist heutzutage irgendwie »out«.

Doch was ist eigentlich dagegen zu sagen, wenn ein Kind eher zurückhaltend ist? Was ist schlimm daran, wenn es einfach ein ruhigeres Gemüt hat und nicht ständig mit seinem Wissen prahlen möchte? Nichts. Es stimmt auch nicht, dass schüchterne Kinder später erfolgloser oder unglücklicher werden als ihre etwas vorlauteren Klassenkameraden.

> Es wird von Kindern immer früher erwartet, dass sie sich gut darstellen und selbstbewusst auftreten können.

Doch laut psychiatrischem Schubladendenken hat das schüchterne Kind eine Störung, namentlich eine »soziale Phobie«. Diese wird in der gebräuchlichen ICD-10-Klassifikation folgendermaßen definiert: »Furcht vor prüfender Betrachtung durch andere Menschen, die zur Vermeidung sozialer Situationen führt«. Als diagnostische Kriterien gelten:

»1. Deutliche Furcht, im Zentrum der Aufmerksamkeit zu stehen oder sich peinlich oder erniedrigend zu verhalten;
2. deutliche Vermeidung im Zentrum der Aufmerksamkeit zu stehen oder vor Situationen, in denen die Angst besteht, sich peinlich oder erniedrigend zu verhalten.«

Des Weiteren gelten als Symptome:
»1. Erröten oder Zittern,

2. Angst, zu erbrechen,
3. Miktions- oder Defäkationsdrang bzw. Angst davor.«[3]

Wenn es nach diesen Kriterien ginge, kenne ich eine Menge vermeintlicher erwachsener Sozialphobiker, die beruflich hoch qualifiziert sind und vor Lesungen oder Vorträgen immer noch starkes Magengrummeln oder heftige Aufregung verspüren. Viele professionelle Schauspieler und Musiker sind vor einem Auftritt mitunter so nervös, dass ihre Knie zittern und sie ständig zur Toilette rennen. Na und? Sind diese Menschen alle »psychisch gestört«? Wohl kaum!

Auch wenn ein Kind nicht gerne vor der Klasse spricht, muss das nicht gleich behandlungsbedürftiger »elektiver Mutismus«[4] sein, der folgendermaßen definiert wird: »Nachweisbare beständige Unfähigkeit, in bestimmten sozialen Situationen, in denen erwartet wird, dass das Kind redet (z. B. in der Schule), zu sprechen, in anderen Situationen ist das Sprechen jedoch möglich.«[5]

Über die Gründe, warum das Kind in der Schule nicht reden mag, ist mit einer solchen Klassifizierung rein nichts gesagt. Vielleicht fühlt es sich in der Klasse einfach unwohl. Oder es mag die Lehrerin nicht. Oder es ist ein Perfektionist, der nur redet, wenn er sich sicher ist, dass er das Richtige sagen würde. Oder es hat eben einfach ein ruhigeres Gemüt. Oder es traut sich einfach nicht. Ist das nicht auch normal, dass manche Kinder sich ein bisschen weniger trauen als andere? Warum lassen wir uns immer wieder einreden, man müsse ein solches Kind umerziehen?

Natürlich kann man sich überlegen, ob es dem betroffenen Kind damit gut geht. Oder vielleicht auch nach den möglichen Ursachen forschen. Vorher heißt es aber: das Kind mit dieser Eigenart einfach zu akzeptieren. Das Beste wäre, einen Lehrer zu haben, der sagen kann: »Das war bei mir früher auch so, ich hab mich auch manchmal nicht getraut, was zu sagen. Und heute kann ich vor einer ganzen Klasse reden! Das lernst du auch noch irgendwann.« Doch leider begegnet man immer wieder Lehrern, die dann im Elterngespräch sagen: »Das muss Ihr Kind aber bald mal lernen.« Oder ihm eben einfach eine schlechte Note geben. Die Toleranzgrenze ist besonders bei Gymnasiallehrern oft sehr niedrig.

Was aber soll es nützen, ein Kind, das unter Druck zu stehen scheint, weil es bestimmte Normvorstellungen nicht erfüllt, nun noch zusätzlich unter Druck zu setzen? Dass das nur kontraproduktiv sein kann, müsste doch auch Lehrern klar sein. Das Gegenteil ist angesagt: Der Druck muss raus!

Natürlich muss nicht jedes schüchterne Kind in Therapie. Es reicht, wenn es zu Hause, in der Kita oder Schule lernen kann, dass es Fehler machen darf, ohne dass etwas Schlimmes passiert. Es gilt einfach, genau hinzusehen: Was braucht das Kind gerade jetzt? Braucht es Ermutigung oder einfach ein paar positive Erfahrungen? Ein solcher Reifungsprozess aber braucht Zeit und erfordert immer die Geduld der Erwachsenen. Wenn diese ungnädig werden und sich über das zurückhaltende Kind ärgern, wird das Kind wiederum das Gefühl entwickeln, irgendwie nicht »richtig« zu sein. Und dann beißt sich die Katze wieder in den Schwanz.

Auch hier gilt: Die Erwachsenen sind gefordert. Ihre Zuversicht, ihre Akzeptanz, ihre Liebe, die sagt: »Ich sehe, dass du dich fürchtest, vor so vielen Leuten zu reden. Das ist in Ordnung. Jeder fürchtet sich manchmal.« Erst diese Akzeptanz macht kindliche Eigenliebe und dann später vielleicht auch Veränderung möglich.

Also: Ist Schüchternheit nicht nur eine liebenswerte Eigenart? Ein besonderes Charakteristikum, das zu einem bestimmten Menschen einfach dazugehört – zumindest in einer bestimmten Lebensphase? Wie gesagt, viele gute Rednerinnen, patente Lehrer oder interessante Künstler waren früher schüchterne Kinder.

Dass die Sorge vieler Eltern, ihre schüchternen Kinder würden im Leben später mal untergehen, oft unbegründet ist, bestätigt auch der Psychotherapeut Hans Morschitzky: »Die meisten schüchternen Menschen werden keine Sozialphobiker; sie bleiben entweder das, was sie schon immer waren, nämlich ›normal bzw. situationsabhängig schüchtern‹, oder sie verlieren im Laufe ihres Lebens durch Selbsterziehung und positive Umwelterfahrungen die Schüchternheit des Kindes- und Jugendalters.«[6]

Wichtig ist nur, dass die betroffenen Kinder keine beschämenden Erlebnisse wegen ihrer Schüchternheit durchleiden müssen, entweder indem der Lehrer das Kind vor die Klasse zerrt, obwohl es das nicht aushalten kann, indem sich andere lautstark darüber lustig machen, oder die Eltern das Kind für sein Verhalten bestrafen.

Aber auch Eltern brauchen Unterstützung und Ermutigung, ihr Kind so zu nehmen, wie es ist. Wenn sie im Gegenteil noch mit dem Druck vonseiten der Schule konfrontiert werden (»Das muss Ihr Kind aber lernen!«), fällt es ihnen zusätzlich schwer, ihr schüchternes Kind mit der nötigen Gelassenheit zu begleiten.

Ist mein Kind »auffällig«? Und wenn ja, wann nicht?

Ganz gleich, um welche (vermeintliche) »Auffälligkeit« es sich handelt, die kritischen Fragen lauten:

- Wer leidet eigentlich unter einer bestimmten kindlichen Wesensart oder einem bestimmten kindlichen Verhalten? Leidet überhaupt jemand?
- Äußert Ihr Kind selber Leidensdruck? Macht es häufig einen unglücklichen, frustrierten oder traurigen Eindruck?
  - Wenn ja: Liegt es vielleicht eher an den Reaktionen auf sein Verhalten?
  - Hat es Angst, jemanden zu enttäuschen?
  - Haben Sie das Gefühl, es steht unter dem Druck, es müsse anders sein, als es ist? Wenn ja: Wie könnten Sie Ihr Kind dann entlasten?
- Oder leiden Sie, weil Sie sich vorstellen, dass Ihr Kind leiden muss?
  - Haben Sie in Ihrer Kindheit selber schlimme Erfahrungen gemacht, zum Beispiel weil Sie selber schüchtern waren und es Ihnen damit nicht gut ging?
  - Und wollen Sie diese Erfahrungen Kind ersparen?

- Können Sie es insgesamt schlecht ertragen, wenn es Ihrem Kind nicht gut geht?
- Können Sie es auch schlecht aushalten, wenn Ihr Kind die Erwartungen anderer Menschen nicht erfüllt? Stellen Sie dann Ihre Erziehungskompetenz infrage und fühlen sich schuldig?
- Ist der Lehrer »bloß« genervt, weil ihm ein schüchternes Kind ein bisschen mehr Arbeit macht? Fühlt er sich überfordert? Ist er frustriert, dass er keinen Zugang zu Ihrem Kind findet? Oder hat er einfach keine Geduld?
- Hinterfragen Sie pädagogische Floskeln: »Ihr Kind verhält sich unangemessen« ist nichtssagend. Was meint der Lehrer/die Erzieherin konkret? Fragen Sie nach: Wie meinen Sie das? Wie kommen Sie zu dieser Einschätzung? Was erwarten Sie von mir/meinem Kind? Lassen Sie sich beispielhaft eine Situation genau schildern und machen Sie sich selbst ein Bild davon: Finden Sie auch, dass Ihr Kind sich »unangemessen« verhält? Oder können Sie sein Verhalten gut nachvollziehen? Fragen Sie Ihr Kind in einem ruhigen Moment, wie es selbst diese Situation erlebt hat. Bleiben Sie unbedingt bei diesem einen Beispiel und verallgemeinern Sie nicht! Wenn Sie erst einmal eine Situation exemplarisch verstanden haben, können Sie vielleicht auch andere dann besser verstehen und einordnen.
- Wenn Sie von Erzieherinnen oder Lehrern auf »Verhaltensauffälligkeiten« angesprochen werden, prüfen Sie Ihre Gefühle dazu. Sind Sie gekränkt? Wie erleben Sie den Pädagogen – als hilfreich-verständnisvoll oder kritisch-mäkelnd? Teilen Sie seine Ansichten oder halten Sie seine Vorstellungen für überzogen? Schlafen Sie eine Nacht drüber, bevor Sie Ihr Kind damit konfrontieren, das schafft eine gewisse Distanz und relativiert vieles.
- In welchen Situationen verhält sich Ihr Kind überhaupt »auffällig«? Und wann nicht?
- Wann fühlt es sich sicher, geliebt und angenommen? Woran erkennen Sie das?

»Labeling«: Vom Schaden der Festschreibung. Und warum manche Diagnose kontraproduktiv ist

Festschreibungen à la »Lukas ist aggressiv«, »Mirco hat ADHS« und »Merle ist verträumt und bummelig« hört man immer wieder. Einem inneren Reflex folgend stelle ich dann mindestens drei Fragen:

* Wer behauptet das?
* Wie genau äußert sich das?
* In welchen Situationen ist es anders?

Lehrer, Erzieher, Eltern, aber auch viele Therapeuten sind leider sehr schnell mit ihren Urteilen, die dann hinfort an dem Kind haften wie eingenähte Etiketten an einem Kleidungsstück. Das kann für das Selbstbewusstsein und das seelische Wohlbefinden eines Kindes verheerende Folgen haben.

Kinder neigen nämlich stark dazu, sich mit den ihnen – verbal oder nonverbal – zugeschriebenen Eigenschaften stark zu identifizieren. Ein Kind, das dauernd zu hören (oder zu spüren) bekommt, dass es zu laut, zu faul, zu nervig oder einfach zu anstrengend sei, wird diese Zuschreibungen hinfort fest in sein Selbstkonzept einbauen. »Ich bin aggressiv«, sagen dann viele Kinder oder: »Ich nerve oft«, wenn man sie fragt, warum die Eltern das Kind in Therapie schicken. Im Umkehrschluss heißt das: »Ich bin nicht so, wie meine Eltern mich haben wollen.« Ergo: »Ich bin nicht ganz richtig.« Dass dieses negative Selbstbild die Entwicklung eines positiven Selbstwertgefühls erheblich erschwert, liegt auf der Hand.

Kinder identifizieren sich stark mit den ihnen zugeschriebenen Eigenschaften.

Auch wenn es sehr schwer ist, sich hartnäckig haltende Fremd- und Selbsturteile zu verändern, so kann es für Kinder doch sehr entlastend sein, von Lehrern, Erziehern, Beratern oder Therapeuten auch mal ganz andere Rückmeldungen zu bekommen. Wenn jemand dem als »schwierig« bezeichneten Kind überzeugend spiegeln kann, dass es auch noch ganz andere, liebenswerte Seiten hat bzw. dass man seine dahinterstehende Not erkennen kann, hat das in der Regel eine zunächst irritierende, später aber positive Einwirkung auf die Selbsteinschätzung des Kindes.

So müsste es eigentlich selbstverständlich sein, dass Erzieherinnen oder Lehrerinnen einem wütenden Kind sagen: »Mensch, du bist ja wirklich wütend, ich merke das.« Ist es aber nicht. Denn der Umgang mit Wut ist bei vielen Menschen angst- und abwehrbesetzt. Wer selber keinen guten Umgang mit seiner Wut gefunden hat oder gerne leugnet, überhaupt mal wütend zu sein, hat vielleicht auch ein Problem damit, ein wütendes Kind als wütendes Kind zu sehen und als solches einfach zu akzeptieren. (Mehr zum Umgang mit Wut in Kapitel 5.) Ein so wahrgenommenes Kind könnte lernen, seine Gefühle besser zu benennen: »Ich bin manchmal einfach total wütend, aber ich weiß nicht genau, warum!« Schon diese kleine Differenzierung kann für Kinder hilfreich und entlastend ein.

Raus aus dem Teufelskreis der Negativbewertungen: Welche Botschaften senden wir unseren Kindern?

Um dem Kind aus dem Kreislauf seiner negativen Selbstbestätigung herauszuhelfen, sollten wir uns immer wieder fragen: Was vermitteln wir unseren Kindern? Bewusst und unbewusst?

- Wie reden wir über sie? Wie denken wir über sie?
- Was vermitteln wir ihnen, ohne es ihnen zu sagen? Welche Botschaften schicken wir ihnen nonverbal?
- Benennen wir das Verhalten eines Kindes (»Er ist manchmal sehr wütend, und dann wird er laut und schmeißt Sachen herum«)? Oder machen wir gleich aus einem Verhalten eine vermeintlich unumstößliche Charaktereigenschaft (»Er ist unbeherrscht und launisch«)?
- Können wir uns in das Kind einfühlen? Wie würden Sie sich an seiner Stelle fühlen?

Es ist ein großer Unterschied, ob ich bei einem Kind eine breite Palette von Verhaltensvarianten erkenne und sagen kann: Manchmal verhält es sich ruhig und ist sehr zärtlich, manchmal ist er aber auch wild und aufbrausend. Oder ob ich es auf ein bestimmtes Verhaltensrepertoire einenge und nur noch das »Nervige« oder »Anstrengende« sehe.

Den Blick erweitern: Finden Sie das Positive!

Immer wieder müssen Eltern von Kindern, die sie als »anstrengend« erleben, ihren manchmal getrübten Blick erweitern und sich klarmachen, wie sich das Kind auch noch verhält bzw. was es auch noch ausmacht, z. B.:

- Es kann sehr liebevoll zu seiner kleinen Schwester sein.
- Es kann charmant und witzig sein.
- Es hat unglaublich viel Energie.
- Es ist sehr fantasievoll.
- Es ist sensibel.
- Es ist lebendig.
- Es hat viel Energie/Power/Kraft.
- Es hat unkonventionelle Ideen, mit denen es uns überraschen kann.
- Schreiben Sie mindestens 5 Fähigkeiten auf, die Ihr als anstrengend erlebtes Kind gut bis sehr gut kann.
- Schreiben Sie mindestens 5 Eigenschaften auf, die Ihr als »schwierig« erlebtes Kind liebenswert machen.
- Schreiben Sie 5 Ereignisse bzw. Situationen auf, in denen es mit Ihrem Problembären richtig gut ging.

Wenn es Eltern nicht mehr gelingt, das Kind differenziert zu sehen, wenn sie nichts mehr Positives an dem Kind erkennen können und sich der Blick nachhaltig auf das Problematische und Nervige verengt hat, ist es sinnvoll, einen »neutralen Dritten«, einen Berater oder Therapeuten hinzuzuziehen.

Aber es sind nicht nur die negativen Festschreibungen, die unseren Kindern manchmal das Leben schwer machen. Auch positiv gemeinte Zuschreibungen können subtilen Druck auf ein Kind ausüben, wenn sie dauerhaft aufrechterhalten und damit zur hohen elterlichen Erwartungshaltung werden. Hört ein Kind dauernd von seiner stolzen Mama: »Du bist ja so ein kluges, vernünftiges Mädchen«, wird es merken, dass es die Mutter mit seinem »klugen, vernünftigen« Verhalten glücklich macht. Weil Kinder ihren Eltern per se gefallen und ihren Erwartungen entsprechen möchten, wird sich das Mädchen hinfort bemühen, immerzu klug und vernünftig zu sein. Auch wenn das anstrengend – wenn nicht sogar unmöglich – für ein Kind sein mag, immer »klug und vernünftig« zu sein: Soweit ihm das gelingt, wird es zufrieden mit sich sein – denn Mama (oder Papa) ist es auch. Probleme gibt es spätestens dann, wenn sich das Kind davon überfordert fühlt und sich seine »unvernünftige Seite« dann doch ungeahnt Bahn bricht – z. B. in unerklärlichen Wutausbrüchen, Gemeinheiten einem jüngeren Kind gegenüber, kleineren Tierquälereien, selbstverletzendem Verhalten, Ess-Störungen oder Ähnlichem. Das brave Mädchen wird dann mit massiven Schuldgefühlen zu tun haben und Mama wird enttäuscht sein. Auch mit positiven Festschreibungen und Idealisierungen sollten wir also vorsichtig sein. Am besten ist es ohnehin, immer von sich selbst zu sprechen und konkret zu bleiben, statt zu verallgemeinern:

- Statt »Du bist so klug« → »Das hast du aber jetzt schnell verstanden!«
- Statt »Du bist so schön!« → »Ich mag dein hübsches Gesicht/dein Lachen/...!«
- Statt »Du bist so kreativ!« → »Mir gefällt dein Bild sehr gut. Vor allem mag ich die kräftigen Farben, die du benutzt hast! Was magst *du* denn an deinem Bild am liebsten?«

Manchmal sollten wir uns ohnehin prüfen, ob das Bild, das wir von unserem Kind haben, nicht auch einer kleinen Korrektur bedarf. Eltern kennen ihr Kind zwar sehr gut, sind verständlicherweise aber auch befangen; ihr Blick ist durch die alltäglichen Nervereien und die sich immer wiederholenden Streitereien, aber auch durch Idealisierungen schlichtweg getrübt.

Hier hilft es immer mal wieder, sich in einer entspannten Situation Folgendes klarzumachen:

- dass auch unser Kind Seiten hat, die man vielleicht zu oft nicht wahrnimmt, die man für selbstverständlich hält und daher zu wenig würdigt;
- dass auch unser »braves« Kind seine »dunklen Seiten« hat, auch wenn wir diese nicht wahrnehmen: Jedes Kind hat auch Aggressionen oder ist mal traurig, den ewigen kleinen »Sonnenschein«, den sich viele Eltern wünschen, gibt es nicht – auch wenn sich ein Kind vielleicht so präsentieren mag;
- dass im Umkehrschluss auch jedes wilde, als »stark« oder als aggressiv geltende Kind seine zarten Seiten hat, diese aber vielleicht nicht genug Berücksichtigung finden, weil sie so selten zum Vorschein kommen;
- dass wir immer einen selektiven Blick haben und oft nur das sehen, was wir sehen wollen bzw. was wir ertragen können; zum Beispiel fällt es manchen Müttern schwer, zu erkennen, dass ein Kind tieftraurig ist, weil ihr das sofort Schuldgefühle und Kummer bereitet, die sie abwehren muss. Eine Folge davon ist, dass sie das Kind in seinem Schmerz nicht sehen und es in seiner Traurigkeit auch nicht gut begleiten kann. Hier ist Mut gefragt. Der Mut, auch unangenehme Gefühle zuzulassen und sich der eigenen Befindlichkeit zu stellen;
- dass es bereichernd sein kann, mal die Meinung von Freundinnen einzuholen: Wie sieht sie Ihr Kind? Hat sie eine andere Meinung? Was fällt ihr auf, was Ihnen bisher vielleicht entgangen ist?

Der verständliche Wunsch nach einer Diagnose. Und ein Irrtum

Wenn Kinder sich ungewöhnlich verhalten, Schwierigkeiten haben oder machen, dann wollen Eltern verständlicherweise gerne wissen, was mit ihrem Kind los ist. Das Bedürfnis, eine Diagnose, eine leicht verständliche Erklärung für das kindliche Verhalten zu bekommen, ist menschlich und absolut nachzuvollziehen. Eltern erhoffen sich von Diagnosen, dass sie danach etwas Konkretes tun können, um ihrer Familie und ihrem Kind zu helfen. Und sie wollen dadurch die Kontrolle zurückhaben: Wenn innerhalb der Familie etwas aus dem Ruder läuft, das man nicht mehr zu steuern vermag, so ruft das oft Ohnmachts- und auch Versagensgefühle hervor. Eine Diagnose – so die Hoffnung – kann also Erleichterung schaffen, für Klarheit sorgen und das Gefühl von Eigenmacht wiederherstellen, das man vorübergehend verloren zu haben scheint. Insofern kommen viele Eltern mit »problematischen« Kindern zu Ärzten oder in Beratung und wollen einfache Antworten, kurze Diagnosen und ebenso klare Verhaltensanweisungen.

Wenn es um psychische Probleme oder Verhaltensauffälligkeiten geht, ist eine befriedigende, mal eben rasch gestellte Diagnose allerdings nicht zu bekommen. Gerade in Familien sind die verschiedenen Beziehungen und Gefühle so komplex miteinander verwoben, dass man eine Weile braucht, um den Hintergrund beleuchten zu können, auf dem sich ein bestimmtes Symptom entwickeln und aufrechterhalten kann. So ist Familienberatung oder -therapie immer eine vielschichtige Arbeit auf mehreren Ebenen. Fast nie lässt sich hier eine Diagnose in einen einzigen Satz oder sogar in einen einzigen Fachbegriff pressen.

Eltern erhoffen sich von Diagnosen, dass sie danach etwas Konkretes tun können.

Wenn Eltern auf einer tieferen Ebene verstehen wollen, was ihr Kind innerlich bewegt, traurig macht oder beunruhigt, brauchen sie Geduld. Und sie müssen bereit sein, auf knappe Diagnosen zu verzichten und sich auf einen Prozess einzulassen, der langsames, dafür aber tieferes Verstehen und allmähliche Veränderung ermöglicht.

Dass eine zu oberflächlich gestellte Diagnose durchaus kontraproduktiv sein kann, zeigt sich an folgendem Beispiel:

Der 5-jährige Mirco war in der Kita aufgefallen, weil er immer wieder Kinder attackiert hatte, lautstark mit Schimpfwörtern um sich warf und auch sonst störte, wo er nur konnte. Die Eltern gingen seit einiger Zeit zu einer Familienberatung, die ihnen das Jugendamt angeraten hatte. Es zeigte sich, dass das Kind zu Hause öfter geschlagen wurde; die überforderten, aber bemühten Eltern zeigten sich bereit, an ihrem Erziehungsverhalten zu arbeiten. Mit der Zeit hatte sich Mircos Verhalten leicht verbessert, die Erzieherinnen sahen eine zaghafte positive Entwicklung.

Als Mirco dann in die Schule kam, zeigte er die bekannten Symptome wiederum, die Lehrerin zeigte sich hier weniger verständnisvoll als die Erzieherin in der Kita: Sie äußerte den Verdacht, Mirco habe ADHS, und schickte seine Eltern damit zum Kinderarzt. Der Arzt bestätigte den Verdacht sofort und verschrieb Mirco Medikamente. Den Eltern erklärte er, es handele sich hierbei um eine Hirnstoffwechselkrankheit, die genetisch bedingt sei.

Die Eltern brachen daraufhin die Familienberatung ab: Es sei ja eine hirnorganisch bedingte Krankheit, auf deren Auswirkung sie keinen Einfluss hätten. Sie sahen keine Notwendigkeit mehr, an ihren Erziehungsmethoden zu arbeiten.

So verpassten die Eltern die wichtige Chance, zu lernen, wie sie ihren Sohn gewaltfrei erziehen könnten. Dass Mirco nun weiterhin den Schlägen seines Vaters ausgesetzt war, interessierte den Kinderarzt offensichtlich nicht. Wahrscheinlich wusste er davon auch nichts. Klar ist: Hier war der »Stempel ADHS« auf dem Kind der positiven Entwicklung und Stärkung der Familie eher hinderlich denn hilfreich.

Heißes Eisen AD(H)S: Krankheit oder Konstrukt?

Kaum eine »Störung« hat in den letzten Jahren für so viel Wirbel gesorgt wie AD(H)S, in der offiziellen »ICD-10-Klassifikation psychischer Störungen« auch »hyperkinetische Störung« genannt. Manche halten AD(H)S für eine reine Modekrankheit, manche sehen darin nur die logischen Folgen unserer bewegungsfeindlichen, hoch individualisierten und medienintensiven Gesellschaft. Andere bezweifeln, dass es AD(H)S überhaupt gibt, und wiederum andere verstehen AD(H)S als rein stoffwechselbedingte hirnorganische Störung. AD(H)S erhitzt die Gemüter, und die Diskussion darum ist mitunter ermüdend, vor allem für die Eltern, die sich mit den ganz praktischen Problemen herumschlagen müssen, die diese kindlichen Symptome mit sich bringen. Denn niemand zweifelt ernsthaft daran, dass es die beschriebenen Symptome tatsächlich gibt. Nur darüber, wie diese denn nun zu verstehen, einzuordnen und zu behandeln seien, herrscht unter Experten große Uneinigkeit.

Zu den Schulproblemen und den täglichen Schwierigkeiten im Umgang mit dem Kind kommen oft noch massive Schuldgefühle. Und das Gefühl, sich ständig rechtfertigen zu müssen: dafür, dass ihre Kinder diese Probleme haben, dass sie ihren Kindern Medikamente geben, oder dafür, dass sie ihren Kindern eben keine Medikamente geben.

Trotz unterschiedlicher Ansichten in Bezug auf AD(H)S steht eines fest: Der Leidensdruck, der in Familien herrscht, in denen ein Kind die typischen AD(H)S-Symptome mit sich herumschleppt, ist groß. Das leugnen auch AD(H)S-Kritiker nicht. Insofern ist es für Familientherapeuten relativ belanglos, ob ein Kind als AD(H)S-Kind diagnostiziert wird oder nicht. Wo großer Leidensdruck herrscht, ist Hilfe vonnöten – ganz egal, ob und wie das Symptom nun genau benannt wird.

Schließlich ist auch Depression nicht gleich Depression: Jeder als »depressiv« diagnostizierte Patient hat ein ganz eigenes, individuelles Schicksal, und bei jedem äußert sich diese psychische Beeinträchtigung anders: Manche sind nur leicht depressiv oder nur phasenweise; manche werden apathisch und fühlen nichts mehr, manche weinen viel; manche sind manisch-

Wo großer Leidensdruck herrscht, ist Hilfe vonnöten.

depressiv und schwanken zwischen Selbstgefährdung durch Suizidgedanken oder hochriskante Aktionen während eines manischen Höhenrauschs. Bei manchen ist die Depression eine leicht nachvollziehbare Reaktion auf ein einschneidendes und belastendes Erlebnis, etwa einen schweren Verlust oder eine Traumatisierung; manche Depressionen kommen scheinbar aus heiterem Himmel, die Suche nach dem auslösenden Moment oder dem Grund ist dann etwas komplizierter. Manche Menschen leiden zusätzlich unter massiven Ängsten, eine klare Abgrenzung und Diagnose sind auch hier manchmal schwierig. Manche depressiven Menschen benötigen Medikamente, vorübergehend oder dauerhaft. Andere kommen mithilfe einer Psychotherapie über ihr seelisches Tief hinweg, andere leiden chronisch.

Ein guter und hilfreicher Psychotherapeut wird also ohnehin ganz individuell auf die spezifischen Lebensumstände des Patienten, seine ganz eigene Gefühlswelt und seine Familiengeschichte eingehen müssen. Das Etikett »Depression« heißt also noch lange nicht, dass der Therapeut nach einem bestimmten Muster vorgehen kann, das gleichermaßen allen Depressiven helfen kann. Er kann auch nicht davon ausgehen, dass er das Leiden des Menschen kennt, denn er kennt den Menschen noch nicht. Ein guter Therapeut geht also immer zusammen mit seinem Klienten auf eine gemeinsame Reise durch das Labyrinth der Seele des Patienten. Der Therapeut ist dabei einerseits Reisebegleiter, der sich in der Seele mithilfe seines Fachwissens gut auskennt: Er ist aber immer gleichzeitig auch Lernender. Für beide – Klienten und Therapeuten – ist diese Reise also mit vielen neuen Entdeckungen verbunden.

Ähnlich ist es mit der Beratung eines AD(H)S-Kindes und seiner Familie. Auch hier muss sehr genau geschaut werden, was das Kind braucht und wie die familieninternen Mechanismen funktionieren, die das Symptom aufrechterhalten. Erst wenn man diese kennt, kann man sinnvolle Veränderungen einleiten und für Entlastung sorgen.

Das Aufmerksamkeitsdefizit-Syndrom mit oder ohne Hyperaktivität AD(H)S wird bei Kindern in den letzten Jahren immer häufiger diagnostiziert, und die Verordnung hoch umstrittener Medikamente mit dem Wirkstoff Methylphenidat hat sich in den letzten Jahren weiterhin nahezu inflationär verbreitet. Dabei hat es »Zappelphilippe« wohl schon immer gegeben. Man denke nur an die gleichnamige Figur aus dem Struwwelpeter des Kinderarztes Heinrich Hoffmann aus dem Jahre 1845. Doch erst in den 1980er-Jahren haben US-amerikanische Ärzte sich dafür entschieden, abweichendes kindliches Verhalten, das sich durch überschießende Impulsivität, motorische Unruhe und mangelnde Aufmerksamkeit auszeichnet, als eine »psychische Störung« zu klassifizieren – im ICD-10-Katalog der psychischen Störungen unter »Verhaltens- und emotionale Störungen mit Beginn in der

Kindheit und Jugend« und im Diagnostischen Manual Psychischer Störungen DSM IV.
Hier ein kurzer Auszug aus der »ICD-10-Klassifikation psychischer Störungen«:

F 90 hyperkinetische Störungen

Diese Gruppe von Störungen ist charakterisiert durch einen frühen Beginn, meist in den ersten fünf Lebensjahren, einen Mangel an Ausdauer bei Beschäftigungen, die kognitiven Einsatz verlangen, und eine Tendenz, von einer Tätigkeit zu einer anderen zu wechseln, ohne etwas zu Ende zu bringen; hinzu kommt eine desorganisierte, mangelhaft regulierte und überschießende Aktivität. Verschiedene andere Auffälligkeiten können zusätzlich vorliegen. Hyperkinetische Kinder sind oft achtlos und impulsiv, neigen zu Unfällen und werden oft bestraft, weil sie eher aus Unachtsamkeit als vorsätzlich Regeln verletzen. Ihre Beziehung zu Erwachsenen ist oft von einer Distanzstörung und einem Mangel an normaler Vorsicht und Zurückhaltung geprägt. Bei anderen Kindern sind sie unbeliebt und können isoliert sein. Kognitive Beeinträchtigung ist häufig, spezifische Verzögerungen der motorischen und sprachlichen Entwicklung kommen überproportional oft vor. Sekundäre Komplikationen sind dissoziales Verhalten und niedriges Selbstwertgefühl.

Als Gründe für den Anstieg der zunehmenden AD(H)S-Diagnosen und die damit verbundene Zunahme von Medikamentenverordnungen werden folgende vermutet:

• Eine Aufmerksamkeitsstörung zu diagnostizieren scheint nach den vorliegenden Symptomkatalogen ICD-10 und DSM recht einfach zu sein. Es scheint nur konsequent, dass diese »Störung« dann auch häufig diagnostiziert wird. Wäre sie nicht als Störung aufgelistet, könnte man sie auch nicht offiziell diagnostizieren und ihre Behandlung könnte der Arzt oder der Psychotherapeut dann auch nicht mit der Krankenkasse abrechnen.

- Der Leistungs- und Anpassungsdruck der Kinder in Schule und Gesellschaft ist in den letzten Jahren stark gestiegen. Das Kind muss gut funktionieren, um den Eltern zu gefallen, aber auch um die Erwartungen in Kita und Schule zu erfüllen. Umso mehr fallen dann Kinder auf, die in der Schule nicht gut genug sind, sich nicht gut konzentrieren können und deshalb Lerndefizite haben oder schlechte Noten bekommen.
- Ärzte, Lehrerinnen, Erzieherinnen, aber auch Eltern und Therapeuten beäugen die Kinder und deren Entwicklung kritischer denn je: Jede Auffälligkeit wird registriert; für jedes noch so kleine Problem steht ein Experte oder Therapeut parat, der das Defizit beseitigen oder das Kind behandeln will.
- Schulmediziner sind eher darin geschult, Symptome zu bekämpfen, als zu heilen; die Verschreibung von Medikamenten liegt daher näher, als in langwierigeren Psychotherapien nach Ursachen für die Verhaltensauffälligkeiten zu suchen.
- Eltern erwarten immer häufiger, dass Ärzte oder Therapeuten ihnen eine schnelle Lösung bieten. Sie stehen oft so unter Leidensdruck, dass sie froh sind, wenn ihnen überhaupt jemand hilft – und sei es mit Tabletten für ihr Kind.
- Eltern werden von Lehrern oft unter Druck gesetzt, das Kind auf AD(H)S testen zu lassen, manche fordern sogar direkt den Einsatz von Medikamenten ein.
- Eltern wollen und fordern klare Diagnosen: Eine AD(H)S-Diagnose erleichtert sie, weil sie sich oft mit dem (unausgesprochenen) Vorwurf konfrontiert sehen, »schlechte Eltern« zu sein. Die Vorstellung, das Kind leide also nicht unter der eigenen »schlechten« Erziehung, sondern unter einer hirnorganisch bedingten Störung – an der man nicht viel ändern kann –, kann (vorübergehend) sehr entlastend sein.
- Die Pharmaindustrie hat naturgemäß ein großes Interesse daran, ihre Produkte flächendeckend zu vertreiben; die These von der hirnorganisch bedingten Störung kommt ihr natürlich entgegen; insofern steckt sie sehr viel Geld in Werbung und Marketingstrategien, z. B. sponsert sie AD(H)S-Internetseiten und AD(H)S-Selbsthilfegruppen und trägt so zur Ver-

breitung der »Dopaminmangeltheorie« bei, die zwar immer noch nicht wissenschaftlich bewiesen, aber dennoch höchst populär geworden ist. Viele Experten meinen deshalb, dass es AD(H)S-Diagnosen nicht gäbe, wenn man Medikamente wie Ritalin nicht kaufen könnte.

Man kann getrost davon ausgehen, dass es in Bezug auf AD(H)S sehr viele Fehldiagnosen und infolgedessen auch viele Fehlbehandlungen gibt. Nicht jedes Kerlchen, das auf seinem Stuhl herum zappelt, ständig mit den Fingern auf seinem Schreibtisch herum trommelt oder den Eltern und Lehrern nicht richtig zuhört, hat AD(H)S.

In Bezug auf AD(H)S gibt es sehr viele Fehldiagnosen und Fehlbehandlungen.

Erst kürzlich hat eine umfassende kanadische Studie ergeben, dass AD(H)S-Diagnosen bei besonders früh eingeschulten Kindern um 39 % erhöht seien, die Gabe von Medikamenten sogar um 48 %. Das heißt schlicht, dass ein augenscheinlich etwas unreiferes Verhalten von Kindern mittlerweile als krankhaft bezeichnet wird.[7]

Und auch in Deutschland werden immer mehr zweifelhafte AD(H)S-Diagnosen gestellt. So kritisiert der Diplom-Psychologe Hans-Reinhard Schmidt auf focus online: »AD(H)S ist keine Krankheit, sondern eine Art Sammeltopf für ganz unterschiedliche Verhaltensstörungen.« Seiner Erfahrung nach leiden die als AD(H)S-Patienten eingestuften Kinder oft unter ganz anderen Problemen: »Ein Teil hat Entwicklungsverzögerungen oder Wahrnehmungsstörungen, zum Beispiel Legasthenie, Dyskalkulie, Probleme mit dem Gehör oder dem Gesichtssinn oder psychomotorische Störungen. Die andere Gruppe AD(H)S-Kinder sind meist klassisch verhaltensgestörte Kinder, die zum Beispiel unter Erziehungsfehlern oder seelischer Vernachlässigung leiden. Und natürlich gibt es Kinder, auf die beides zutrifft.« Weiterhin bemängelt er – wie andere Kollegen auch –, dass sich Kinderärzte oft zu wenig Zeit nähmen und die Diagnose AD(H)S zu schnell treffen. Er berichtet: »In meine Praxis kommen Kinder, denen der Arzt nach einem zehnminütigen Gespräch die Diagnose ›AD(H)S‹ gestellt hat.«[8]

Das ist schon deshalb fahrlässig, weil ein psychologisch unge-schulter Kinderarzt kaum mit Sicherheit eine kindliche Depressi-on oder Angststörung ausschließen kann. Und auf eine Aussage der Lehrer oder der Eltern darf sich ein Kinderarzt laut »ICD-10« ohnehin nicht verlassen. Eine gründliche Abklä-rung gehört also immer in die Hand eines ge-schulten Kinderpsychiaters oder -psychologen. Bedenken Sie also: Wenn Sie wirklich wissen wol-len, was mit Ihrem als »auffällig« geltenden Kind los ist, was es plagt und worunter es leidet, reicht eine einmalige Vorstellung beim Kinderarzt nicht aus.

Eine einmalige Vorstellung beim Kinderarzt reicht nicht aus.

Doch auch beim Gang zum Kinderpsychiater stellt sich die Frage: Was erhofft man sich von einer Diagnose? Was haben Fa-milien davon, wenn bei ihrem Kind beispielsweise AD(H)S diag-nostiziert wird?

Natürlich: Zunächst einmal ist es entlastend, wenn das Prob-lem endlich einen Namen hat. Doch wer glaubt, mit einer Diag-nose wie z. B. AD(H)S auch gleich die Lösung für das Problem gefunden zu haben, der irrt. Denn erst nachdem eine (mögli-cherweise auch zweifelhafte) Diagnose gestellt wurde, folgen die wirklich interessanten Fragen.

Mein Kind hat angeblich ADHS. Und nun?

Wenn Ihnen ein Arzt die Mitteilung macht, dass Ihr Kind unter AD(H)S leidet, werden Sie mit folgenden Fragen konfrontiert:

- Was bedeutet diese Diagnose für mich, für mein Kind, für unsere Familie?
- Wie will ich mit der Diagnose weiter umgehen?
- Welche Therapie wähle ich für mein Kind?
- Soll mein Kind Medikamente nehmen oder nicht? Was hilft uns am besten?
- Muss schnell Ruhe einkehren, damit hier überhaupt mal wieder ein halbwegs normaler Alltag einkehren kann? Oder ist der Lei-densdruck noch nicht so hoch, dass ich bereit bin, meinem Kind ein Medikament zu geben, dessen Spätfolgen noch nicht ausrei-chend erforscht sind?

- Wie weit möchte ich den Ursachen auf den Grund gehen? Reicht mir, dass es eine genetische Disposition für diese »Störung« gibt, als Erklärung aus? Oder möchte ich doch lieber tiefgründiger in meine Familie, meine Familiengeschichte und unsere Beziehungskultur hineinschnuppern, um die Hintergründe zu beleuchten, auf denen sich die Symptomatik entwickeln und halten kann?
- Sehe ich die Bewältigung der »Störung« des Kindes als seine alleinige Aufgabe an oder als Aufgabe der ganzen Familie, an der alle Familienmitglieder beteiligt sind?
- Wie groß ist meine Bereitschaft, an mir selber zu arbeiten? Wie weit bin ich bereit, mich selbst auf einen Lernprozess einzulassen?

Eltern, die sich nach gestellter AD(H)S-Diagnose dauerhaft und ausschließlich auf die Gabe von Medikamenten verlassen, verspielen die Chancen, das Verhalten des Kindes unter systemischen Gesichtspunkten verstehen zu lernen. Wo die Diagnostik des Kinderarztes aufhört, dort fängt der Psycho- oder Familientherapeut erst an. Man muss – will man Kinder und ihr Verhalten verstehen und Veränderung ermöglichen – sehr genau hinschauen, ohne sie mithilfe irgendwelcher vermeintlicher Diagnosekriterien einfach in eine Schublade zu stecken. Dem Kind ausschließlich Medikamente zu verabreichen lindert vielleicht dessen Symptomatik, hilft aber weder dem Kind noch der Familie, an eventuell dysfunktionalen familieninternen Mustern nachhaltig etwas zu verändern.

»Normale Familien mit lösbaren Problemen«

Interview mit der Diplom-Psychologin und Familientherapeutin Daniela Giese-Schmidtke, die seit vielen Jahren mit ADHS-Kindern und ihren Familien arbeitet

Römer: »*Frau Giese-Schmidtke, Sie arbeiten mit ›problematischen‹ Kindern und ihren Familien. Mit welchen Schwierigkeiten kommen denn Eltern meistens?*«

Giese-Schmidtke: »Bevor Eltern sich bei mir für ein Erstgespräch melden, gab es meistens ein Gespräch mit einem Lehrer oder einem Erzieher. Häufig zeigt das betreffende Kind Verhaltensauffälligkeiten im Kindergarten oder in der Schule, mit denen sich das Fachpersonal überfordert fühlt. Die Kinder fallen meist dadurch auf, dass sie den Gruppenprozess stören, durch unkonzentriertes Verhalten, Unruhe, Albereien, körperliche Auseinandersetzungen und eine geringe Frustrationstoleranz.«

Römer: »*Wie geht es Eltern von ›auffälligen‹ Kindern, wenn sie zu Ihnen in die Praxis kommen?*«

Giese-Schmidtke: »Meist leben diese Familien ja bereits über viele Jahre mit der Unkonzentriertheit, der mangelnden Organisationsfähigkeit und den starken Stimmungsschwankungen ihres Kindes. Durch die vielen Auseinandersetzungen, Diskussionen und Enttäuschungen, weil sie das Problem nicht allein lösen können, fühlen sich dann viele Eltern kraftlos, hilflos und überfordert.«

Römer: »*Ist es sinnvoll, allein mit den ›auffälligen‹ Kindern therapeutisch zu arbeiten?*«

Giese-Schmidtke: »Ich persönlich halte es für sehr wichtig, systemisch und ganzheitlich zu behandeln, d.h., ich arbeite sowohl mit dem Kind als auch mit der Familie. Häufig zeigt es sich nämlich, dass gewisse Symptome beim Kind durch Verhaltensweisen der Eltern und anderer Familienmitglieder gestützt werden. Diese gilt es zu entdecken und zu verändern. Manche Eltern sind anfänglich irritiert, wenn ich Ihnen vorschlage, mit der gesamten Familie zu arbeiten. Aus ihrer Sicht hat ja das Kind das Problem, das gelöst und behandelt werden soll. Meist legt sich diese erste Scheu aber bereits nach der ersten Sitzung, da die Familie es als entlastend empfindet, endlich mal in einem geschützten Rahmen ganz offen über ihr Familienleben sprechen zu können. Darüber hinaus hilft es der gesamten Familie, wenn alle gemeinsam an einer Neugestaltung ihres Alltags und der Freizeit arbeiten, weil es einfach mehr Spaß macht und schneller zu dem ein oder anderen ›Aha-Effekt‹ führt.«

Römer: »*Was ist das vordringlichste Ziel in der Arbeit mit den Familien von ›auffälligen‹ Kindern?*«

Giese-Schmidtke: »In der Regel geht es in der Beratung zunächst darum, das von der Familie empfundene strukturlose Chaos nach und nach zu entwirren und gleichzeitig zu schauen, was eigentlich auch gut klappt. Wenn Familien sehen können, was sie alles ›richtig‹ machen, und lernen, dies auch wertzuschätzen, ist das eine gute Voraussetzung, um die verschiedenen vorhandenen Probleme schrittweise anzugehen.«

Römer: »*Kommen Probleme mit ›auffälligen‹ Kindern Ihrer Erfahrung zufolge in allen Schichten vor?*«

Giese-Schmidtke: »Laut ›KIGGS‹-Studie geht es Kindern aus unteren Schichten häufiger schlecht als Kindern aus höheren Schichten. Sie ernähren sich schlechter, machen tendenziell weniger Sport und rauchen später häufiger. Sie sind insgesamt häufiger verhaltensauffällig und haben auch öfter psychische Probleme. Aus eigener Erfahrung kann ich aber sagen, dass auch Familien aus mittleren und gehobenen Schichten Probleme mit ihren Kindern haben. In meiner Praxis empfange ich selbst zahlende Klienten, was voraussetzt, dass sie über ein gewisses Einkommen verfügen.«

Römer: »*Was steckt Ihrer Erfahrung zufolge oft dahinter, wenn Kinder sich auffällig verhalten, zum Beispiel, wenn sie sehr unruhig sind oder als aggressiv gelten?*«

Giese-Schmidtke: »Zuallererst wären sicherlich gesellschaftliche und zivilisatorische Faktoren im Bereich der Kommunikation, Umwelt und Arbeit zu nennen. Unsere Kinder kommunizieren mehr und mehr über das Internet oder ihr Handy. In Freundschaftsforen werden wichtige Details ihres Lebens ausgetauscht. Einen direkten Kontakt zu Freunden gibt es meist nur in der Schule, da in der übrigen Zeit entweder für gute Noten gepowert werden muss, um den Leistungserwartungen zu entsprechen, oder es werden Freizeitaktivitäten gefördert, die das Kind weiterbringen sollen, oder um im Vergleich zu anderen Familien bestehen zu können. Wo bleibt die Zeit für gemeinsame familiäre Aktivitäten? Wo bleibt die Zeit für den Aufbau von kindgerechten sozialen Netzwerken?

Unsere Kinder unterliegen meist schon frühzeitig der Reiz-überflutung durch unsere neuen Medien. Da wird ein Restaurantbesuch angenehmer gestaltet, indem das 8-jährige Kind sein Nintendo oder I-Pod nutzen darf, damit es sich nicht langweilt und die Unterhaltung der Erwachsenen nicht stört.

Wir sollten uns ab und zu fragen: Wie gehen wir mit den Bedürfnissen unserer Kinder um? Wie nutzen wir unsere gemeinsame Zeit mit den Kindern? Ich möchte behaupten, dass in fast jeder Familie heutzutage die Situation vorkommt, dass das Kind vor dem Fernseher ›geparkt‹ wird, um »in Ruhe« alltäglichen Pflichten nachgehen zu können. In einer Zeit, in der es schnell gehen muss, in der effizientes Arbeiten verlangt wird, kann doch von einer Mutter oder einem Vater nicht erwartet werden, dass das Abendbrot gemeinsam vorbereitet wird. Ein Fertiggericht tut es doch auch.

Woher bekommen unsere Kinder ihre Anreize, an denen sie wachsen, an denen sie sich entwickeln sollen? Aus der Natur? Von einem Gesellschaftsspiel in Form eines Brettspiels? Vom Reparieren eines kaputten Spielzeugs, bei dem wir uns bewusst gegen einen Ersatz oder den Neukauf entschieden haben? Wo ist Raum oder Platz in einer Stadt für das Kind, um kurz noch einmal rausgehen zu können? Eine Bespaßung in einem Indoorspielplatz oder der Besuch eines Kinder-Yoga-kurses tut es doch auch und ist im Bekanntenkreis viel höher angesehen!

Wie werden familiäre Strukturen und Routinen in der heutigen Zeit vom Berufsalltag der Eltern geprägt? Und wie können diese gelebt werden, wenn die Eltern erschöpft sind von den ständigen Leistungserwartungen der Gesellschaft? In welchen Familien kann die Einnahme einer gemeinsamen Mahlzeit wirklich praktiziert werden?

Sicherlich ist das jetzt etwas überspitzt dargestellt. Aber wie soll sich unter all diesen erwähnten Voraussetzungen ein Kind adäquat entwickeln? Schaffen wir nicht immer mehr eine Umgebung, in der sich ein Kind, in logischer Konsequenz, in dem ein oder anderen Bereich verhaltensauffällig zeigen muss? Sollte dies nicht als Signal verstanden werden, unser Tun zu überdenken? In Maßen sind all diese Dinge durchaus vertretbar. Wichtig ist, dass wir uns beispielsweise des ›Parkens vor dem Fernseher‹ bewusst sind und solche Maßnahmen eher die Ausnahme als die Regel darstellen.

Insgesamt kann man sagen, dass es für viele verhaltensauffällige Kinder in ihren Familien kaum nachvollziehbare Strukturen und Routinen gibt. Sie sind meist reizüberflutet, für die gemeinsame familiäre Zeit und das freie Spielen mit Freunden bleibt zu wenig Raum.«

Römer: »*Was brauchen Familien mit einem auffälligen Kind? Was tut ihnen gut, was hilft ihnen am besten?*«

Giese-Schmidtke: »Familien mit auffälligen Kindern brauchen dringend die Versicherung, dass es nicht nur ihrer Familie so geht und dass ihre Probleme ganz ›normale‹ Probleme sind, die auch zu bewältigen sind.

Darüber hinaus ist es natürlich wichtig, dass sich alle Familienmitglieder verstanden fühlen. Häufig geht es darum, das ›Symptomträger-Kind‹ zu stärken und aufzuzeigen, dass gewisse problemhafte Verhaltensweisen seitens der Eltern möglicherweise unbewusst gestützt werden. Manchmal ist es ja auch so, dass die Kinder schlicht bestimmte Verhaltensmuster ihrer Eltern übernehmen. Wie kann zum Beispiel von einem Kind erwartet werden, dass es andere ausreden lässt, wenn die Eltern immer selbst dazwischenschwatzen? Solche Muster und Verbindungen zu erkennen ist ein erster Schritt in Richtung Veränderung.

Außerdem ist es wichtig, Routinen und Regeln für Eltern und Kinder zu schaffen, die den Alltag strukturieren. Mittels einer Familienkonferenz können beispielsweise gemeinsam Pläne aufgestellt werden, die Struktur geben und den Eltern erlauben, aus ihrer ständig ermahnenden Rolle herauszuschlüpfen.

Ein weiteres angestrebtes Ziel des gemeinsamen Arbeitens ist, dass die betroffenen Kinder sich gesehen und ernst genommen fühlen. Wenn sie an der Gestaltung des Familienlebens aktiv teilhaben und die gemeinsam erarbeiteten Regeln für sie nachvollziehbar sind, entwickeln sie ein Gefühl von Selbstbestimmtheit – und dann fällt es Kindern auch leichter, diese Regeln einzuhalten.

Darüber hinaus ist es auch immer wieder wichtig, dass Familien bewusst ›schöne gemeinsame Zeiten‹ einführen. Leider wird dies oftmals über einem fordernden Berufs- und Schulalltag und einer rastlosen Freizeitgestaltung vergessen. Woher soll das Vertrauen des Kindes kommen, dass seine Eltern es auch trotz aller Probleme mögen, wenn zu wenig Zeit für gemeinsame positive Erlebnisse ist?

Oberste Priorität hat aber für mich der Satz: »Kinder müssen sich so angenommen fühlen, wie sie sind!« Da hilft es Eltern immer mal wieder, in sich hineinzuspüren und zu überprüfen, inwieweit sie sich von gesellschaftlichem Druck frei machen und einfach sagen können: ›Ich liebe mein Kind, wie es ist!‹«

Römer: *»Wie ist Ihre Erfahrung in der Zusammenarbeit mit Lehrern?«*

Giese-Schmidtke: »Da habe ich sehr unterschiedliche Erfahrungen gemacht. Es gibt Lehrer, die sehr offen für Vorschläge sind, wie sie ganz individuell das jeweilige Kind im schulischen Alltag unterstützen können. Mir hilft es in meiner Arbeit sehr, nicht nur vonseiten der Eltern oder des Kindes zu erfahren, wie sich die schulische Situation darstellt, sondern die Wahrnehmung des jeweiligen Lehrers ebenso in die Arbeit mit einfließen zu lassen.

Manche Lehrer haben schon Vorkenntnisse. Im Gespräch können diese dann gegebenenfalls ergänzt und Falschannahmen können revidiert werden. Ich erlebe den Dialog mit so engagierten Lehrern als sehr förderlich. Und auch die Lehrer fühlen sich dann oft entlastet, weil sie sich mit den Schulproblemen des Kindes nicht ganz allein fühlen.

Eine Zusammenarbeit von Lehrer, Eltern und Therapeut ist erstrebenswert.

Eine Zusammenarbeit von Lehrer, Eltern und Therapeut ist deshalb so erstrebenswert, weil das betroffene Kind davon besonders profitiert. Der Lehrer kann das Verhalten des Kindes nun besser einordnen, er kann eher verstehen, warum das Kind Gedankensprünge macht und vom Thema abschweift, warum seine Leistungsmotivation stark schwankt, warum es schnell frustriert ist, viele Flüchtigkeitsfehler macht usw. Wenn der Lehrer sehen kann, dass das Kind sich nicht so verhält, um ihn zu ärgern, sondern weil es sich derzeit eben nicht anders verhalten kann, dann verändert das auch seine Haltung dem Kind gegenüber.

Leider gibt es aber auch Lehrer, die mit zweifelhaften autoritären pädagogischen Maßnahmen versuchen, im wahrsten Sinne des Wortes ›Herr der Lage‹ zu werden. Dies mündet meist darin, dass die Motivation des jeweiligen Schülers, zur Schule zu gehen, weiter sinkt. Auch für das Klassenklima und die Klassengemeinschaft können derartige Vorgehensweisen nicht von Vorteil sein.«

Römer: »*Was könnte den betroffenen Kindern in der Schule helfen?*«

Giese-Schmidtke: »Für ein Kind mit AD(H)S-Symptomen ist ein gut ritualisierter und rhythmisierter Unterricht wichtig, weil ihm so klare Strukturen vorgegeben werden, die es nachvollziehen kann. Das Arbeiten mit festen Partnern bzw. in feststehenden Gruppen, die Einführung klarer Regeln oder Piktogramme und regelmäßige Entspannungsphasen können einem Kind mit Aufmerksamkeitsproblemen ebenfalls helfen. Durch eine Aufgabendifferenzierung kann auf das jeweilige Aufmerksamkeitspotenzial des Kindes individuell eingegangen werden. So könnte beispielsweise dem betroffenen Kind in Testsituationen mehr Zeit gewährt werden. Auch kann es hilfreich sein, Lerninhalte von dem betroffenen Kind mündlich zu erfragen, statt es lange Texte verfassen zu lassen.

Ebenso hilfreich kann es sein, den Tisch des Kindes von Ablenkung frei zu halten, nonverbale Zeichen als Signal zu vereinbaren, positiv formulierte Regeln aufzustellen, wie: ›Wenn du etwas sagen möchtest, dann melde dich bitte!‹ oder die Sitzposition vom Kind frei wählen zu lassen. Dies alles ist nur ein kleiner Überblick über denkbare Maßnahmen, die in den schulischen Alltag integriert werden könnten.«

Römer: »*Ist eine ärztliche AD(H)S-Diagnose für Ihre Arbeit erfahrungsgemäß eher hinderlich oder hilfreich?*«

Giese-Schmidtke: »Eine AD(H)S-Diagnose wird von den Eltern häufig als emotionale Entlastung empfunden. Die vom Kind gezeigten Auffälligkeiten haben endlich einen Namen. Das ist insofern verständlich, als die gesamte Familie meist schon eine lange ›Leidenszeit‹ hinter sich hat, bevor sie sich Hilfe holt. Sie hat bereits viele Versuche unternommen, um innerfamiliär mit den Problemen klarzukommen, ist nicht erkennbar weitergekommen und oft recht frustriert und erschöpft. Durch eine AD(H)S-Diagnose wird den Eltern also eine Art ›Schublade‹ geboten, in die ihr Kind einsortiert werden kann.

Auf der anderen Seite kann sich eine AD(H)S-Diagnose negativ auswirken, wenn Eltern der Meinung sind, dass durch die alleinige Einnahme von Ritalin oder durch Lern-, Ergo- und Kindertherapie nun alles wieder in Ordnung kommt. Manchmal wird die Diagnose auch als ›Ausrede‹ benutzt, um selbst nichts verändern zu müssen. Das führt dann leider dazu, dass die Verhaltensweisen in der Familie, die das kindliche Symptom aufrechterhalten, nicht verändert werden. Es wird dann auch nicht mehr geschaut: Was braucht mein Kind wirklich? Was ist mein Beitrag? Was kann ich verändern? Was können wir gemeinsam tun?

Fraglich ist auch, inwieweit eine AD(H)S-Diagnose in der Schule zu einer gewissen Stigmatisierung führt, frei nach dem Motto: ›Ach der! Der ist krank, der hat doch AD(H)S!‹ Aus diesem Grund sollten in der jeweiligen Klasse Gespräche geführt werden und es sowohl unter den Lehrern als auch unter den Schülern eine Aufklärung und eine Wissensvermittlung über ADHS-Symptome und den Umgang damit geben.«

Was ist das Gute am Schlechten?
Familienpsychologische Umdeutungen

Wenn eine Familie in Beratung oder Therapie kommt, dann ist der Auslöser hierfür oft ein als »auffällig« oder »schwierig« erlebtes Kind. Oft gehen Eltern dann davon aus, dass mit dem Kind etwas nicht stimme und der Therapeut das Kind zu »heilen« habe. Ihre Vorstellung ist fast immer: Wenn das Kind diese Probleme nicht mehr hat, dann geht es unserer Familie wieder gut. Das erweist dich allerdings oft als Irrtum. Fast immer stellt sich nämlich heraus, dass das Kind zwar ursprünglich Anlass und Auslöser für die Beratung ist, aber nicht der Hauptgegenstand der Gespräche bleibt.

Das als schwierig bezeichnete Kind ist der Indikator, manchmal auch Katalysator für virulente Konflikte innerhalb der Familie, aber niemals alleiniger Verursacher der familieninternen Probleme.

Durch seine »Auffälligkeit« übernimmt das Kind also eine sehr wichtige Funktion in der Familie. Indem es sich zum Sündenbock oder schwarzen Schaf der Familie macht, lenkt es einerseits von tiefer sitzenden Problemen ab und weist gleichzeitig darauf hin, dass etwas im Argen liegt. Für Familientherapeuten gilt das kindliche Symptom also nicht als Störung oder Fehlverhalten, sondern als Zeichen einer Ressource und der kindlichen Liebe zu den Eltern. Oft genug übernehmen Kinder auch Gefühle, die die Eltern selber nicht spüren wollen oder können, und entlasten ihre Eltern damit.

> Das Kind ist niemals alleiniger Verursacher der Probleme.

Von einer AD(H)S-Diagnose zeigen sich gute systemische Familientherapeuten in der Regel nicht sehr beeindruckt. Sie fragen weiter. Ob das Kind nun laut Kinderarzt AD(H)S hat, unter einer »depressiven Verstimmung« leidet oder »oppositionelles Verhalten« zeigt: Solche Symptome sind für sie lediglich ein erster, wenn auch ernst zu nehmender Hinweis, eine heiße Spur zu den Themen, die sich in der Familie, in der Familiengeschichte hinter dem Verhalten des Kindes verbergen.

Es gilt also, weder Symptom noch Symptomträger zu diskreditieren, wie diese es ja ohnehin schon gewohnt sind. Sondern ihre Verhaltensweisen als Versuch zu deuten, die Familienbalance zu stützen und andererseits auf eine unbearbeitete Baustelle hinzuweisen.

»Die Annahme, dass es gute, bewusste oder unbewusste, nachvollziehbare oder weniger nachvollziehbare Gründe für ein Symptom geben muss, führen den systemischen Therapeuten dazu, Respekt und Wertschätzung dem Symptom gegenüber zu zeigen. Dies bedeutet, nicht kritiklos das Symptom zu verteufeln und auf die Seite der Veränderung zu gehen, sondern die positiven, angestrebten Aspekte zu würdigen, die es immer auch gibt, selbst wenn der Kunde (der Klient, Anm. F. R.) selbst und/oder seine Angehörigen unter dem Symptom leiden, wenn es Ärger, Wut und Ablehnung hervorruft. Symptome verweisen auf mehr oder weniger versteckte, mehr oder weniger unbewusste Bedürfnisse, Wünsche und Sehnsüchte.«[9]

In der systemischen Arbeit ist das Symptom also willkommen, weil es uns den Weg zu den wirklichen Themen weist, auch wenn es manchmal mühselig erscheint, diesen Weg zu gehen. Es geht aber nicht in erster Linie darum, möglichst schnell das Symptom komplett zu beseitigen, sondern darum, zu schauen, wofür es steht und was es innerhalb der Familie/Schule bewirkt. Welchen Sinn hat das Symptom? Welche Funktion erfüllt das Symptom innerhalb der Familie?

Das Symptom weist den Weg zu den wirklichen Themen.

Indikator oder Katalysator? Welche Funktion hat das Symptom in unserer Familie?

Die »Störung« des Kindes systemisch zu betrachtet bedeutet, sich zum Beispiel mit folgenden Fragen zu beschäftigen:

- Wann ist das Symptom erstmals aufgetaucht?
- Wann taucht das Symptom nicht auf? Was ist dann anders?
- Was bewirkt das auffällige Verhalten meines Kindes – bei mir, bei den Geschwistern, bei meinem Partner?
- Werden wir Ehepartner dadurch zusammengeschweißt oder treibt es uns eher auseinander?

- Inwiefern profitiert ein Geschwisterkind von dem problematischen Verhalten seines Bruders/seiner Schwester? Und wie leidet es darunter?
- Was wäre, wenn das Problem meines Kindes sich plötzlich in Luft auflösen würde? Welches Problem käme dann zum Vorschein?
- Wenn Ihr »auffälliges« Kind nicht mehr das Sorgenkind in Ihrer Familie wäre, wer wäre dann das Sorgenkind in Ihrer Familie?

Nur weil ein Kind bereits einen »Stempel« trägt, ist es noch lange nicht das wirkliche Problem. Im Gegenteil: Oft ist das als »auffällig« identifizierte Kind gerade dasjenige, das das Problem einer Familie zu lösen versucht – ohne dass es überhaupt jemand merkt.

Zugespitzt könnte man also sagen:

Das Kind versucht, der Familie zu helfen, indem es sich auffällig verhält. Es versucht z. B.

- die familieninterne Balance herzustellen,
- andere Personen zu entlasten,
- von Problemen abzulenken,
- auf Probleme hinzuweisen, die andere Familienmitglieder unter den Teppich kehren,
- Gefühle zu übernehmen, die andere nicht fühlen wollen oder können, usw.

Das Kind tut das, weil es aufgrund seiner besonderen Sensibilität dafür prädestiniert ist, oft auch aus innerer Not heraus, aber es tut dies auch aus Liebe. Beispielsweise, um andere Familienmitglieder zu schützen, zu schonen oder zu entlasten. Das auffällige Kind erweist der Familie also sehr oft einen Liebesdienst.

Um diese oft unsichtbaren und unbewussten familiendynamischen Mechanismen und andere Gründe für »auffälliges« Verhalten geht es nun im nächsten Kapitel.

Vier

Von Problembären und Sündenböcken. Warum es manche Kinder schwerer haben und was wir von ihnen lernen können

Kinder, die in Familien die Rolle des Schwierigen, Auffälligen oder Problematischen übernehmen, tun ihrer Familie etwas Gutes. Das mag etwas provokativ und in den Ohren massiv gestresster Eltern vielleicht sogar zynisch klingen. Denn natürlich: Wenn Eltern sich schon seit Längerem mit einem »Problemkind« herumschlagen, mag es ihnen mehr als merkwürdig vorkommen, sein störendes und anstrengendes Verhalten plötzlich als etwas Positives zu betrachten. Vor allem, wenn das Kind auch aushäusig mittlerweile häufig aneckt und massive Konflikte das Familienleben mehr oder weniger dominieren.

>»Problemkinder« tun ihrer Familie etwas Gutes.

Verständlicherweise fällt dieses Umdenken Eltern anfangs schwer. Was soll daran schon gut sein, wenn das Kind nicht macht, was man ihm sagt, andere Kinder haut oder in der Schule den Unterricht durcheinanderwirbelt? Daran kann doch nichts Positives sein!

Doch, kann es. Zumindest dann, wenn man das Verhalten nicht nur als »schlechtes Benehmen« oder als Resultat einer vermeintlich schlechten Erziehung deutet, über das man sich moralisch entrüstet. Sondern indem man es als Hinweis auf tiefer liegende oder woanders verortete Probleme ernst nimmt und versucht, diesen zu entschlüsseln. Dafür braucht man natürlich Geduld: Schnelle Lösungen wird es für schwierige oder verfahren wirkende Situationen nicht geben. Obwohl auch kleine Erkenntnisse manchmal durchaus große Wirkung zeigen können.

Das Umdenken in Richtung »Was ist das Gute am Schlechten?« ist aus verschiedenen Gründen für die Familie mit einem »Problemkind« hilfreich:

Zunächst ist es für das Kind selbst wichtig, nicht immerzu auf die Rolle des Störenden, Schwierigen, Problematischen festgenagelt zu werden. Wie wir bereits gesehen haben, bezieht das Kind diese als Festschreibung erlebten Bewertungen in sein Selbstkonzept mit ein, sein Selbstbild wird dann nicht sehr positiv ausfallen. Mit der Zeit schwächt sich sein Selbstwertgefühl beständig, sodass Folgeerscheinungen wie etwa depressive Verstimmungen die Folge sein können. Sich anders zu erleben als »krank«, »störend« oder »defizitär« wird dann noch schwieriger. So sollten Eltern möglichst früh diesen Teufelskreis durchbrechen. Das können sie nur, indem sie bereit sind, von alten Gedankenmustern abzulassen und neue Impulse und Ideen zuzulassen. Je offener Eltern sich diesbezüglich zeigen, desto größer sind die Chancen, auch wirklich dauerhafte Veränderungen zu erzielen. (Ob Eltern sich in der Beratung aufgeschlossen und engagiert zeigen, ist entgegen gängigen Vorurteilen übrigens ganz unabhängig von Bildungsstand, Geschlecht und Schichtzugehörigkeit.)

> Das Kind darf nicht auf eine Rolle festgenagelt werden.

Weiterhin ist das positive Umdeuten eines normalerweise als negativ bewerteten kindlichen Verhaltens ein erster wichtiger Schritt in Richtung Entlastung und Veränderung der gesamten Familiensituation. Erst wenn Eltern erkennen können, dass das Kind nicht wirklich *gegen* sie ist, geschweige denn für die gesamte Familienmisere verantwortlich ist, kann sich die Situation für das Kind entspannen. Insofern ist es von großer Bedeutung, dass Eltern erkennen können, dass ihre schwierigen Kinder mitunter sehr wichtige Aufgaben für das Familiensystem erledigen.

Überspitzt könnte man sagen, dass viele Eltern ihren auffälligen Kindern schlichtweg dankbar dafür sein können, dass diese sich mal eine Weile ganz schrecklich benommen haben, weil ohne dieses Verhalten bestimmte Prozesse nicht in Gang gesetzt worden wären. So haben sich Eltern nach einer Beratung tatsächlich schon bei ihren Kindern für ihr »schräges Verhalten« bedankt, weil sonst womöglich ihre Ehe in die Brüche gegangen wäre oder bestimmte unterdrückte Themen und Konflikte niemals angesprochen worden wären.

Verhaltenskreative Kinder ermöglichen ungeahnte Entwicklungsschritte der Familie.

Indem die verhaltenskreativen Kinder ihre Eltern geradezu dazu zwingen, sich mit bestimmten, oft heiklen Themen auseinanderzusetzen und Hilfe zu holen, ermöglichen sie ihrer Familie ungeahnte Entwicklungsschritte.

Auffälliges Verhalten entschlüsseln: Der Blick hinter das Symptom als Türöffner

Wie bereits erwähnt, ist für den kompetenten systemischen Familienberater oder -therapeuten das Symptom des Kindes nichts moralisch Verwerfliches, über das er sich erhebt oder empört. Vielmehr nimmt er die kindlichen »Auffälligkeiten« als willkommenen Anlass, sich möglichst gemeinsam mit der gesamten Familie Gedanken über die Familiendynamik zu machen. Das Symptom zu »lesen«, es zu entziffern und die darin mehr oder weniger versteckten Botschaften zu verstehen sind seine Aufgabe und sein Antrieb. Dass er dazu allerdings die aktive Mithilfe der Familie benötigt, liegt auf der Hand.

Der Systemiker geht auch nicht auf die Suche nach einer vermeintlichen »Schuld«, sondern er versucht zu ergründen, wie die Beziehungen innerhalb der Familie funktionieren, wer welche Bedürfnisse hat, wie die Grenzen innerhalb des Systems verlaufen und vieles mehr.

Bei Familien, die zunächst wegen ihres »auffälligen Kindes« kommen, versucht er, zusammen mit der Familie herauszufinden, welche Funktion das Symptom des Kindes innerhalb des Systems erfüllt. Das Kind ist zwar der sogenannte »Symptomträger«, aber keineswegs allein für die Familienprobleme verantwortlich. Im Gegenteil: Indem das Kind gewisse Symptome entwickelt, versucht es bereits, bestimmte Probleme zu lösen.

Auf Sinnsuche: Worauf macht das kindliche Symptom aufmerksam und wovon lenkt es ab?

- Was wäre, wenn es das Symptom nicht gäbe?
- Was würde dann zum Vorschein kommen?
- Was wäre, wenn heute Nacht ein Wunder geschähe, und das Kind würde ab morgen immer alles machen, was man von ihm erwartet? Was würde sich verändern?
- Wer hat den meisten Leidensdruck innerhalb der Familie? Ist es wirklich der Symptomträger? Oder gibt es jemanden in der Familie, dem es eigentlich noch schlechter oder zumindest auch nicht gut geht?
- Was würde Ihr »verhaltenskreatives« Kind auf diese Frage antworten?
- Wer aus der Familie ist am meisten interessiert daran, dass sich etwas verändert?
- Wer hat am wenigsten Interesse daran bzw. am meisten Angst davor?
- Wer verweigert Veränderung innerhalb der Familie am vehementesten? Wer könnte am meisten Interesse daran haben, dass die Familiensituation so bleibt, wie sie jetzt ist?

Insbesondere bei der Frage nach dem Leidensdruck muss das Augenmerk unbedingt auf das möglicherweise ruhigere, als angepasster geltende Geschwisterkind gelenkt werden. Denn in der Regel kreist die Aufmerksamkeit der Eltern verständlicherweise um das als problematisch erlebte Kind; das andere Kind geht manchmal unter, weil es weniger Aufhebens macht und weniger Energien bindet. Was aber nicht zwangsläufig bedeuten muss, dass es ihm besonders gut geht.

Dass ein gemeinhin als moralisch verwerflich geltendes kindliches Verhalten durchaus positive Veränderungen innerhalb der Familie nach sich ziehen kann, zeigt sehr anschaulich folgendes Beispiel:

Ein 11-jähriges Mädchen aus gutbürgerlichem Hause wurde vor Kurzem zum dritten Mal beim Klauen kleinerer Drogerieartikel erwischt. Bisher war sie nie negativ aufgefallen, sie war laut Eltern immer gut in der Schule, hat Freundinnen und geht leidenschaftlich gerne reiten. Die Eltern waren entsetzt und maßlos enttäuscht von ihrer Tochter und wandten sich entrüstet und ratlos an eine Erziehungsberatungsstelle.

»Warum tut sie das?«, fragten sie die Beraterin verzweifelt. »Wie können wir sie dazu bringen, das endlich zu lassen? Das gehört sich doch einfach nicht, das haben wir ihr doch beigebracht. Und außerdem haben wir doch genug Geld, sie braucht nichts zu klauen!« Die Scham und der Ärger über das ungebührliche Verhalten ihrer Tochter standen den Eltern regelrecht ins Gesicht geschrieben.

Als die Tochter beim nächsten Mal mit zur Beratung kam, fragte die Beraterin sie, was denn passiere, wenn sie geklaut habe. Das Mädchen sagte, ohne zu zögern: »Dann sind sich Mama und Papa endlich mal einig und ziehen an einem Strang. Sonst streiten sie ja nur über jede Kleinigkeit.«

Die Eltern waren überrascht von der Aussage ihrer Tochter, bestätigten sie aber: Die Ehepartner hätten sehr viele Auseinandersetzungen gehabt, seien sich in so gut wie nichts mehr einig und eigentlich hätten sie sich kaum noch etwas zu sagen. Aber nachdem ihre Tochter angefangen habe, zu stehlen, hätten sie sich als Eltern herausgefordert gefühlt und sich deswegen wieder etwas »zusammengerauft«.

Was folgte, war eine Eheberatung, in der die Eltern ihre Beziehung zu klären begannen. Das Mädchen war damit emotional entlastet und klaute nicht wieder.

Indem das Mädchen seinen Eltern quasi eine Kommunikationsbrücke baute, erwies es ihnen einen wahren Liebesdienst, den diese zunächst nicht als einen solchen erkennen konnten. Das provokative, sogar kriminelle Verhalten des Mädchens bewirkte offensichtlich etwas, was es als positiv erlebte. Nämlich erstens, dass die Eltern miteinander in Kontakt traten und endlich einmal wieder einer Meinung waren. Und zweitens, dass sie sich im zweiten Zug dann sogar professionelle Hilfe suchten und tatkräftig ihre Paarprobleme anpackten.

Voraussetzung dafür, dass das Kind mit seinen subkutanen Botschaften tatsächlich am richtigen Ort landet, ist die Bereitschaft der Eltern, sich ernsthaft mit der »Problematik« des Kindes auseinanderzusetzen. Dazu gehört, von der einseitigen Beschuldigung abzulassen (»Das Kind hat das Problem« bzw. »Das Kind macht das Problem«) und sich stattdessen auf eine systemische Sichtweise einzulassen.

Es gibt viele verschiedene Gründe, warum Kinder auf bestimmte Vorgänge in der Familie reagieren und wie und warum sie durch ihr Verhalten wiederum bestimmte Reaktionen provozieren. Diese Muster sind in jeder Familie, jeder Gruppe, jeder Clique, jeder Schulklasse sehr unterschiedlich. Auch die Symptome der Kinder sind unterschiedlich. Ein linear-kausaler Zusammenhang zwischen dem Verhalten des einen und der Reaktion des anderen ist kaum auszumachen. Insofern gibt es keine Regel, die da etwa lauten könnte: »Max stört im Unterricht, weil seine Eltern keine Zeit für ihn haben.« Es gibt auch Kinder, deren Eltern wenig Zeit haben, die überhaupt keine »Auffälligkeiten« zeigen. So einfach ist es leider nicht, es gibt in menschlichen Beziehungen keine Zwangsläufigkeiten, auf die man sich verlassen könnte. Was genau sich in Beziehungen und Systemen abspielt, aus welchen Gründen sich bestimmte Muster herausgeprägt haben und welchem Zweck diese Muster dienen sollen, kann man nur ganz individuell anhand der jeweiligen Familienbiografie herausfinden.

Allerdings kommen bestimmte »Familienthemen« besonders häufig zum Vorschein, weshalb ich diese gerne in den folgenden Abschnitten exemplarisch darstellen möchte. Vollständigkeit darf hier aber bitte nicht erwartet werden.

Irritierte Seelen: Auffälliges Verhalten als Reaktion auf besondere Ereignisse

Dass ein Kind heftig auf bestimmte massive Veränderungen oder besondere Erlebnisse reagieren kann, leuchtet unmittelbar ein. Besonders Trennung oder Scheidung der Eltern und deren Folgen können Kinder massiv unter Dauerstress setzen und bei ihnen unterschiedlichste Reaktionen hervorrufen.

»Und wenn Mama auch noch geht?« –
Mögliche Reaktionen auf Trennung und Scheidung

Von depressiven Verstimmungen über starke Verunsicherung bis zu heftiger Wut sind hier alle Reaktionen denk- und nachvollziehbar. Auch psychosomatische Folgen wie Kopfschmerzen, Bauchweh, Neurodermitis etc. können mit dem Stress zu tun haben, der durch die Trennung der Eltern entstanden ist. Dabei ist es nicht immer nur die Tatsache an sich, die den Kindern Kummer bereitet, sondern oftmals leiden sie mehr unter den Folgeerscheinungen, etwa unter Loyalitätskonflikten, wenn sie nicht sicher sind, dass sie beide Elternteile gleichermaßen lieb haben dürfen, oder wenn die Eltern auf Kosten des Kindes Machtkämpfe, Rachegelüste oder Rosenkriege ausleben.

Eltern, die sich in einer Trennungssituation befinden, sollten zwar Rücksicht auf das Kind nehmen, indem sie z. B. nicht schlecht übereinander reden usw. Sie müssen sich aber auch darüber im Klaren sein, dass sie Kummer und Schmerz beim Kind nicht ganz werden verhindern können. Anders gesagt: Das Kind hat ein Recht darauf, es »blöd« zu finden, wenn Mama und Papa sich trennen. Eine große Entlastung bedeutet es für das Kind, wenn ihm ausdrücklich gestattet wird, auch traurig, böse oder sauer zu sein.

> Das Kind hat ein Recht darauf, es »blöd« zu finden, wenn Mama und Papa sich trennen.

Das hört sich leichter an, als es ist. Denn in der Regel sind Eltern in der Trennungsphase selbst hochgradig emotional aufgeladen, kämpfen selbst mit Wut, Enttäuschung, Sehnsucht, Verletzungen usw. Wer stark mit sich selbst und mit seinen eigenen möglicherweise widerstreitenden Gefühlen zu tun hat, dem fällt es natürlicherweise manchmal schwer, für die Kinder präsent zu sein. Zumal deren Kummer den eigenen eher potenziert denn lindert.

Wer sich in einer solchen Phase überfordert fühlt, muss sich dafür keineswegs schämen. Es könnte in diesem Fall vorübergehend jemand als »Pate« für das Kind einspringen, entweder tatsächlich der Patenonkel oder die Patentante, ein anderer Verwandter oder die Großeltern. Dass in Zeiten massiver Veränderungen bestimmte Personen erreichbar und zuverlässig ansprechbar sind, kann für irritierte Kinder wahrer Seelenbalsam sein.

Zu bedenken ist, dass ein Kind, dessen einer Elternteil die Familie verlässt, immer fürchtet, womöglich auch vom verbliebenen Elternteil verlassen zu werden. Je jünger das Kind ist, desto diffuser werden diese Ängste dann sein und in somatisierter Form zum Ausdruck kommen, zum Beispiel, indem es wieder einnässt oder häufig Bauchweh hat. Manche Kinder krabbeln dann auch nachts wieder regelmäßig ins Bett der Mutter oder entwickeln Trennungsängste, weinen beim Abschied in die Kita wieder etc. Hier beruhigend zu wirken, verständnisvoll, gelassen und geduldig zu sein ist das Hilfreichste, was eine Mutter / ein Vater in einer solchen Situation tun kann. Ähnliche Reaktionen kann ein Kind zeigen, wenn ein Elternteil gestorben ist.

Im Zweifelsfall gilt, sich Hilfe zu holen, wenn die Symptome sehr massiv sind, wenn das Kind z. B.

- sehr »haltlos« wirkt,
- sich selbst oder andere öfter verletzt,
- sich massiv und über einen sehr langen Zeitraum zurückzieht und offensichtlich darunter leidet,
- apathisch wirkt oder
- wenn Sie irgendwie das Gefühl haben, dass es mit seinem Alltag überhaupt nicht mehr klar kommt.

Hilfe, ein Konkurrent! Wenn ein Geschwisterkind kommt

Ebenso heftig kann die Reaktion auf ein neues Geschwisterchen ausfallen, wenn das »Große« sich massiv »entthront« und vernachlässigt fühlt, plötzlich immer vernünftig zu sein hat und sich damit überfordert fühlt. Je sicherer sich das Kind bei seinen Eltern fühlt und je älter das Kind ist, desto leichter wird ihm die Umstellung dabei fallen. Eine wichtige Rolle spielt in dieser Zeit der Vater, der gut daran tut, sich dem großen Geschwisterkind besonders aufmerksam zuzuwenden.

Aller Anfang ist schwer: Veränderungen brauchen Zeit

Auch der Umzug in eine andere Stadt, ein Schulwechsel oder der Einzug eines neuen Lebenspartners der Mutter bzw. des Vaters können für Kinder massive Stressfaktoren sein. Erwarten Sie von Ihrem Kind also nicht, dass es solche Veränderungen innerhalb weniger Wochen »locker wegsteckt«. Doch auch hier gilt: Sobald Ihnen der Leidensdruck des Kindes Sorgen macht, sollten Sie sich Hilfe holen.

Kleiner Anlass, große Angst: Auch im Alltag lauern »Gefahren«

Aber auch kleinere Anlässe können Kindern durchaus solche Angst machen, dass sie darauf heftig reagieren. Ein Beispiel aus dem Schulleben:

So wehrte sich die 6-jährige Nina eines Tages plötzlich mit Händen und Füßen dagegen, in die Schule zu gehen. Sie wollte der Mutter aber nicht sagen, warum sie so plötzlich keine Lust mehr hatte, dorthinzugehen. Die Mutter war ratlos und vermutete, dass in der Schule etwas Schlimmes vorgefallen sein müsse. Sie vermutete Mobbing, was die Lehrerin aber nicht bestätigen konnte. Nach häufigen Nachfragen stellte sich heraus, dass das Licht in der Toilette ausgegangen war, während sie noch in der Kabine eingeschlossen war. Sie war von einer solchen Panik ergriffen worden, dass sie nicht mehr zur Schule gehen konnte. Die Lehrerin und Nina beschlossen daraufhin, dass sie nun von einem anderen Mädchen zur Toilette begleitet werden durfte, das dafür sorgte, dass das Licht lange genug anblieb. Mit diesem Kompromiss konnte Nina dann wieder mit einem ruhigeren Gefühl in die Schule gehen.

Solche recht einfach zu lösenden Probleme werden manchmal nicht schnell genug erkannt, und man stochert womöglich nach tieferen Problemen, wo keine sind. Prinzipiell gilt es, alle Ängste ernst zu nehmen und davon auszugehen, dass das Kind einen Grund hat, sich widerspenstig oder verweigernd zu verhalten.

Das Trauma und seine Folgen: Warum nicht alle Opfer von (sexueller) Gewalt auffällig werden

Der Vollständigkeit halber bleibt noch zu erwähnen, dass Kinder selbstverständlich auch auf traumatische Erlebnisse wie massive Gewalterfahrungen und sexuelle Übergriffe häufig mit »Verhaltensauffälligkeiten« reagieren. In diesem Kontext findet sich häufig distanzloses, übergriffiges oder stark sexualisiertes Verhalten oder auch aggressives Verhalten als Ausdruck einer massiven Angstabwehr: Um nicht mehr der Schwächere zu sein, muss ich zuschlagen! So wandelt man gefühlte Ohnmacht in praktisch erlebte Macht – zumindest für einen Moment.

Allerdings muss man auch hier sehr genau hinschauen und vorsichtig mit vorschnellen Vermutungen sein: Nicht jedes distanzlose Verhalten ist ein untrügliches Zeichen für einen erlebten »Missbrauch«, und vielen Opfern von sexueller Gewalt merkt man rein äußerlich überhaupt nichts an. Es gibt sehr viele Kinder, die diese traumatischen Erlebnisse so erfolgreich abspalten, dass sie sich erst wieder im

Vielen Opfern von sexueller Gewalt merkt man rein äußerlich überhaupt nichts an.

Erwachsenenalter an diese schlimmen Erlebnisse bewusst erinnern können. Das ist einer der Gründe dafür, dass die Opfer oft erst sehr spät über diese schrecklichen Erlebnisse reden können. Das bedeutet natürlich nicht, dass ihr Gefühlsleben ganz ungetrübt ist oder dass sie frei von Ängsten wären. Aber sie »funktionieren« nach außen hin unauffällig, der massive Abspaltungsmechanismus ist ein überlebensnotwendiger psychischer Prozess. Dazu kommt die Scham des Opfers, das sich latent schuldig fühlt, aber auch benutzt und beschmutzt. Wenn der Täter/die Täterin aus der Familie stammt, kommen zusätzlich massive Loyalitätskonflikte hinzu und oft die Angst, dass die Vertrauensperson das nicht glauben würde (eine leider oft berechtigte Angst).

Bei Jungen ist diese Scham extrem ausgeprägt, wenn sie von Männern sexuell bedrängt wurden, weil sie zusätzlich assoziieren, nun irgendwie »schwul gemacht worden« zu sein. Dass solche massiven Übergriffe an Kindern zu schweren seelischen Verletzungen führen können, vor allem, wenn der Täter bzw. die Täterin aus dem engen familiären Umfeld kommt, ist leicht nachzuvollziehen.

»Sieh! Mich! An!« – Wenn Kinder um Aufmerksamkeit und Interesse kämpfen

Manchmal rufen Kinder mit ihren Auffälligkeiten schlicht nach mehr elterlicher Aufmerksamkeit und Präsenz. Das zu verstehen fällt vielen Menschen leicht, vor allem, wenn sie erkennen, dass Eltern oder andere wichtige Bezugspersonen aus irgendeinem Grund vernachlässigend sind.

Wenn Kinder das Gefühl haben, dass ihnen niemand aufmerksam zur Seite steht, gehen sie unterschiedlich damit um: Manche ziehen sich stark zurück, andere werden laut und herausfordernd, manche schwanken zwischen beiden Extremen hin und her.

Lieber ausgeschimpft werden als keine Reaktion bekommen: Die Folgen emotionaler Vernachlässigung

In schweren Fällen riskieren die Kinder dann lieber, negativ geprägte Aufmerksamkeit zu ernten, z.B. Schimpfe oder sogar Schläge, als überhaupt keine Reaktion zu bekommen. Nichts scheint für die Psyche des Kindes so bedrohlich zu sein, wie von den engsten Bezugspersonen dauerhaft ignoriert oder übersehen zu werden. So vernachlässigte Kinder nehmen lieber in Kauf, schlecht behandelt als nicht gesehen zu werden. Die Vernachlässigung der kindlichen Bedürfnisse setzt einen hochdestruktiven Teufelskreis in Gang, in dem auf die Provokation durch das Kind prompt die elterliche Bestrafung folgt, die dann wiederum zur Folge hat, dass das Kind sich schlecht und minderwertig fühlt. Wer sich mit seinen Kindern in einer solchen Abwärtsspirale befindet, sollte unbedingt professionelle Hilfe suchen.

Um mit einem weitverbreiteten Irrtum aufzuräumen: Eltern vernachlässigen ihre Kinder weder bewusst, noch weil sie sie etwa nicht liebten. Vernachlässigende Eltern haben in ihrer eigenen Kindheit kein Gespür für sich selber entwickeln können und insofern auch als Erwachsene kein Gespür für die Bedürfnisse ihres Kindes. Es fehlt ihnen die sogenannte Introspektionsfähigkeit, also die Fähigkeit, sich in das Kind einzufühlen und dessen Bedürfnisse zu erspüren. Das Fatale an solchen Zuständen ist, dass die – meist aus eigener Unfähigkeit heraus – vernachlässigenden Eltern nicht merken, dass sie ihrem Kind nicht das geben, was es braucht. Solche Eltern brauchen dringend Unterstützung, sozusagen Nachhilfe in der Fähigkeit, ihr Kind zu »lesen«, seine Bedürfnisse zu erkennen und zu befriedigen.

Auch Eltern, die psychisch krank oder suchtmittelabhängig sind, können Kindern oft nicht das geben, was sie brauchen. Ein klassisches Beispiel ist hier die Wochenbettdepression, bei der die junge Mutter aufgrund ihrer desolaten seelischen Verfassung schlicht nicht in der Lage ist, sich liebevoll um das Kind zu kümmern. Oder der Alkoholiker, der in nüchternem Zustand zwar

> Eltern vernachlässigen ihre Kinder weder bewusst, noch weil sie sie nicht lieben.

lieb ist, aber betrunken zum rasenden Wüterich mutieren kann. Die Verlässlichkeit, die ein Kind braucht, um sich sicher fühlen zu können, ist in suchtbelasteten Familien oft nicht vorhanden. Die Kinder fühlen sich unsicher, sind stets auf der Hut, werden hochsensibel für die Stimmungen anderer Menschen, damit sie immer genau wissen, woran sie sind und worauf sie sich zu Hause gefasst machen müssen.

»Ich will doch nur, dass ihr mich seht«: Das Ringen um den elterlichen Blick

In den meisten Fällen geht es aber um weit weniger destruktive Familienmuster, denn die meisten Eltern können sehr wohl die Bedürfnisse ihrer Kinder erkennen und befriedigen. Trotzdem kann es gelegentlich dazu kommen, dass Kinder sich nicht genug wahrgenommen fühlen, was häufig in schwierigen Umbruchphasen der Fall ist, wenn jemand aus der Familie schwer erkrankt oder verstorben ist oder die Eltern aus einem anderen Grund mental nicht präsent sein können. Dann kann es schon mal sein, dass Kinder mit ihren Forderungen nach mehr Aufmerksamkeit sehr deutlich, also »auffällig« werden.

Die meisten Eltern können die Bedürfnisse ihrer Kinder erkennen und befriedigen.

Dabei kämpfen sie meistens nicht nur einfach um mehr gemeinsam verbrachte Zeit, sondern um eine bestimmte Form der Anteilnahme und Präsenz. Wenn die Energien der Eltern gebunden sind, etwa durch eigene Sorgen oder Nöte, so hindert sie das manchmal daran, das Kind und seine Gefühle wahrzunehmen und es entsprechend zu spiegeln. Dem Kind fehlen damit ein wichtiges Werkzeug, um sich zu orientieren, und die Sicherheit, die es braucht, um sich ruhig, gelassen und zuversichtlich in der Welt bewegen zu können.

Solche Durststrecken kommen in allen Familien phasenweise einmal vor. Kein Kind wird wirklich psychischen Schaden nehmen, wenn die Eltern nicht immerzu präsent und aufmerksam sein können. Dieser Anspruch wäre unrealistisch und überfordernd. Erst, wenn das Kind diesen Zustand dauerhaft erleben muss, also über einen sehr langen Zeitraum hinweg nicht wahrgenommen und gespiegelt wird, kann dies zu einer massiven Irritation führen und zu einer psychischen Belastung werden.

Noch schwieriger wird es, wenn sich ein Kind einfach dauerhaft nicht geliebt fühlt. Das kann tiefe Verletzungen verursachen und zerstörerische Energien produzieren. So sagte ein 14-jähriges »Crashkid« dem Familienberater Jan-Uwe Rogge: »Ich knacke Autos, damit ich lebe.« Er fühlte sich in seiner Familie nicht gesehen, der Vater war nie zu Hause, die Mutter mit der Schwester beschäftigt: »Ich laufe nebenher. Ob ich nun lebe oder nicht (...) Was macht das schon.«[1]

Problemlos und pflegeleicht? Das angepasste Kind und was ihm (manchmal) fehlt

Auch Geschwisterkinder von schwer kranken oder behinderten Kindern, also von »Sorgenkindern«, kommen manchmal schlichtweg zu kurz. Das ist kein Zeichen des Versagens der Eltern, sondern quasi eine leidige Nebenwirkung der besonderen Lebenssituation, die die Eltern, so gut es geht, zu meistern versuchen – oft bis zum Rande der Erschöpfung. Das gesunde Kind übernimmt nahezu automatisch die Rolle des »problemlosen«, das den Eltern nicht noch zusätzlich Kummer und Arbeit bereitet. Im Gegenteil: Oft will es die Eltern noch zusätzlich entlasten, indem es mithilft, sich verständnisvoll und geduldig zeigt, was die Befriedigung der eigenen Bedürfnisse angeht. Schafft das Kind es gut, diese Rolle zu erfüllen, wird es ihm damit so weit gut gehen. (Möglicherweise merkt ein solches Kind dann später, dass es vielleicht zu wenig Platz für seine Gefühle gab, dass es zu früh auf eine Rolle fixiert wurde und sich früh mit wenig Aufmerksamkeit abfinden musste. Das muss aber keine größeren seelischen Schäden verursachen und kann später auch bearbeitet und verändert werden.)

In der Regel leidet ein solches »Mitlauf«-Kind erst, wenn es an dieser Rolle des »ewig Problemlosen« zu scheitern droht.

Wenn es ihm nicht gelingen mag, der ewige kleine Sonnenschein zu sein, der quasi anstrengungslos gute Leistungen erbringt und auch sonst wenig Schwierigkeiten bereitet, dann wackelt sein Selbstbild. Dann braucht auch dieses Kind vermehrte Zuwendung und vor allem die Erlaubnis, auch einmal »nicht zu funktionieren«.

»Papa?« – Jungen auf der Suche nach Männlichkeit

Besonders für »auffällige« Jungen spielt die Frage nach der Anwesenheit und Präsenz des Vaters eine große Rolle. Viele Jungen wachsen mit Vätern auf, die beruflich stark eingespannt, häufig unterwegs und mit ihren Gedanken oft woanders sind und nicht sehr offen über ihre Gefühle sprechen. Dazu kommt, dass viele Männer nach wie vor den größten Teil der Erziehungsarbeit ihren Frauen überlassen, die diese dann auch übernehmen, weil sie sich sozusagen von Natur aus dafür zuständig fühlen. Und die vielleicht auch selber meinen, sie seien in der Erziehung kompetenter und wichtiger als Männer.

Glücklicherweise findet hier gerade ein prinzipielles Umdenken statt, und besonders die jungen Väter zeigen sich in der Kindererziehung präsenter und engagierter denn je. Das ist eine sehr erfreuliche Entwicklung, vor allem, weil viele Väter sich auch ganz bewusst mit ihrer Rolle auseinanderzusetzen beginnen und sich nicht mehr allein in der Funktion des autoritären Bestimmers wiederfinden möchten. Doch auch für Männer ist es nicht leicht, sich in die neue Rolle einzufinden, zumal es oft kein gutes Rollenbild für sie gibt, das sie übernehmen könnten. Viele junge Väter nehmen sich vor, niemals so lieblos und desinteressiert an ihrem Kind zu sein, wie das möglicherweise der eigene Vater war. Doch wie ist ein »guter Vater« eigentlich?

- Soll er streng sein oder nachgiebig? Verständnisvoll oder stark Grenzen setzend? Oder geht beides zusammen? Und wenn ja, wie?

- Dürfen Vater zärtlich sein? Wie weit darf das gehen, um nicht in den Verdacht zu geraten, übergriffig zu sein?
- Was muss/will er der Mutter überlassen, wo darf/will er intervenieren?
- Lässt die Mutter väterliche Präsenz überhaupt zu? Oder ist sie in allen Bereichen der Erziehung dominant?

Wenn Väter es schaffen, einen guten, offenen Kontakt zu ihren Kindern aufzubauen, ist die Frage der miteinander verbrachten Stunden vielleicht nicht relevant: Wichtig ist, dass sich das Kind – unabhängig vom Geschlecht – vom Vater geliebt, wahrgenommen und unterstützt fühlt. Vielen Vätern gelingt das spielend, andere haben damit ihre Schwierigkeiten, etwa weil sie selbst als Kind keinen stützenden und stärkenden Vater im Rücken hatten. Oder weil sie sich von Job und Gelderwerb schon gestresst genug fühlen und schlicht keine Kapazitäten mehr frei haben. Das kann für Jungen schwer zu verkraften sein. Dasselbe gilt natürlich auch für Mädchen: Aber während Mädchen die Mutter als weibliches Identifikationsmodell meistens direkt vor Augen haben, bedeutet eine tatsächliche oder empfundene Abwesenheit des Vaters für Jungen eben auch die Abwesenheit eines Rollenmodells, an dem sie sich orientieren können.

Viele Jungen wachsen heutzutage ohne ihren leiblichen Vater auf. Das ist nicht per se ein Riesenproblem, vor allem, wenn der Junge auch nach der Trennung weiterhin Kontakt zu seinem Papa hat und die Vater-Sohn-Beziehung weiter lebendig und liebevoll gepflegt werden kann. Wenn der Kontakt zum leiblichen Vater allerdings nie vorhanden war oder nach einer Trennung von der Mutter abreißt, kann das Jungen nachhaltig irritieren. Hier sind dann »Ersatzpapas« oder »Stiefväter« in Patchwork-Konstellationen gefragt. Sie können eine sehr wichtige Rolle übernehmen, wenn sie bereit sind, auf die Bedürfnisse des Jungen einzugehen und sich als »Lernmodell«, als authentisches Gegenüber zur Verfügung zu stellen.

Schwierig wird es für einen Jungen, wenn es im familiären Umfeld keinen Mann gibt, von dem er sich etwas abgucken kann

Jungen fehlt oft ein Rollenmodell, an dem sie sich orientieren können.

und mit dem er echten Kontakt hat: Woran soll er sich dann orientieren? In seiner Vorstellung, was denn nun eigentlich Männlichkeit ist, hangelt er sich dann möglicherweise von Fantasie zu Fantasie. Sich von den Frauen möglichst deutlich abzuheben wird dann sein vordringliches Ziel: Denn wenn das männliche Vorbild fehlt, kann der Junge sich nur durch massive Abgrenzung, durch Unterscheidung von allem Weiblichen versichern, ein echter Junge zu sein. So kommt es, dass manche Jungen meinen, ein »echter Mann« könne nicht fürsorglich sein, da das (angeblich) ein typisches weibliches Attribut ist.

Es gibt viele Jungen, die innerlich auf der Suche nach einem Vater sind, der entweder tatsächlich physisch abwesend oder mental und emotional nicht präsent ist. Oft sind diese väterliche Abwesenheiten auch vererbt – nicht genetisch, sondern über Erfahrung und Tradierung: Wer selbst keinen liebevollen und präsenten Vater erleben konnte, kann das Nichterlebte auch nicht weitergeben.

Es gibt viele Jungen, die innerlich auf der Suche nach einem Vater sind.

Manchmal geht es aber auch nicht darum, dass ein Vater als Vorbild fehlt; manchmal fehlt dem Jungen schlicht die ehrlich gemeinte Anerkennung des Vaters, der Stolz in dessen Augen. Und je »auffälliger« und schwieriger ein Junge wird, desto weniger wird er genau diejenige Anerkennung durch den Vater bekommen, die er so dringend bräuchte. Hier sind die Väter gefordert, den Teufelskreis aktiv zu durchbrechen.

Wenn ein Junge »auffällig« wird, kann das also ein Hilferuf in Richtung Vater sein: Dann gilt es, den Vater stärker ins Boot zu holen, ihn stärker als bisher in das Familienleben mit einzubinden. So wie das im nächsten Beispiel der Fall war:

Der 11-jährige Max war seit einigen Wochen in der Schule extrem unruhig und in der Klasse kaum zu bändigen. Er störte seine Mitschüler, konnte sich nicht konzentrieren und warf mitunter mit Gegenständen um sich. Ihm musste schließlich eine persönliche Schulbegleitung zur Seite gestellt werden, damit er überhaupt noch am Unterricht teilnehmen konnte. So klappte es einigermaßen in der Schule, seine Leistungen waren nach wie vor gut. Dennoch empfahl die Lehrerin eine weiter gehende Familienberatung, weil sie hinter Max' Verhalten eine Familienproblematik vermutete.

Max kam mit seinen Geschwistern und seinen Eltern zu einer Familienberatung. Die Eltern waren entnervt von den Problemen mit Max und wünschten sich, dass endlich mehr Ruhe einkehre. Vor allem der Vater war wütend und konnte anfangs keinerlei Verständnis für das »schlimme Verhalten« seines Sohnes aufbringen.

Es zeigte sich im Beratungssetting rasch, dass Max sich als mittlerer Sohn von seinem Vater überhaupt nicht wahrgenommen fühlte und dessen Aufmerksamkeit stark vermisste. Er war wütend und ärgerlich, aber auch traurig, weil sein Vater beruflich viel unterwegs war und sich – wenn er mal zu Hause war – viel mehr um den kleineren Bruder kümmerte als um ihn. Sein Vater war von der Wut und dem Kummer des Sohnes überrascht und berührt: Niemals hätte er vermutet, dass sein Sohn ihn so brauchte, machte er doch bis vor Kurzem noch einen starken und stabilen Eindruck. Seine anfängliche Wut auf Max verebbte und wich mehr und mehr dem Verständnis für den Jungen. Auch er hatte manchmal seinen Vater vermisst und konnte das Gefühl seines Sohnes gut nachvollziehen.

So wurde im Rahmen der Beratung vereinbart, dass Max und sein Vater bewusst mehr gestaltete Zeit miteinander verbringen sollten; der Vater nahm sich ein paar Tage frei und übernahm einige Stunden der Schulbegleitung. Er ließ sich von Max zeigen, was er in der Schule so alles machte, und zeigte sich stolz, da er merkte, wie gut Max trotz all seiner Schwierigkeiten in der Schule mitkam. Zu Hause richteten sie sich eine regelmäßige wöchentliche »Max-Zeit« ein, in der sich der Vater ausschließlich um Max kümmerte. Sie übten in dieser Zeit Mathe, redeten einfach miteinander oder spielten ein Spiel. Max genoss diese Extraportion Aufmerksamkeit sichtlich. Seine Auffälligkeiten ließen stark nach, sodass nach ein paar Wochen die Schulbegleitung abgesetzt werden konnte. Er merkte, dass er seinem Vater wichtig war, und konnte diese väterliche Zuneigung als beruhigendes »Pfund« in seine Psyche einlagern.

Viele Väter zeigen sich übrigens nach anfänglicher Zögerlichkeit in Beratungen sehr kreativ und lösungsorientiert, wenn es darum geht, Probleme in der Familie zu meistern. Sie neigen oft dazu, ihre Bedeutung im Familiensystem zu unterschätzen, und sind sich oft nicht dessen bewusst, wie wichtig sie für ihre Kinder und das Funktionieren des Systems sind. Dieses Bewusstsein zu schärfen ist ein wichtiger Schritt für alle Beteiligten.

Nicht immer lassen sich Probleme so schnell lösen wie in dem oben beschriebenen Fall. Aber es lohnt sich, immer dann, wenn Jungen »auffällig« werden, auch mal einen genaueren Blick auf die Vater-Sohn-Beziehung zu werfen.

»Und wie siehst du das?« Mit Jungen über ihre Wünsche reden

Hilfreich wäre, mit dem Jungen ins Gespräch über seine Wünsche zu kommen. Folgende Fragen könnten vielleicht dabei nützlich sein:

- Was schätzt dein Vater an dir?
- Was müsstest du tun, um deinen Vater richtig sauer zu machen?
- Was müsstest du tun, damit dein Vater stolz auf dich ist?
- Was wünschst du dir von deinem Vater?
- Was findest du an deinem Vater toll?
- Was würde dein Vater sagen, was du an ihm magst?
- Was würde deine Mutter sagen, wie das Verhältnis zwischen dir und deinem Vater ist?
- Was glaubst du: Wie hat dein Vater seinen eigenen Vater erlebt?

Aber auch Väter sind hier stark gefordert, sich mit ihrer Rolle als Vater auseinanderzusetzen.

Papa sein – Vorbild sein? Fragen zum Selbstverständnis als Vater

Wenn sie das Gefühl haben, dass die »Probleme des Kindes« etwas mit der Vater-Kind-Beziehung zu tun haben könnten, könnten sich Väter mit folgenden Themen beschäftigen:

- Was hat mir an meinem Vater gefallen, was hat mir gefehlt?
- Welcher Mann hat in meinem Leben noch eine große Rolle gespielt?
- Welcher Mann hat mir richtig gutgetan? (Ein Lehrer, ein Trainer, …)

- Was möchte ich meinem Sohn/meiner Tochter mit auf den Weg geben?
- Wann hätte ich das Gefühl, als Vater versagt zu haben?
- Was sollen meine Kinder auf meiner Beerdigung mal über mich sagen?
- Wie erleben mich meine Kinder? Was sehen sie in mir, was fehlt ihnen womöglich?
- Was würde meine Frau über mich als Papa sagen?
- Was halten meine Eltern von meinen Vaterqualitäten?

Ebenso wichtig ist es aber auch, sich als Vater mit seiner Rolle als Mann zu beschäftigen.

Wann ist ein Mann ein Mann? Das eigene Männerbild reflektieren

- Was verstehe ich unter Mannsein?
- Bin ich froh, ein Mann zu sein? Oder habe ich diesbezüglich mit widersprüchlichen Gefühlen zu tun?
- Was für eine Meinung von Männern hat(te) meine Mutter/mein Vater?
- Inwieweit hat mich das geprägt?
- Wie tolerant bin ich in Bezug auf unkonventionell lebende Männer?
- Was finde ich absolut unmännlich? Und was finde ich »männlich«?
- Habe ich ein Vorbild? Was für Eigenschaften schätze ich an diesem Vorbild?
- Was löst ein weinender, hilfloser Junge in mir aus? Kann ich es ertragen, wenn mein Sohn sich nicht durchsetzen kann oder schüchtern ist?
- Fühle ich mich besser, wenn mein Sohn sich durchsetzen kann, anderen überlegen ist?
- Warum ist das so?
- Was hat das mit mir zu tun?

Sich mit diesen Fragen ernsthaft zu beschäftigen kann für Väter mühselig und auch schmerzhaft sein, weil die Auseinandersetzung mit dem eigenen Mann- und Vatersein immer auch mit Erinnerungen an die eigene Kindheit verknüpft ist. Und weil sie

Themen aufwirft, über die sich »Mann« bislang vielleicht noch nie Gedanken gemacht hat. Aber sie ermöglicht auch, sich mit seinem Mannsein intensiver zu beschäftigen und so zu mehr persönlicher Reife zu gelangen.

Diese »Übung« ist übrigens nicht besonders geeignet, um sie zwischen Abendbrot und Tagesschau zu absolvieren. Ein bisschen Zeit und Ruhe müsste man sich hierfür schon nehmen.

»Dann schlag mich doch!« Wenn Kinder Präsenz und Resonanz provozieren

Auch Kinder aus »gutem« Elternhaus, die augenscheinlich gut versorgt sind, werden mitunter »auffällig«. Eltern erleben ihr aufsässiges, nörgelndes oder provozierendes Kind dann als »undankbar« und verstehen die Welt nicht mehr. Wir haben ihm doch alles gegeben, was es brauchte, und uns so viel Mühe gegeben. Und jetzt spuckt uns unser Kind einfach frech ins Gesicht? Beschimpft und verachtet uns? Womit haben wir das verdient?

Wenn so geplagte Eltern in die Beratung kommen, haben sie großen Leidensdruck. Sie schämen sich, weil sie meinen, trotz aller Bemühungen wohl doch etwas »falsch« gemacht zu haben, und fühlen sich von den Beschimpfungen, respektlosen Beleidigungen und Vorwürfen des Kindes schwer gedemütigt. Geschwächt durch latente Schuldgefühle und gekränkt von dem vermeintlichen Misserfolg ihrer Erziehung, fühlen sie sich kaum noch in der Lage, ihrem Kind selbstbewusst und energisch gegenüberzutreten.

Wenn Kinder Klarheit brauchen und uns Schuldgefühle im Wege stehen

Doch genau darum geht es oft: sich von Schuldgefühlen frei zu machen und Präsenz zu zeigen, ein bestimmtes Verhalten einzufordern und dem Kind ein klares Gegenüber zu sein. Viele Kinder provozieren das, weil sie sich reiben und streiten wollen, weil sie wissen wollen, woran sie sind. Und sie schreien danach, dass ihre Eltern nicht geduldig und harmoniesüchtig alles mit sich machen lassen, sondern sich ihnen gegenüber stark und selbstbewusst positionieren.

Eltern sind – auch wenn sie sich selbst oft hilflos fühlen – letztlich doch immer die Stärkeren und Mächtigeren. Sie können besser reflektieren, haben mehr Lebenserfahrung und tragen natürlich auch die Verantwortung. Insofern sind sie gefragt und gefordert, den auf Krawall gebürsteten Kindern mit innerer Klarheit und gewaltfrei, aber mit physischer Präsenz zu begegnen.

Besonders Müttern fällt das manchmal schwer, vor allem, wenn sie alleinerziehend sind und die ganze Last der Verantwortung auf ihren Schultern zu ruhen scheint. Aber auch Mütter, die Konflikte schlecht aushalten können und immer alles »hübsch« haben wollen, kommen hier oft an ihre Grenzen.

Klar bleiben und sich durchsetzen. Wie geht das noch mal?

Wenn Sie merken, dass Sie in bestimmten Situationen Schwierigkeiten haben, sich Ihrem Kind gegenüber klar zu positionieren, könnten Ihnen folgende Überlegungen weiterhelfen. Dabei ist Ihr Nachdenken besonders produktiv, wenn es Ihnen gelingt, eine ganz neue Perspektive einzunehmen. Allein dies bewirkt oft eine ganz andere Einstellung gegenüber Ihrem Kind und seinen Problemen.

Führen Sie viele der Fragen, wie sie hier und anderswo im Buch zum Nachdenken anregen sollen, »wie von selbst« auf einen neuen Weg, lassen sich manche Probleme, besonders wenn sie Ihre eigene Kindheit betreffen, nicht so einfach lösen. Denn oft reagieren Sie auf Ihr Kind ja in einer Weise, von der Sie eigentlich wissen, dass es nicht gut ist; oder Sie spüren, dass Ihre Ängste im Grunde völlig fehl am Platze sind. Wirken sich Ihre eigenen Ängste nun zu stark auf Ihren Erziehungsstil aus oder haben Sie das Gefühl, mit dem in der Frage angesprochenen Problem nicht allein fertig zu werden, hilft oft schon ein Gespräch mit Ihrem Partner oder einer guten Freundin oder einem guten Freund. Vielleicht suchen Sie aber auch professionelle Hilfe auf, wenn Sie selbst gar nicht weiterkommen, aber den Wunsch haben, Ihre Ängste bei der Erziehung des Kindes zu verstehen und zu bewältigen.

- Was hindert Sie, klar und deutlich Ihren Standpunkt zu vertreten?
- Welche Erfahrung haben Sie als Kind gemacht: Hatten Sie das Gefühl, einer elterlichen Willkürherrschaft ausgeliefert zu sein? Und fürchten Sie dann, eine »schlechte Mutter«, ein »schlechter Vater« zu sein, wenn Sie sich Ihrem Kind gegenüber vermeintlich ähnlich verhalten?
- Hatten Sie als Kind häufig Wut auf ihre durchgreifenden Eltern und fürchten, diese Wut bei Ihrem Kind auch zu provozieren?
- Oder konnten Sie den Anweisungen Ihrer Eltern gut folgen, weil Sie spürten, dass sie es im Grund gut mit Ihnen meinen? Haben Sie ihnen vertraut, dass sie die richtigen Entscheidungen für Sie treffen?
- Wann und wie haben Sie gelernt, sich durchzusetzen? Wer ist hierfür Ihr Vorbild?
- Wie setzen Sie Ihren Willen durch? Durch
  - klare Ansagen (»Mach bitte das Badzimmer sauber!«)
  - emotionale Erpressung (»…sonst ist Mami ganz traurig.«)
  - Vorwürfe (»Nie machst du, was ich sage!«)
  - Androhungen (»Wenn du nicht sofort Hausaufgaben machst, darfst du nachher nicht Fernsehen gucken!«)
  - Verhandeln (»Machen wir es so: Du räumst jetzt dein Zimmer auf, und nachher lese ich dir etwas vor, einverstanden?«)
  - ….
- Durften/konnten Sie sich als Kind nicht durchsetzen, etwa weil Ihre Geschwister so dominant waren oder Ihre Eltern immer Rücksichtnahme erwarteten?
- Sind Sie häufig auf »Schmusekurs« mit Ihrem Kind? Fragen Sie es zum Beispiel oft, ob es mit Ihrer Anweisung auch einverstanden ist (»Und jetzt kannst du bitte Hausaufgaben machen. Okay?«)? Warum sagen Sie nicht einfach: »Ich möchte, dass du jetzt deine Hausaufgaben machst.«
- Diskutieren Sie zu viel? Lassen Sie sich von Ihrem Kind (zu) oft überreden? Fällte es Ihnen schwer, eine Forderung einfach mal unbegründet zu lassen?
- Was, fürchten Sie, könnte geschehen, wenn Sie Ihren Willen gegen den Willen des Kindes durchsetzen?
- Haben Sie Angst davor, dass Ihr Kind Sie vielleicht dann nicht mehr liebt oder ablehnt? Was würde Ihrer Ansicht nach dann passieren?

- Erleben Sie sich häufig als nachgiebig und schwach? Sind Sie das wirklich? Wie sehen das Freunde, Ihr Partner, Ihre Kinder?
- In welchen Situationen können Sie klare Forderungen aufstellen, ohne dass Sie dabei Skrupel haben? Wie fühlt sich das an? Können Sie dieses Gefühl in ein Bild kleiden? (»klarer Gebirgsbach«, »strahlend blauer Himmel« etc.) Können Sie sich dieses Gefühl/Bild für andere, schwierigere Situationen merken und dann wieder hervorkramen?
- Wer oder was kann Ihnen helfen, klar zu bleiben und Ihre Forderungen deutlich zu formulieren und daran festzuhalten?
- Wer könnte Ihnen helfen, Ihre Interessen gegenüber dem Kind freundlich durchzusetzen?
- Wie viel Raum dürfen Sie Ihrer Ansicht nach eigentlich in Ihrem Leben einnehmen?
- Haben Sie das Gefühl, es immer allen recht machen zu müssen?
- Halten Sie es schlecht aus, wenn andere etwas Ihnen zuliebe tun?

Dass sich kindliche Verhaltensprobleme lösen lassen, wenn Eltern mehr innere Präsenz und Klarheit entwickelt haben, zeigt folgendes Beispiel recht anschaulich:

Eine Mutter meldet sich bei einer Erziehungsberatungsstelle. Sie mache sich große Sorgen um ihre 13-jährige Tochter, die in der letzten Zeit immer wieder die Schule schwänze und auch ansonsten etwas deprimiert wirke. Die Mutter wirkt sehr verständnisvoll und einfühlsam, sie kann den Kummer der Tochter gut nachvollziehen, weil sie sich selbst als Teenager ›nicht wohl in ihrer Haut‹ gefühlt habe. Nun wolle sie ihr helfen, wisse aber nicht, wie sie das anstellen solle. Sie wolle ihre Tochter nicht mit Gewalt in die Schule zwingen, aber ihr nur gut zuzureden, was sie immer wieder getan habe, habe eben auch nichts geholfen.

Im Laufe der Beratung stellte sich heraus, dass die Mutter voller Schuldgefühle war. Kurz vor der Geburt der Tochter war nämlich der ältere Bruder durch eine Erkrankung gestorben, woraufhin die Mutter in eine tiefe Krise gefallen sei. »Ich konnte mich um meine Tochter dann nicht so kümmern, wie sie es wahrscheinlich gebraucht hätte, weil ich meinem kleinen Sohn so nachtrauerte. Kein Wunder, dass es ihr so schlecht geht heute.«

Nachdem die Mutter ihre tiefe Trauer noch einmal bearbeiten konnte und sich klar darüber wurde, dass sie ihrer damals sehr kleinen Tochter trotz ihrer damaligen Trauer sehr viel Liebe und Fürsorge hatte angedeihen lassen, konnte sie sich ihrer Tochter gegenüber klarer positionieren. Sie hatte zwar immer noch Verständnis für sie, konnte jetzt aber klare Forderungen aufstellen und von ihr den regelmäßigen Schulbesuch einfordern.

Die Tochter war überrascht von der plötzlichen Klarheit der Mutter, die sie immer als nachgiebig und eher meinungslos empfunden hatte. Sie war von ihrer »neuen Mutter« sehr beeindruckt. Nach einem langen Gespräch zwischen Mutter und Tochter, in dem die Mutter ihr von ihren Schuldgefühlen berichtete, berappelte sich die Tochter und begann wieder regelmäßig zur Schule zu gehen.

Es gibt zahllose Beispiele dafür, dass sich aufgebrachte, verunsicherte und provokative Kinder nachhaltig dadurch beruhigen lassen, dass die Eltern wieder in die Lage versetzt werden, selbstsicher, ruhig, deutlich und nachhaltig ihre Forderungen zu formulieren und diese aktiv, aber ohne Gewalt, durchzusetzen. (Voraussetzung ist natürlich, dass diese Forderungen angemessen und nötig sind, z. B. in die Schule zu gehen, bestimmte Regelungen bezüglich der abendlichen Heimkehr zu beherzigen usw.) Dass das manchmal sehr anstrengend sein kann und Eltern hierfür sehr viel Kraft und Energie aufwenden müssen, ist allerdings nicht von der Hand zu weisen. So haben in Anlehnung an das Coachingprogramm »Elterliche Präsenz« von Haim Omer und Arist von Schlippe[2] Eltern schon nächtelang an der Zimmertür ihrer ausbruchswütigen Teenager Wache geschoben, um einfach auf ganz physische Weise zu zeigen, dass sie nicht bereit sind, ihr Kind »stillschweigend« nachts ausreißen zu lassen. Nichts wollen Kinder weniger als Eltern, die sich resignativ zurücklehnen, sie damit quasi als »hoffnungslosen Fall« aufgeben und aus dem Netz der familiären Bindungen fallen lassen. Also: Wenn es hart auf hart kommt, sollten Eltern »dranbleiben«. Wer immer bei diesem »Standhalten« Unterstützung benötigt, sollte sich diese holen: bei Freunden, Verwandten, einem Berater oder einem anderen Vertrauten.

Besonders wichtig ist aber auch, sich über die eigenen inneren Blockierungen klar zu werden, die uns mitunter sehr hartnäckig daran hindern, bestimmte Dinge einzufordern, die wir für wichtig halten. Insofern ist eine gewisse Portion Selbstkenntnis bei der Bewältigung familieninterner Konflikte immer sehr hilfreich.

Wenn Kinder wollen, dass wir aus der Rolle fallen: Die Suche nach dem Echten hinter der Fassade

Manchmal kämpfen Kinder weniger um Präsenz und Aufmerksamkeit der Erwachsenen, sondern suchen nach der »echten Menschlichkeit« hinter der erwachsenen Fassade. Besonders wenn Erwachsene sich nur in bestimmten, sehr festgefügten Rollen zeigen (autoritärer, unnahbarer Vater; souveräne, kühle Lehrerin; immer liebevolle, geduldige Mutter etc.) und dabei wenig von ihrer Persönlichkeit preisgeben, fühlen manche Kinder sich richtiggehend herausgefordert, den Finger direkt in die Wunden zu legen. Sie provozieren dann so lange, bis es dem Betroffenen nicht mehr gelingt, die Fassung zu wahren, und zwingen ihn damit, im wahrsten Sinne des Wortes »aus der Rolle zu fallen«. Dabei geht es nicht in erster Linie um Demütigung und Machtgebaren, wie es zunächst den Anschein hat. Sondern diesem oft hochprovokativen Verhalten liegt eine tiefe Sehnsucht zugrunde, den Erwachsenen zum authentischen, verständlichen und menschlichen Gegenüber zu machen. In der Pubertät kommt es regelmäßig zu solchen Provokationen, in denen der Jugendliche auf der Suche nach dem »echten Gegenüber« oft alle Register zieht, die ihm zur Verfügung stehen. Aber auch jüngere Kinder kämpfen mitunter vehement gegen das Maskenhafte, Unauthentische ihres Gegenübers. Ein besonders krasses Beispiel hierfür liefert Jan-Uwe Rogge in seinem Buch »Kinder dürfen aggressiv sein«: Ein Viertklässler berichtete sichtlich stolz davon, dass er seine Lehrerin endlich zum Heulen gebracht hätte, indem er in die Ecke des Klassenzimmers urinierte. Er sei sich vollkommen im Klaren darüber, dass das eine »Sauerei« sei, und schäme sich auch ein bisschen dafür. Aber jetzt wisse er, dass sie »auch nur ein Mensch und keine Maschine« ist.[3] Und das beruhige ihn.

Sehnsucht nach Halt: Wenn Kinder die Liebe der Eltern nicht spüren können

Andere sind auf der Suche nach einem aufrichtigen emotionalen Kontakt jenseits aller Versorgungsroutinen. Auch wenn in Familien äußerlich alles in Takt zu sein scheint, das Häuschen hübsch gepflegt ist und die Nachhilfe gezahlt werden kann, ist noch lange nicht gesagt, dass es auch tatsächlich allen Familienmitgliedern gut gehen muss. So ging es einem Jungen, der sich einer kriminellen Hooligangruppe angeschlossen hatte: Er kam aus einer gut betuchten, sozial angesehenen Familie und war materiell bestens ausgestattet. Nachdem er mehrfach seiner zerstörerischen Wut in Form von schwerer Sachbeschädigung Ausdruck verliehen hatte, wurde er von dem Berater gefragt, was seine Eltern wohl jetzt machen würden. Er antwortete daraufhin: »Ein guter Anwalt, Geld und Bestechung in Form von Urlaub!« Auf die Frage, was er sich wünsche: »Ich will endlich was in die Fresse!« Wie er das meine? »Endlich will ich mal was spüren, was in die Fresse eben! Weißt du, wann die mich das letzte Mal gestreichelt haben? Ich kann mich nicht erinnern! Ich bin für die ein Stück Investition, und das muss sich lohnen. Immer mehr reinpumpen, damit was rauskommt. Aber damit ist jetzt ein für alle Mal Sense. Ich kann dir sagen, ich mach so viel Scheiß, das verspreche ich, so viel Scheiß, bis die mich ernst nehmen.«[4]

Auch wenn die Eltern sicherlich das Gefühl hatten, ihren Sohn zu lieben und das Beste für ihn zu tun, so konnte dieser Junge diese Liebe nicht *spüren*.

Einem Mädchen ging es ähnlich:

Lena war 12 und kam aus einer offensichtlich intakten Familie. Die Eltern arbeiteten fleißig, der jüngere Bruder besuchte das Gymnasium, das Reihenhäuschen war stets sauber und gepflegt. Doch Lena zerstörte das vermeintliche Idyll, indem sie sich plötzlich zweifelhafte Freunde suchte, die kifften und viel Alkohol tranken. Sie begann, die Schule zu schwänzen und sich nicht an die Abmachungen mit ihren Eltern zu halten. Sie blieb nächtelang weg, ohne den Eltern zu sagen, wo sie war, und stellte ihr Handy ab. Die Eltern waren verzweifelt und wussten nicht mehr weiter. Sie suchten dann Hilfe.

Es stellte sich heraus, dass die Eltern sehr engagiert waren, das Haus zu finanzieren, und dass ihnen die Kinder sehr viel bedeuteten. Sie redeten viel und beteuerten immer wieder, wie viel Angst sie um ihre Tochter hätten. Doch Lena konterte hartnäckig: Das würden sie nur so sagen, das stimme nicht! Lena konnte die Zuneigung und die Sorge der Eltern zwar hören, aber nicht spüren.

Ein tieferer Blick in die Familienstruktur zeigte schließlich, dass über Gefühle selten geredet wurde und Gefühle noch seltener gezeigt wurden. Es fiel allen – außer Lena in ihrer fordernden Wut – schwer, ihre Gefühle zu benennen und ihnen Ausdruck zu verleihen. Vor allem die Eltern hatten gelernt, ihre Gefühle erfolgreich zu verdrängen, weil sie auch in ihren jeweiligen Herkunftsfamilien nicht offen über ihre Gefühle reden durften.

Es ging also in den nächsten Sitzungen darum, das Gefühlsleben der Familie »wiederzubeleben« und die Eltern aus ihrem emotionalen Schneckenhäuschen herauszulocken. Als das anfing zu gelingen, wurde Lena ruhiger und zugänglicher. Ihre Wut wich einer Traurigkeit, die Familienmitglieder wurden offener und liebevoller im Umgang miteinander.

Wir lieben unsere Kinder. Aber was kommt eigentlich an?

Da gibt es nur eines: Hin und wieder prüfen, ob das, was wir meinen, dem Kind zu geben, überhaupt ankommt: Senden wir die »richtigen« Signale? Die Signale, die das Kind auch entschlüsseln kann?

- In welchen Momenten lieben Sie Ihr Kind von Herzen und nehmen es ganz so an, wie es ist?

146

- Was würde Ihr Kind auf diese Frage antworten?
- Und in welchen Momenten fühlt sich Ihr Kind von Herzen von Ihnen angenommen?
- Wie drücken Sie in der Familie Ihre Zuneigung aus?
- Wem aus der Familie fühlen Sie sich nah, wem weniger?
- Wann spürt meine Tochter, wann spürt mein Sohn, dass ich sie/ihn liebe?
- Woran können meine Kinder erkennen, dass ich meinen Mann/meine Frau liebe?
- Was würde Ihr Kind sagen: Fühlt es sich häufiger kritisiert oder rundherum angenommen?

Unter Strom. Wenn Kinder unterdrückte Konflikte der Eltern erspüren

Kindliche Auffälligkeiten haben für Ehepaare manchmal den durchaus positiven Effekt, dass sie leichter von ihren eigenen Problemen und Konflikten ablenken können: Indem sich alles um den sogenannten »Indexpatienten« dreht, also denjenigen, dessen Verhalten als schwierig, störend oder krankhaft erlebt wird, treten Mutter, Vater und Geschwister als potenzielle »Problemträger« weniger in Erscheinung. Sich unausgesprochen darauf zu einigen, dass es einen »schweren Fall« in der Familie gibt, kann also mitunter ein unbewusstes familieninternes Ablenkungsmanöver sein.

So kann das auffällige Verhalten eines Kindes der Ausdruck von Spannungen und Konflikten zwischen den Eltern sein, von denen es einerseits ablenkt und auf die es andererseits indirekt hinweist. In der Familienpsychologie spricht man hier von »Konfliktumleitung«: Konfliktumleitung bedeutet laut dem Familienpsychologen Wolfgang Hantel-Quitmann, »Konflikte in einer Zweierbeziehung zu vermeiden, indem eine dritte Person – meist das Kind – zum Problemlieferanten wird«[5]. Das Kind wird sozusagen zum »Sündenbock« gemacht. Auch hier ist allerdings eine einseitige Schuldzuweisung unzulässig, denn in der Regel handelt es sich um unbewusste Mechanismen, die der Abwehr von massiven Ängsten dienen. Das Kind übernimmt also einerseits die Sündenbockrolle und schützt dabei gleichzeitig die Eltern vor Gefühlen und Konflikten, die sie schlecht oder nicht ertragen könnten.

Eine etwas andere Form, Kinder in die elterlichen Beziehungsprobleme mit einzubinden, ist die sogenannte »Triangulation«. »Triangulation« – so Hantel-Quitmann – »bedeutet, dass in einem Konflikt zwischen ungleich starken Partnern das Kind von dem schwächeren Elternteil in ein Bündnis gegen den anderen Elternteil einbezogen wird.«[6] Für das Familiensystem wird so ein relatives Gleichgewicht hergestellt; die Triangulation dient also der Stabilisierung nicht nur des sich als schwächer erlebenden Elternteils, sondern auch des gesamten Familiensystems. Kinder, die sich über einen langen Zeitraum in einer solchen Triangulation befinden, geraten allerdings in heftige Loyalitätskonflikte und sind immerzu bemüht, es möglichst allen recht zu machen. Es sind oft erstgeborene Mädchen, die zur Stütze einer depressiven oder kränklichen Mutter erklärt werden und die im Kampf gegen den als mächtig oder bedrohend erlebten Ehemann mit antreten müssen. Es gibt aber auch alle anderen denkbaren Triangulationskonstellationen in Familien.

Solche Triangulationsmuster erkennt man häufig erst im Rückblick, wenn sich Erwachsene zum Beispiel fragen, warum sie sich immer noch für das Wohlbefinden eines Elternteils zuständig fühlen oder sich auch in anderen Beziehungen und im Job immerzu in Loyalitätskonflikten wiederfinden.

> **Auf der Suche nach dem Unausgesprochenen:**
> **Machtverhältnisse, Koalitionen und Ängste aufspüren**

Es kann also nicht schaden, immer mal wieder bewusst einen Blick auf die aktuellen Familienmuster zu werfen.

- Wie ist die Macht innerhalb der Familie verteilt? Woran erkennen Sie das?
- Was würde Ihr Kind auf diese Frage antworten? Und was das Geschwisterkind?

- Wer ist emotional wofür zuständig in der Familie? Wer hat mehr oder besondere Rechte, wer weniger?
- Gibt es Koalitionen, also Menschen, die in der Familie zusammenhalten und sich gegen ein anderes Familienmitglied verbünden?
- Ficht ein Kind womöglich einen Stellvertreterkampf aus, indem es beim anderen Elternteil Dinge moniert, die Ihnen selber auf die Nerven gehen, die Sie (vielleicht aus Angst) aber nicht ansprechen?
- Vor welchen Auseinandersetzungen scheuen Sie sich?
- Gibt es etwas, was Sie dringend ansprechen müssten, Ihnen aber Angst macht?

Dass Kinder die Spannungen zwischen den Elternteilen intuitiv erspüren, kommt in Beratungen recht häufig zum Vorschein. Hierzu zwei recht typische Beispiele:

Eine Familie kam in die Beratung, weil ihr 10-jähriger Sohn Jonas seit geraumer Zeit in der Schule störte, sich aggressiv zeigte und sich kaum noch auf den Unterricht konzentrieren konnte. Die Lehrerin – eine sehr geduldige und freundliche Frau – wusste nicht mehr weiter und hatte die Eltern um entsprechende Mithilfe gebeten. Auch die Eltern klagten, dass Jonas sich in letzter Zeit »unmöglich« benehme, unruhig und »nervig« sei und auch ansonsten gerne mal aus heiterem Himmel Streit mit ihnen anfange.

Als Jonas in der Beratung aufgefordert wurde, die Familie mithilfe von kleinen Holzfiguren auf dem Familienbrett darzustellen, positionierte er das Männchen, das ihn selbst repräsentierte, direkt zwischen Mutter und Vater. Er ließ die kleine Figur mit seinen Fingern immer hin- und herzappeln. Während die Figuren der Eltern stoisch auf ihrem Platz verharrten, ohne miteinander direkten Kontakt aufzunehmen, musste der Junge sich ständig bewegen. Warum das so sei, konnte er auch sehr genau erläutern: Da gehe eine »komische Energie« durch ihn hindurch, die ihn so zappelig mache.

Der Junge erspürte die unausgesprochene massive Spannung zwischen den Ehepartnern. Jonas fühlte, was die Eltern nicht spüren wollten: Nämlich die heftigen Aggressionen der Mutter und des Vaters aufeinander.

Auch hier erwies sich das Bild, das das Kind vom Zustand der Ehe der Eltern zeichnete, als völlig zutreffend. In einer folgenden Eheberatung ging es schließlich um unterdrückte Wut und gegenseitigen Enttäuschungen. Der Junge wurde schlagartig ruhiger: Nun kümmerten sich die Eltern selber um ihre Probleme, und er musste nicht mehr im elterlichen Spannungsfeld ausharren.

Die dreijährige Mia wurde im Kindergarten als »aggressiv« bezeichnet. Sie haute seit ein paar Wochen andere Kinder, weigerte sich häufig, Anweisungen zu befolgen, und war oft quengelig und maulig. Die Erzieherinnen hielten Mias Verhalten nicht mehr für entwicklungspsychologisch passend (»Trotzphase«), sondern für »auffällig«.

Die Eltern kamen ohne Mia zur Beratung, weil sie sie dafür für zu jung hielten. Bereits im Erstgespräch wurde deutlich, dass das Paar seit einiger Zeit massive Konflikte miteinander hatte, diese aber nicht bearbeitet, sondern im Alltag mehr oder weniger überspielt hatte. Der Mann warf seiner Frau mangelndes Interesse an seiner Arbeit vor, während sie unter seiner ständigen Abwesenheit und der Dreifachbelastung Job–Kind–Haushalt litt. Beide fühlten sich vom Partner nicht wahrgenommen und nicht wertgeschätzt. Sie waren wütend aufeinander, ohne sich das jemals gesagt zu haben.

Je klarer sich die beiden über ihre jeweiligen Gefühle wurden, je besser sie darüber reden konnten, desto »unauffälliger« und ruhiger wurde Mia. Schon nach ein paar Wochen sorgte die Nachfrage der Berater nach Mias Verhalten im Kindergarten für Verwunderung: »Ach stimmt ja, deswegen sind wir eigentlich gekommen!« Mias Mutter lachte und berichtete, dass es derzeit keine Probleme mehr mit Mia im Kindergarten gebe. Sie wisse zwar nicht, warum, aber das sei eigentlich gleichgültig.

Es lag eindeutig daran, dass die Eltern über bestimmte Konfliktthemen nicht miteinander ins Gespräch gekommen waren, Mia diesen ehelichen »Energiestau« aber bemerkte und darauf mit Unruhezuständen reagierte. Mias »Auffälligkeiten« hatten sich in Luft aufgelöst, und das, obwohl sie kein einziges Mal an einer Beratungssitzung teilgenommen hatte!

Wenn Ihr Kind also zunehmend merkwürdige, ungewöhnliche oder provokative Verhaltensweisen an den Tag legt, setzen Sie sich doch zusammen und überlegen gemeinsam:

- Was passiert genau mit uns, wenn sich unser Kind provokativ verhält?
- Was löst das Verhalten unseres Kindes aus? Raufen wir uns zusammen? Empfinden wir ähnlich? Kommen wir uns näher, wenn wir beide empört oder enttäuscht sind? Reden wir mehr miteinander? Haben wir wieder ein gemeinsames Thema?
- Oder entzweit uns das Verhalten unseres Kindes eher? Streiten wir dann noch heftiger? Oder reden wir dann nicht mehr miteinander?
- Wenn wir nicht über unseren »Problembären« sprechen, worüber sprechen wir dann? Kann es sein, dass das Kind es lieber hat, wenn wir über das Kind streiten als über andere Themen, die ihm vielleicht Angst machen?
- Gibt es unausgesprochene Trennungswünsche, auf die unser Kind möglicherweise reagiert? Oder sogar entsprechende Pläne? (Kinder erspüren so etwas manchmal lange, bevor diese Ideen ausgesprochen sind.)

Eltern, die den Leidensdruck ihres »auffälligen« Kindes verstehen und dauerhaft lindern wollen, sind insofern immer auch gefordert, sich mit sich selbst und ihren möglicherweise schwelenden Ehekonflikten zu beschäftigen.

Oft reagieren Kinder auch heftig auf massive Streitereien zwischen den Eltern, wenn diese dauerhaft anhalten, sich für das Kind sehr bedrohlich anfühlen oder Gewalt mit im Spiel ist.

Die 9-jährige Melissa weigert sich seit einiger Zeit hartnäckig, in die Schule zu gehen. Die Eltern sind verzweifelt, weil sie nicht mehr wissen, wie sie ihre Tochter dazu bewegen können, wieder zum Unterricht zu gehen. Auf die Frage, warum sie denn nicht mehr in die Schule wolle, ob sie dort etwas Schlimmes erlebt habe, zuckt sie die Schultern. Jeden Morgen gebe es Geschrei und Gezeter, und oft hätten die Eltern schon nachgegeben und Melissa zu Hause gelassen. Einmal habe der Vater das heulende Kind gegen seinen Willen an den Händen zur Schule gezogen, was missbilligende Blicke anderer Eltern und der Lehrer auf sich gezogen habe. Die Eltern suchten schließlich beschämt und irritiert Hilfe bei einer Beratungsstelle.

Bereits im Erstgespräch, das ohne Kind stattfand, wurde deutlich, dass das Paar gerade eine sehr stressige Phase miteinander hatte und sich in letzter Zeit häufig lauthals stritt. Einmal sei es dabei auch zu Handgreiflichkeiten gekommen, räumten Melissas Eltern zähneknirschend ein. Sie wüssten auch jetzt immer noch nicht, ob sie zusammenbleiben wollten, es sei so viel Schlimmes passiert in letzter Zeit, und über Trennung hätten beide schon nachgedacht.

Den Eltern wurde klar, dass Melissa bei diesem handgreiflichen Streit im Nebenzimmer gewesen sein und alles mitbekommen haben musste. Sie beschlossen, mit ihrer Tochter über diesen Vorfall zu sprechen.

Beim nächsten Treffen berichteten sie, dass Melissa in diesem Gespräch zu weinen begonnen habe. Sie habe Angst, dass »Papa Mama schlägt«. Ob sie deshalb lieber zu Hause bleiben als zur Schule gehen wolle? »Irgendwie schon«, hatte Melissa gesagt, »dann kann ich wenigstens sehen, was los ist, und Mama helfen.«

Melissa wollte durch ihre Schulverweigerung ihre Mutter schützen bzw. die Kontrolle über eine massiv angstbesetzte Situation bekommen. Die Eltern konnten Melissa nun helfen, indem sie ihr versicherten, dass sie ihre Probleme lösen könnten und sie sich keine Sorgen um die Mutter zu machen brauchte. Als »Beweis« dafür gingen die Eltern noch ein paar Mal zur Beratung, um ihren massiven Konflikt zu bearbeiten. Melissa fühlte sich entlastet und konnte nun wieder in die Schule gehen, ohne allzu sehr beunruhigt zu sein.

Wenn Männer das Gespräch verweigern und/oder keine Beratung wollen

Oft zeigen sich Frauen eher bereit, an Ehe- und Familienproblemen zu arbeiten, als Männer. Da sie sich in erster Linie für das Gefühlsleben innerhalb der Familie zuständig fühlen und auch oft den besseren Draht zu ihren Gefühlen haben, fällt es ihnen dann auch entsprechend leichter, darüber zu reden und sich professionelle Hilfe zu holen.

Wenn Sie das Gefühl haben, dass Sie Ihren Mann nicht dazu bewegen können, mit Ihnen über bestimmte Themen ins Gespräch zu kommen, und er auch hartnäckig verweigert, sich gemeinsam Hilfe zu holen, können Sie natürlich trotzdem eine systemische Beratung aufsuchen. Hier finden Sie Entlastung, aber auch die Möglichkeit, Ihr Familiensystem und die Dynamik innerhalb Ihrer Familie besser zu verstehen. Wenn Männer dann sehen, dass die Beratung durchaus hilfreich sein kann, ziehen sie manchmal nach.

Unerwünschte Gefühle: Das »auffällige« Kind als Projektionsfläche

Um ein als aufreibend oder anstrengend erlebtes Kind besser verstehen zu können, sollte man hin und wieder genau prüfen, welche Gefühle es bei uns selbst auslöst. Macht es uns hilflos und wütend? Oder traurig? Ärgern wir uns? Fühle ich mich durch das Verhalten meines Kindes überfordert, nicht wertgeschätzt oder herabgewürdigt?

Oft sind genau die Gefühle, die diese Kinder bei ihren nächsten Angehörigen oder auch bei anderen empathischen Erwachsenen auslösen, Ausdruck ihrer eigenen Befindlichkeit. Soll heißen: Es könnte sein, dass Ihr Kind sich genau so fühlt, wie Sie sich im Kontakt mit ihm fühlen.

Spüren Sie also hin und wieder nach. Spiegeln Sie Ihrem Kind, wie Sie sich fühlen. Sagen Sie ihm: »Jetzt bin ich wütend. Bist du auch wütend?« Oder: »Ich fühle mich ganz schrecklich hilflos. Kennst du das Gefühl vielleicht?« Und fragen Sie sich auch, warum Ihr Kind sich gegebenenfalls hilflos/überfordert/traurig oder wütend fühlen könnte.

Heftige Konflikte lassen sich selten auf rein kognitive und »vernünftige« Weise lösen. Wenn Sie aber einen emotionalen Zugang zu Ihrem Kind finden, und zwar, indem Sie von Ihren eigenen Gefühlen sprechen, ist der wichtigste Schritt bereits getan. Das Kind wird sich dann nämlich schnell verstanden und angenommen fühlen. Das ist Balsam für eine irritierte Seele und leitet oft eine Veränderung in der Familiendynamik ein.

Eltern neigen in gewissem Maße dazu, bestimmte Eigenschaften, die sie an sich selbst nicht mögen oder die sie sich selbst nicht erlauben, auf ihre Kinder zu projizieren. Wer sich selbst beispielsweise nicht gestattet, auch mal wütend oder aggressiv zu sein, spaltet diese Gefühle von sich ab und delegiert sie an den Partner oder ein Kind. Ein als aggressiv, bequem oder faul geltendes Kind lebt so oft die Anteile eines Elternteils aus, die dieser nicht ausleben kann oder möchte. Oder der beobachtende Elternteil achtet von nun an besonders auf diese »unerwünschten« Verhaltensweisen des Kindes, um diese weiterhin abwehren zu können.

Hierzu zwei anschauliche Beispiele:

Ein Vater beschwerte sich in einer Beratung bitterlich darüber, dass seine 11-jährige Tochter gemütlich in den Tag hineinlebe, stundenlang mit ihren Freundinnen telefoniere, Fernsehen gucke, sich schöne Klamotten kaufe, die Schule schleifen lasse und offensichtlich nichts anderes tue, als es sich permanent gut gehen zu lassen. Und so ging es ihr auch: gut. Ihr Vater fand ihren lässigen Lebensstil aber kein bisschen gut.

Der Vater kam mit der lockeren Haltung der Tochter überhaupt nicht klar, er beschimpfte sie als faul und ziellos, er fand, sie habe zu wenig Ehrgeiz und sei oberflächlich. Die Tochter war gekränkt ob dieser Beschimpfungen, sie wehrte sich heftig gegen diese Vorwürfe, der Haussegen hing schief.

Es stellte sich schnell heraus, dass er sich selbst niemals genehmigen würde, einfach so fröhlich in den Tag hineinzuleben. Im Grunde genommen war er schlicht empört darüber, dass sie sich etwas herausnahm, was er sich immerzu verbot: nämlich sich einfach Zeit für sich zu nehmen, es sich gut gehen zu lassen und das Leben auf die leichte Schulter zu nehmen. Stattdessen schuftete er täglich härter, als es hätte sein müssen, und er konnte sich auch in seiner Freizeit nicht recht entspannen, weil er dann ein schlechtes Gewissen bekam und das Gefühl, er dürfe sich doch nicht einfach auf die faule Haut legen.

Der Mann erkundete in der Beratung nach und nach die (unausgesprochenen) Botschaften, die er als Kind und Jugendlicher von seinen eigenen Eltern ständig empfangen hatte: »Nur, wer ständig Leistung erbringt, wer sich krummlegt, wer es richtig schwer im Leben hat, der hat Anerkennung und Wertschätzung verdient.« So lautete das düstere Credo seiner Herkunftsfamilie.

Nun lernte der Mann, die eigene Härte im Umgang mit sich selbst infrage zu stellen, und übte sich darin, auch mal etwas Schönes für sich zu machen. Es fiel ihm zwar sehr schwer und er litt immer wieder unter Schuldgefühlen, wenn er mal nichts tat oder einfach etwas, was nicht dem Gelderwerb diente oder nach einer »sinnvollen« Tätigkeit aussah; aber den (vermeintlichen) Dauermüßiggang seiner Tochter konnte er nun deutlich gelassener betrachten, die Diskussionen verloren an Schärfe und die Tochter konnte den Vater nun nicht mehr durch ihre betonte Lässigkeit provozieren.

Moritz ist 10 Jahre alt und ein kleiner »Macho«. Er kloppt gerne coole Sprüche, begibt sich oft in die Pose des alles wissenden Helden und geht damit manchen Klassenkameraden ziemlich auf die Nerven. Anderen wiederum imponiert er, er wird zum Cliquenchef ernannt und kommandiert gerne herum. Den Lehrerinnen geht das »Macho«-Getue des Jungen langsam zu weit, sie suchen das Gespräch mit den Eltern. Die Eltern wiederum suchen eine Erziehungsberatung auf. Dort stellt sich heraus, dass besonders der Vater sehr angetan von Moritz ist und insgeheim sehr stolz darauf, einen so »starken Sohn« zu haben. Er sieht keinen Handlungsbedarf und versteht nicht, warum sie überhaupt etwas ändern sollten.

Im Laufe der Beratung stellt sich allerdings heraus, dass der Vater von Moritz sich als jüngster Sohn einer großen Familie, in der ein rauer Ton und auch rohe Sitten unter den Geschwistern herrschten, immer als der Schwächste in der Familie gefühlt hatte und dieses schreckliche Gefühl seinem Sohn auf jeden Fall ersparen wollte.

Erst, als er einen emotionalen Zugang zu seinen eigenen alten Gefühlen bekam und diese bearbeiten konnte, konnte er nach und nach von dem Anspruch ablassen, sein Sohn müsse immer stark und dominant sein, um glücklich zu werden. Nach und nach konnte der Vater seinen Sohn aus seiner einseitigen Erwartungshaltung entlassen und ihm innerlich die Erlaubnis geben, auch mal schwach und klein sein zu dürfen.

Es dauerte nicht lange, bis Moritz sich eines Nachmittags weinend an den Vater wandte, weil er sich beim Spielen am Fuß verletzt hatte. Der Vater konnte es zwar schlecht aushalten, den Sohn als »leidend« wahrzunehmen, weil es ihn an seine eigenen kindlichen Ohnmachtsgefühle erinnerte. Aber er konnte ihn trotzdem trösten und ihm vermitteln, dass es in Ordnung sei, sich verletzlich zu zeigen und zu weinen. Die Lehrerin meldete bald zurück, dass Lars nicht mehr ganz so dominant sei, sich nicht ständig beweisen müsse und insgesamt etwas lockerer wirke.

Meine Gefühle – deine Gefühle. Darf ich das auch, was du da tust?

Es ist hilfreich, immer mal wieder die eigenen Reaktionen auf unsere Kinder zu überprüfen:

- Was fällt mir an meinem Kind besonders auf?
- Worauf reagiere ich besonders heftig, besonders genervt oder abweisend? Was regt mich am meisten auf?
- Was würde meine Mutter/mein Vater zu diesem Verhalten sagen?
- Was hat das mit mir, mit meinen Gefühlen, meinen Erfahrungen und meiner Herkunftsfamilie zu tun?
- Was macht mein Sohn/meine Tochter, was ich mich niemals trauen würde oder getraut hätte?
- Bin ich sogar manchmal heimlich ein kleines bisschen stolz darauf, dass mein Kind sich etwas traut, was ich mir nicht gestatten würde?

»Ich fühle was, was du nicht fühlst.«: Wenn Kinder verdrängte Gefühle ihrer Vorfahren ausleben

»Gute«, also liebende und ihren Eltern emotional nahestehende Kinder nehmen ihren Eltern manchmal schwer zu ertragende oder komplett verdrängte Gefühle ab. Sie fühlen dann die Gefühle, die ihre Eltern nicht zu fühlen willens oder in der Lage sind. Das mag in den Ohren all derer abenteuerlich klingen, die sich noch nie mit der mehrgenerativen Familienpsychologie beschäftigt haben, kommt aber in der praktischen Arbeit immer wieder zum Vorschein. Ein Beispiel hierzu:

> Die Eltern eines 9-jährigen Mädchens meldeten sich bei einer Beratungsstelle an, um über ihre in der Schule als »auffällig« bezeichnete Tochter zu sprechen. Im Laufe der ersten Sitzungen stellte sich heraus, dass die Eltern zu Hause mit der Tochter keine großen Schwierigkeiten hatten, sondern eher mit ihrem älteren Bruder. Der 16-Jährige schwänzte häufig die Schule, machte einen leicht depressiven Eindruck und war bereits öfter mit Drogen in Kontakt gekommen. Die Eltern machten sich große Sorgen um ihn, wussten aber nicht, was sie tun sollten. Sie schilderten den Jungen als von jeher zurückgezogen und scheu, der Vater fühlte sich ihm emotional sehr nah, weil er eine ähnliche unbestimmte Traurigkeit in sich trug wie er selbst, hatte aber trotzdem das Gefühl, überhaupt nicht an ihn heranzukommen. Der Mutter ging es ähnlich.
>
> Als der Vater in der Beratung dieser benannten unbestimmten Trauer nachspürte, stellte sich heraus, dass er sehr früh seinen eigenen leiblichen Vater verloren hatte und sich bislang nie gestattet hatte, ihn zu betrauern. Der Vater war von seiner Mutter als »schlechter« Mann dargestellt worden und der Sohn hatte aufgrund dessen ein schlechtes Gewissen, den Vater zu vermissen. So unterdrückte er dauerhaft seine Traurigkeit. In der Beratung wurde der Zusammenhang zwischen der verdrängten Trauer und dem Drogenkonsum des Sohnes deutlich: Er konnte die heftigen und diffusen Gefühle – die er zudem nicht richtig zuordnen konnte, da es eigentlich die Gefühle des Vaters waren – nicht aushalten und versuchte sie mit gelegentlichem Drogenkonsum erträglicher zu machen.
>
> Der Vater setzte sich im Laufe der Beratung intensiv mit seiner Kindheit auseinander und konnte nun endlich seiner Trauer freien Lauf lassen. Er sprach mit seinem Sohn über seine frühen Erlebnisse und fand so erstmals einen echten Zugang zu ihm. Nachdem er ihn bewusst aus der Rolle der »Ersatztrauernden« entlassen hatte,

konnte der Jugendliche sich wieder besser auf die Schule besinnen und die Finger von den Drogen lassen. Er lebte nun »endlich« sein eigenes Leben.

Tatsächlich scheint es einen Zusammenhang zu geben zwischen unbetrauerten Toten in der Familiengeschichte und dem Drogenkonsum in der nächsten oder übernächsten Generation. »Es gibt immer wieder besondere Auffälligkeiten in den Familien von jugendlichen Drogenkonsumenten. Eine der wichtigsten Auffälligkeiten sind unverarbeitete oder gar verdrängte Tode in der Vorgeschichte der Familie«, erklärt Professor Hantel-Quitmann, Professor für Klinische Psychologie und Familientherapeut.[7] Auch tabuisierte Schwangerschaftsabbrüche, verheimlichte Fehlgeburten oder der unehrenhafte Tod eines Verwandten können die Nachfahren unbewusst stark beeinflussen.

Kollektiv verdrängte Scham- und Schuldgefühle der Familie spielen dabei ebenso eine große Rolle. Es kommt nicht von ungefähr, dass viele Kinder und Enkel von deutschen Nazis später in den Kibbuz gingen, um dort für die oft verleugneten, nie thematisierten Gräuel- und Schandtaten ihrer Eltern und Großeltern zu sühnen.

Ein Beispiel hierfür lieferte der französische Psychiater und Familientherapeut Robert Neuburger. Er hatte eine junge magersüchtige Frau in Behandlung, die sich unbewusst für eine vermeintliche Tat opferte, die nicht sie selbst, sondern ihr Großvater begangen haben sollte. Diese unglaubliche, aber wahre Geschichte lautet folgendermaßen:

Der Urgroßvater war ein Widerstandskämpfer gewesen und kam 1944 in einem Konzentrationslager ums Leben. Dessen Sohn, also der Großvater der Patientin, war ebenfalls ein Widerstandskämpfer, überlebte die Deportation aber und litt hinfort unter massiven Schuldgefühlen, weil er seinen Vater nicht hatte retten können. Diese Schuldgefühle waren aber niemals thematisiert worden, nur die junge Frau erspürte sehr genau, wie es dem Großvater damals ergangen sein musste. Sie versuchte mit ihrem Hungern die Schuld zu tilgen, die der Großvater meinte, auf sich geladen zu haben.[8]

Viele Traumatisierungen hinterlassen ihre Spuren noch in der nächsten oder übernächsten Generation: Ob Vergewaltigungen oder andere furchtbare Gewalterfahrungen, dramatische oder beängstigende Flucht- und Kriegserlebnisse, ob erlebte oder begangene Verbrechen, ob verheimlichte Suizide oder Morde: All diese einschneidenden Erlebnisse sind manchmal von solch zerstörerischer Wucht, dass die Betroffenen die damit verbundenen Gefühle abspalten müssen, um überhaupt weiterleben zu können. Diese abgespaltenen Gefühle werden dann oft in weiteren Generationen erspürt, ohne dass die Fühlenden genau wissen, wessen Gefühle sie da gerade fühlen.

Zwei weitere Beispiele sollen diese Zusammenhänge verdeutlichen:

Eine junge Frau fühlte seit Kurzem eine aufkeimende, völlig unerklärliche Wut auf Männer. Sie war überrascht und entsetzt über ihre massiven Gefühle und schämte sich fürchterlich für ihre Gedanken und Fantasien, die darum kreisten, ihr unbekannten Männern Schlimmes anzutun. Sie konnte kaum noch schlafen, weil sie sich so schlecht fühlte und Angst hatte, verrückt oder gewalttätig zu werden.

In einer Therapie stellte sich heraus, dass ihre Mutter als Jugendliche mehrfach vergewaltigt worden war. Da die Mutter sich damals niemandem anvertrauen und ihre Wut und ihren Schmerz nicht verarbeiten konnte, gingen diese unausgelebten Gefühle auf die Tochter über.

Diese ging ähnlich verschlossen mit ihren eigenen Gefühlen um, und sie vergrub Wut und Scham tief in ihrem Inneren – wie einen »Feuerball« oder eine »tickende Zeitbombe«, aber ohne diese Gefühle wirklich einordnen zu können. Für die junge Frau bedeutete das einen langen und schmerzhaften Weg, weil es kaum jemanden gab, der wirklich an sie herankam bzw. den sie an sich heranließ. Durch viel Einfühlungsvermögen des Therapeuten gelang es ihr jedoch zunehmend, Kontakt zu ihren ureigenen Gefühlen zu finden und sich von der Scham und der Wut zu befreien, die eigentlich in das Leben der Mutter gehörten.

Ein junger Mann litt immer wieder unter Schüben massiver Traurigkeit. Er wusste überhaupt nicht, wo diese Traurigkeit herkam, denn eigentlich ging es ihm laut Eigenaussage »super«. Er war gut in seinem Job, hatte Freunde und Hobbys, die er liebte, und er fühlte sich eigentlich sehr wohl in seinem Leben. Aber diese Traurigkeitsanfälle machten ihn manchmal hilflos, er fühlte sich der Macht dieser Gefühle dann schlicht ausgeliefert. Befragt, ob diese Traurigkeit alt oder jung sei, sagte er, sie sei »sehr alt«. Weiter gefragt, wie sich die Traurigkeit anfühle, sagte er, er habe das Gefühl, dass sie irgendwie woanders herkomme, nicht richtig zu ihm und in sein Leben gehöre. Er stehe dann irgendwie neben sich, sei nicht mehr richtig er selbst.

Ein Blick in die Vergangenheit führte dann auf die richtige Fährte: Sein Lieblingsgroßvater hatte als Kind im Krieg seine Eltern verloren und musste sich eine Weile ganz alleine durchschlagen. Da er ums Überleben kämpfen musste, blieb keine Zeit für Trauer. Damals war der Großvater etwas jünger gewesen als der 12-jährige Enkel, dem er davon erzählt hatte. Der junge Mann begriff, dass er »die ungeweinten Tränen seines Großvaters als Junge weinte«.

Er war erleichtert, eine Erklärung für seine unerklärliche Traurigkeit bekommen zu haben. Sie machte ihm nun keine Angst mehr und er konnte sie besser ertragen. Irgendwann lernte er sogar, sie bewusst zu verabschieden und wegzuschicken.

Wenn Sie also fürchten, vermuten oder sogar wissen, dass in Ihrer Familiengeschichte »düstere Geheimnisse« schlummern oder traurige Erlebnisse nicht bearbeitet wurden, so lohnt es sich, einen genaueren Blick darauf zu werfen. Das ist sicherlich kein lustiger Spaziergang und oft ohne professionelle Begleitung kaum möglich, kann aber dabei helfen, die nächste Generation vor dem Überschwappen alter und mitunter sehr schwer zu ertragender Gefühle zu bewahren.

Achten Sie dabei besonders auf Besonderheiten, die sich in einem ähnlichen Alter ereignet haben, in dem sich jetzt Ihr als »auffällig« geltendes Kind befindet. Was war, als ich in diesem Alter war? Was war beim Vater in diesem Alter? Und gehen Sie ruhig noch weiter zurück: Was ist mit den Großeltern gewesen?

Besonders Krieg, Flucht und Vertreibung in Zeiten der NS-Zeit spielen immer noch eine sehr große Rolle. Die damals entstandenen unglaublichen Traumatisierungen und Wunden sind noch lange nicht verheilt. Unaufgearbeitet werden sie von Generation zu Generation weitergegeben. (Mehr dazu in Kapitel 5, Punkt 8)

Clown, Träumer oder Helfer? Rollenbedingte Konflikte und Geschwisterkonstellation

Kinder übernehmen in ihren Familien unterschiedliche Rollen. Welche Rolle ein Kind übernimmt, hängt von sehr vielen verschiedenen Faktoren ab, etwa vom Geschlecht, von der Geschwisterreihenfolge, der Geschwisteranzahl, der Familienform, den Erwartungen und Hoffnungen der Eltern und vielem mehr. Jedes Kind sucht sich seine ganz persönliche Nische, in der es das Gefühl entwickeln kann, sich die Zuneigung der Eltern dauerhaft sichern und eine wichtige Position innerhalb des Familiengefüges übernehmen zu können. Wenn der Erstgeborene zum Beispiel die Rolle des Großen, Vernünftigen oder des verlängerten Arms der Eltern übernimmt, so ist diese Rolle für den Zweitgeborenen nicht mehr frei. Stattdessen sucht dieser sich vielleicht die Rolle des pflegeleichten Kindes, das seinen Eltern keinen Kummer machen möchte, oder des Kreativen, der mit seinen lustigen Ideen die ganz Familie erheitert.

Über die Rollen, die sie als Kinder in ihren Familien gespielt haben, werden sich viele Menschen überhaupt erst im Erwachsenenalter klar, wenn ihnen auffällt, dass sie in bestimmten Verhaltensmustern gefangen sind, die sie womöglich an einer Weiterentwicklung hindern. Oder wenn sie überlegen, warum sie ganz im Gegenteil für bestimmte berufliche Positionen besonders befähigt sind. So haben auffallend viele Menschen, die im sozialen Bereich arbeiten, schon als Kinder Helfer- und Vermittlerrollen übernommen und bringen eine hohe Sensibilität für andere Menschen mit. Auch Pastoren haben sich oft als Erstgeborene für das Wohlbefinden der einzelnen Familienmitglieder, insbesondere der Eltern, verantwortlich gefühlt.

Ich, meine Herkunftsfamilie und mein Beruf: Was konnte ich als Kind schon gut?

Spaßeshalber können Sie auch mal überlegen, warum Sie womöglich in dem Beruf gelandet sind, in dem Sie nun arbeiten:

- Welche Fähigkeiten, die Sie heute im Beruf täglich anwenden, hatten Sie schon als Kind ausgeprägt (verantwortungsbewusst, diszipliniert, diplomatisch, kreativ, belustigend, vermittelnd, verständnisvoll, einfühlend, hilfsbereit …)?
- Und wie haben Sie Ihrer Herkunftsfamilie mit diesen Eigenschaften etwas Gutes getan?

Wenn Eltern Probleme mit ihren Kindern haben, lohnt sich aber auch immer ein kritischer Blick in die aktuelle Familiensituation: Welche Rolle spielt das »auffällige« Kind in der Familie? Wie kommt es, dass es sich diese Rolle gesucht hat? Hat das auch etwas mit den Erwartungshaltungen der Eltern zu tun? Oder mit den eigenen Geschwistererfahrungen in der Kindheit?

Die Rollen, die Kinder übernehmen, sind freilich veränderbar: War ein Kind lange pflegeleicht und fröhlich, so kann es nach einer Weile durchaus zu einem Wutteufelchen oder einem Rebellen werden. Umgekehrt kann aus einem zurückgezogenen, selbstunsicheren Jungen ein selbstbewusster junger Mann werden, wenn er genug Möglichkeiten finden konnte, sich und seine Fähigkeiten zu entdecken und zu entwickeln. Hier gibt es alle möglichen Varianten und Möglichkeiten. Je flexibler innerhalb der Familie mit den Rollen umgegangen werden kann, desto besser ist das für die Kinder: Wenn es möglich ist, dass sich ein als pflegeleicht geltendes Kind auch mal ordentlich danebenbenehmen darf, ohne dass es gleich massiven Liebesverlust erleiden muss, oder ein als Schulversager geltendes Kind beim Sport Erfolge feiern kann, dann fühlen sich die Kinder weniger festgelegt und können sich selbst auf ganz unterschiedliche Weise erleben. Ein schönes Ziel wäre, wenn ein Kind sagen könnte: »Meine Eltern finden mich manchmal schwierig, aber sie schätzen an mir, dass

> Je flexibler in der Familie mit Rollen umgegangen wird, desto besser ist das für die Kinder.

ich so gut malen und so schnell laufen kann und manchmal lieb zu meiner Schwester bin.« Oder: »Meine Eltern machen sich manchmal Sorgen um mich, weil ich so ängstlich bin, aber sie haben auch gemerkt, dass ich manchmal ganz schön mutig bin.« Oder: »Ich bin nicht so sportlich wie meine Schwester, aber dafür kann ich total gut basteln.«

Auch wenn die Geschwisterfolge sicher bedeutungsvoll ist, so sagt sie doch nicht unbedingt etwas darüber aus, wie jemand diese Position empfindet. So kann man weder pauschal sagen, dass die Ältesten sich immer verantwortlich fühlen oder dass das Jüngste immer das Verwöhnteste sein muss. Relevant ist lediglich, wie das Kind seine Position und Rolle innerhalb der Familie wahrnimmt und erlebt. Deshalb ist es sinnvoll, sich gelegentlich zu fragen, wie es den Kindern eigentlich in der Familie so geht.

»Try walking in my shoes«: Wie fühlt sich das »auffällige« Kind in Ihrer Familie?

- Fühlt es sich mit dem, was es für die Familie leistet, wertgeschätzt?
- Hat es das Gefühl, genug Aufmerksamkeit und Freiraum für seine individuelle Entwicklung zu bekommen?
- Hat es das Gefühl, sich in unterschiedlichen Rollen ausprobieren zu können, mal schwach, mal stark, mal frech, mal lieb, mal erfolglos, mal erfolgreich zu sein?
- Oder fühlt es sich vielleicht zu sehr auf eine bestimmte Rolle festgelegt?
- Fühlt es sich auch mit seinen positiven Eigenschaften gesehen?
- Was würden ein Geschwisterkind oder die Großeltern auf diese Frage antworten?

Vielleicht versuchen Sie sich einfach mal in ihr Kind hineinzuversetzen und sich vorzustellen, wie es diese Fragen beantworten würde. Beachten Sie dabei bitte, dass jedes Kind Ihre Familie anders sieht: Lässt man drei Geschwister zum Beispiel die eigene Familie mit Figuren auf einem Familienbrett anordnen oder die Familienmitglieder als Tiere malen, so bekommen Sie mit Sicherheit drei verschiedene Versionen geliefert. Das bedeutet keineswegs, dass eine Variante davon richtig ist und die anderen falsch sein müssen. Es bedeutet lediglich, dass jedes Familienmitglied aus einer anderen, nämlich seiner subjektiven Perspektive schaut und von daher unterschiedliche Szenarien und Stimmungen wahrnimmt. Auch Ehepartner sehen ihre Familie zwar oft ähnlich, aber dennoch keineswegs identisch. Das ist völlig normal und keineswegs ein Zeichen von mangelnder Zuneigung oder zu wenig familiärer Einigkeit.

Sie können auch auf die Suche nach den verschiedenen Rollen gehen, die Ihre Kinder in der Familie besetzen. (Kleiner Tipp: Bitte konzentrieren Sie sich hierbei und auch bei den anderen Übungen nicht nur auf Ihr »problematisches Kind«, sondern nehmen Sie sich genauso viel Zeit für Ihr eventuell »pflegeleichteres«! Es verdient genau so viel Aufmerksamkeit.)

Erfahrungsgemäß suchen sich Kinder ihre Rollen so aus, dass sie diese auch gut ausfüllen können, weil sie die nötigen Voraussetzungen dafür mitbringen. Ein möglicher Weg, die Rolle des Kindes herauszufinden, könnte also sein, zu sehen, was es besonders gut kann und was es mit diesem Können in der Familie bewirkt.

Bedenken Sie bitte auch, dass die »inneren Überzeugungen«, die ein Kind womöglich hat, nicht unbedingt Ihrem eigenen Empfinden entsprechen müssen. Kinder haben sehr sensible Antennen und wittern sehr schnell eventuelle »Gefahren«, die Liebe der Eltern zu verlieren, selbst wenn das womöglich unrealistisch ist. Setzen Sie hier nicht allzu sehr auf die Formel: »Unser Kind weiß doch, dass wir es immer lieben, egal, was passiert!« Das Gefühl, auch dann geliebt zu werden, wenn es den Ansprüchen der Eltern nicht entspricht, kann bei Kindern manchmal erst entstehen, wenn sie auch entsprechende Erfahrungen machen konnten! Sie stellen solche »Sprüche« dann gerne auf die Probe, indem sie manchmal provokativ werden oder schlechte Noten schreiben. Hat Mama mich dann auch wirklich noch lieb? Ist Papa trotzdem noch stolz auf mich?

Um herauszufinden, welche Rollen Ihre Kinder im Familiensystem übernommen haben, könnten Sie die folgende Tabelle als Orientierungshilfe benutzen. Allerdings ist sie längst nicht vollständig, sondern beschreibt nur ein paar wenige, wenn auch recht typische Rollen, die Kinder in Familien besetzen.

Rolle in der Familie	Innere Überzeugung und ggf. Erfahrung	Mögliches Verhalten
Pflegeleichtes Kind/Sonnenschein	»Am meisten Liebe bekomme ich, wenn ich angepasst, brav und pflegeleicht bin.«	Verhält sich brav und angepasst, erfüllt die Erwartungen der Eltern.
Problemkind; Sündenbock	»Ich bekomme am meisten Aufmerksamkeit, wenn ich mich danebenbenehme.«	Sucht Streit, ist latent wütend und aggressiv, vorwurfsvoll.
Intellektueller/ »kleiner Professor«	»Wenn ich besondere Leistungen erbringe, werde ich besonders geschätzt.«	Ist ehrgeizig, leistungsorientiert.
Clown/Entertainer der Familie	»Wenn ich lustig bin und die Stimmung aufheitere, bin ich beliebt und tue anderen etwas Gutes.«	Ist humorvoll, sprachkreativ, witzig und oft bestrebt, gute Stimmung zu verbreiten.
Sittenwächter/ Moralapostel der Familie	»Wenn ich aufpasse, dass in der Familie alles gut läuft, bin ich wichtig.«	Hat hohe moralische Ansprüche, fordert Gerechtigkeit ein, mischt sich ein.

Helfer/Vermittler/ Diplomat	»Wenn ich meine Eltern entlaste oder meinen Geschwistern viel helfe und bei Konflikten vermittle und mich taktisch klug verhalte, mache ich mich unentbehrlich.«	verantwortungsvoll, einfühlsam, hilfsbereit, sensibel
Außenseiter der Familie/Sonderling, der aus der Reihe tanzt/»schwarzes Schaf«	»Ich muss anders sein als die anderen, sonst habe ich keinen Platz.«	Rückzug aus der Familie, starke Abgrenzung
Rebell	»Ich muss kämpfen, um gesehen zu werden.«	Racheimpulse, Wut, Provokation, dauerhafter Widerstand gegen die herrschenden Normen in der Familie
Schwaches, hilfloses Kind Opferrolle	»Wenn ich mich schwach zeige, dann werde ich vor zu hohen Ansprüchen verschont und bekomme Mitgefühl und Aufmerksamkeit.«	Schüchternheit, kränklich, weinerlich

Die Beschäftigung mit den Rollen innerhalb der Familie kann insofern sehr sinnvoll sein, als Eltern ein Gespür dafür bekommen können, warum sich das eine Kind eben eher ruhig und das andere eher aufmüpfig zeigt.

Wenn Eltern ihre Kinder stark auf bestimmte Rollen fixieren (man denke nur an die vielen Elternsprüche à la »X war schon als kleines Kind immer so wütend« oder »Y war schon immer unser Sonnenschein« oder »Z ist seit seiner Geburt ein Problemkind«), kann das für Kinder insofern belastend sein, als sie sich nur noch auf diese Rolle reduziert sehen, sich aber nicht mehr als vielseitige Person mit vielen verschiedenen Facetten wahrgenommen fühlen.

Mögliche Probleme, die durch Kinderrollen und die Geschwisterkonstellation ausgelöst oder begünstigt werden können:

Entthronung und Neuorientierung. Wenn ein Geschwisterchen kommt

Eine potenziell heikle Phase ist für Kinder immer, wenn sich ein Geschwisterchen ankündigt. Zwar sind auch oft Freude und Neugier vorhanden, und in der Regel finden sie es spannend und schön, nun nicht mehr der oder die Kleinste zu sein. Dass sich in diese Freude auch eine Spur Verunsicherung und Eifersucht mischen kann, ist verständlich. Ab nun ist der kleine Prinz, die kleine Prinzessin, bisher Mamas und Papas alleiniger Liebling »entthront«, und er/sie muss sich die Aufmerksamkeit und Zuwendung mit jemandem teilen. Diese Umstellung braucht Zeit und erfordert viel Geduld und Kraft der Eltern. Je stärker sich hier der

Seien Sie nicht entgeistert, wenn der Große das Kleine am liebsten auf dem Flohmarkt verkaufen möchte.

Vater einbringen und sich aktiv um das ältere Kind kümmern kann, desto besser wird die Umstellung gelingen können. Gestatten Sie Ihrem Kind aber auch einfach mal, das kleine Baby »doof« oder »blöd« zu finden. Und seien Sie nicht entgeistert, wenn der Große das Kleine am liebsten auf dem Flohmarkt verkaufen möchte: Dieser Impuls, den kleinen, entzückenden, omnipräsenten und lauten Rivalen aus der Welt zu schaffen, ist ganz normal und gibt keinen Anlass zur Sorge. Schwierig wird es erst dann, wenn es solche aggressiven Impulse permanent unterdrücken muss, diese dann womöglich an anderer Stelle auslässt oder unter dem schlechten Gewissen leidet, ganz schlimme und verbotene Gefühle zu haben. Hier werden die Kinder oft beschämt, indem Eltern sagen: »Du bist nicht lieb, wenn du das sagst.« Oder: »Das darf man nicht sagen. Das ist böse. So etwas will ich nie wieder hören!«

Solche Beschämungen sollten Eltern tunlichst vermeiden. Sie sitzen tief und beeinträchtigen das Selbstgefühl eines Kindes beträchtlich.

Lernfeld »kreatives Streiten«: Warum Geschwisterkonflikte wichtig sind und Eltern gelassen bleiben sollten
Lautstarke Streitereien, ein gewisses Maß an Rivalität und handfeste Auseinandersetzungen unter Geschwistern sind normal und gesund. Je geringer der Altersunterschied, desto größer wird unter Umständen die Rivalität, vor allem, wenn es sich noch um zwei gleichgeschlechtliche Geschwister handelt.

Im Rahmen der vertraulichen Situation können Kinder hier lernen, ihre Bedürfnisse zu formulieren, sich durchzusetzen oder sich auch mal zurückzunehmen. Erfahrungsgemäß greifen Eltern (zu) oft ein, um Streit zu schlichten oder (vermeintliche) Gerechtigkeit herzustellen. Allzu oft entsteht das Bedürfnis, den geschwisterlichen Streit zu beenden, aus dem Gefühl heraus, ein Geschwister beschützen zu müssen, wodurch man dieses Kind quasi in die Opferrolle drängt. Gleichermaßen sehnen sich oft Mütter nach Ruhe und Harmonie und fühlen sich schnell inkompetent, wenn es zu Hause manchmal ruppig, laut oder vermeintlich unfair zugeht.

Wenn Eltern sehr oft oder sehr früh bei Kinderstreit intervenieren, heißt es, sich und seine Intention zu überprüfen:

- Was will ich erreichen, indem ich interveniere?
- Ist es wirklich nötig, etwa weil ein Kind auf das andere tatsächlich massive Gewalt ausübt, ob verbaler oder physischer Natur? Oder befürchte ich das nur?
- Wie sieht mein Partner/Ehemann/meine Freundin das?
- Wie empfinden die Kinder das selbst? Kamen sie schon selbstständig zu Lösungen oder streiten sie heftig, um dann anschließend wieder friedlich miteinander zu spielen?
- Gibt es ein Kind, das möchte, dass Sie seine Partei ergreifen? Ist das wirklich nötig?
- Instrumentalisiert Sie ein Kind, in dem es das andere verpetzt?
- Kann ich Streit schlecht aushalten? Wie kommt das? Macht mir etwas Angst? Bin ich vielleicht familiär vorbelastet? Habe ich selber unter einem brutalen Bruder oder einer fiesen Schwester gelitten und will das meinem Kind ersparen?
- Will ich den Streit wirklich schlichten und eine Win-win-Situation herstellen? Oder sollen die Kratzbürsten einfach mal ruhig sein, weil ich mit meinen Nerven am Ende bin? (Das eine Motiv ist nicht besser als das andere, aber es entspringt einer anderen Quelle.)

Insgesamt kann man Geschwisterkonflikte als wichtige Erfahrungsquelle bezeichnen, auch wenn diese mal ruppig verlaufen oder mit Tränen enden. Inwieweit Eltern, insbesondere Mütter, das aushalten können, hängt sehr von den eigenen Erfahrungen in der Kindheit und der eigenen Toleranz ab. Manche Menschen finden es ganz normal, dass man sich auch mal anschreien darf, andere wiederum bedroht das so heftig, dass sie das unbedingt – auch bei den Kindern – unterbinden müssen. Es ist für Eltern sicher wichtig, sich hier über die eigenen Grenzen klar zu werden, aber auch über die dahinterliegenden Gründe zu reflektieren.

Harmoniezwang: Wenn Geschwisterkonflikte ausbleiben
Ein selteneres Phänomen ist, wenn Kinder einer Familie sich

überhaupt nicht streiten. In solchen Familien herrscht in der Regel ein unausgesprochenes Verbot, zu streiten, weil es entweder den vermeintlichen Familienfrieden oder das Bild der Familie zerstören würde. Oder die Eltern sind so bedürftig, dass sie den Streit der Kinder nicht ertragen können und permanent geschont werden müssen. Insbesondere psychisch labile Mütter müssen oft vor zusätzlichen Belastungen geschützt werden: Die Kinder nehmen sich dann stark zurück, verzichten darauf, ihre Bedürfnisse wahrzunehmen, werden »zu früh« vernünftig und können die beschriebenen Chancen, die in Geschwisterbeziehungen liegen, nicht für ihre persönliche Entwicklung nutzen.

Erwachsene, die in solchen »zwangsharmonischen« Familien aufwuchsen, merken häufig im Nachhinein, dass sie in ihrer Kindheit nicht lernen konnten, konstruktiv zu streiten und ihre Bedürfnisse angemessen zu vertreten. Oft probieren sie das Streiten dann erst mit einem sehr vertrauten Partner aus, bei dem sie keinen Liebesverlust fürchten müssen.

»Plötzlich hatte ich einen gleichaltrigen Bruder«:
Patchwork-Konstellationen
Besondere Situationen entstehen auch, wenn sich Partner mit Kindern aus vorangegangenen Beziehungen zusammentun. Hier muss das Kind sich wieder eine neue Position erobern. Je nachdem, wie gut das funktioniert, kann es zu heftigen Kämpfen und Rivalitäten kommen. Je geringer der Altersunterschied, desto stärker kann das Rivalitätsgefühl werden. Hier gilt: Geduld bewahren, und den einzelnen Kindern Zeit lassen, ihr neues Plätzchen in der neuen Familienkonstellation zu finden. Wenn die jeweiligen Eltern Angst haben, dass ihr jeweils leibliches Kind »zu kurz« kommt, kann sich das zusätzlich auf die Kinder übertragen. Also: Ruhe bewahren, und den Kindern Zeit und Raum geben, sich neu zu »schachteln.« Erwarten Sie von den Kindern nicht, dass sie sich gleich begeistert zeigen von dem neuen Geschwisterchen oder sich immerzu gut verstehen. Akzeptieren Sie Reibereien und Streits.

Falls das große Unruhe oder belastende Probleme mit sich bringen sollte, kann eine begleitende Beratung vielleicht hilf-

reich sein, um dafür zu sorgen, dass sich alle miteinander wohlfühlen können.

Verzogen und verwöhnt? – Mythen über Einzelkinder
Einzelkinder begegnen häufig dem Vorurteil, sie seien verzogen,
verwöhnt und egoistisch. Dafür gibt es zwar sicherlich einzelne
Beispiele, aber längst keine wissenschaftlichen Belege. Einzelkinder verhalten sich in der Regel genauso sozial in Gruppen wie
Kinder, die mit Geschwistern zusammenleben. Natürlich ist es
von Vorteil, wenn die Eltern ihr einziges Kind nicht besitzergrei-
fend, überbehütend und einengend erziehen und
ihm genügend Sozialkontakte ermöglichen – aber
das gilt schließlich für alle Kinder.

> Einzelkinder ver-
> halten sich genauso
> sozial wie Kinder,
> die Geschwister
> haben.

   Die einzige latente »Gefahr« der Einzelkindsi-
tuation lauert darin, dass alle elterlichen Projekti-
onen, Wünsche und Erwartungen auf diesem einen Kind lasten, die andere Eltern auf zwei oder
mehr Kinder verteilen können. Insofern sind Eltern von Einzel-
kindern dazu aufgefordert, sich klarzumachen, dass das Kind
nicht in der Lage sein *kann,* alle ihre Wünsche und Hoffnungen
zu erfüllen. Wenn Eltern das verstehen und beherzigen, ist es für
ein Einzelkind weder schwerer noch leichter als für Kinder mit
Geschwistern, sondern einfach ein bisschen anders.

Schneller, besser, schlauer? Wenn ein jüngeres Geschwisterkind
ein älteres überflügelt
Besonders bitter ist es für ein älteres Kind, wenn das etwas jüngere ihm dem Rang abläuft, also etwa mehr darf, von den Eltern
ernster genommen wird oder es einfach aufgrund besserer
Schul- oder Sportleistungen übertrumpft. Besonders bei gleich-
geschlechtlichen Geschwistern, deren Altersunterschied nicht
sehr groß ist, also maximal drei Jahre beträgt, gibt es ein gewisses »Risiko« der Rollenumkehr. Wenn also ein älteres Kind im
(Selbst-)Vergleich mit einem starken, etwas jüngeren Geschwister schlecht abschneidet, sollten Sie mit besonderer Sensibilität
vorgehen und dafür sorgen, dass das ältere Kind trotzdem der
oder die Ältere bleiben kann.

Auch bei Verhaltensauffälligkeiten sollte immer geschaut werden, ob vielleicht die Geschwistersituation etwas mit den Schwierigkeiten des Kindes zu tun hat. Gerade dieses Gefühl, »vom Kleineren überrundet zu werden«, kann für ältere Brüder oder Schwestern sehr schmerzhaft, kränkend und irritierend sein. Sorgen Sie in diesem Fall unbedingt dafür, dass der Ältere genug Anerkennung bekommt und auch die Möglichkeit, in einer anderen Disziplin zu »glänzen« als der jüngere, erfolgreiche Rivale.

Parentifizierung: Wenn ein Kind zu viel Verantwortung übernehmen muss

Wenn Kinder sehr früh sehr viel Verantwortung übernehmen müssen, etwa als dauerhafte seelische oder praktische Stütze für psychisch oder physisch kranke Eltern, oder wenn sie einem trauernden oder einsamen Elternteil als Partnerersatz dienen müssen, nennt man das *Parentifizierung*. Das Kind übernimmt dann den Part, den eigentlich ein Erwachsener übernehmen müsste, meistens ein Elternteil. Die Rolle des Parentifizierten ist ambivalent: Einerseits ist das Kind stolz, weil es so wichtig ist und so viel Verantwortung übertragen bekommt. Es fühlt sich stark und bekommt viel Anerkennung, weil es schon so selbstständig und unentbehrlich ist. Deshalb jammern parentifizierte Kinder selten: Sie beziehen aus dieser Rolle durchaus Kraft. Andererseits dürfte die frühe Überverantwortlichkeit mit einem Verlust von kindlicher Unbedarftheit und Freiheit einhergehen. Der Leidensdruck kommt oft erst später zum Ausdruck, wenn diese Kinder erwachsen werden und merken, dass sie »zu früh zu vernünftig« werden mussten und zu wenig Entwicklungsspielraum hatten.

Aber Vorsicht: Nicht jedes Kind, das Verantwortung innerhalb der Familie übernimmt und ordentlich mithilft, läuft Gefahr, parentifiziert zu werden.

Besonders in Bezug auf die ältesten Kinder sollten Eltern sich immer wieder mal fragen:

- Übernimmt er/sie zu viel Verantwortung?
- Wofür fühlt er/sie sich in der Familie zuständig?
- Aus welcher seiner (gefühlten) Verpflichtungen sollten wir sie/ihn ausdrücklich entlassen? (»Ich merke, dass du dir viel Sorgen um mich machst. Das brauchst du aber nicht. Ich pass gut selbst auf mich auf.«)

Sandwichposition: Wenn ein Mittelkind sich nicht gesehen fühlt
Die mittleren Kinder hingegen leiden manchmal (!) unter dem Gefühl, nicht genug Platz in der Familie und zu wenig ungeteilte Aufmerksamkeit der Eltern zu haben. Das große Geschwisterkind ist möglicherweise emotional sehr dicht am Vater, das kleine wird von der Mutter verhätschelt, dem Mittleren bleibt dann oft das Gefühl, niemals im Mittelpunkt zu stehen und im Gegensatz zu den jeweiligen Geschwistern eher unwichtig zu sein.

Eltern sehen das oft nicht, vor allem, weil sich ein solches Sandwichkind meist protestlos in die Rolle des gut Funktionierenden fügt und die Eltern oft nicht das Gefühl haben, dass es dem Kind schlecht geht.

Besonders bei mittleren Kindern lohnen sich folgende Überlegungen:

- Wie fühlt sich das mittlere Kind mit seinen Geschwistern?
- Woher bezieht es sein Selbstwertgefühl?
- Kann es sein, dass es manchmal zu kurz kommt? Oder dass es zumindest manchmal das Gefühl hat, zu kurz zu kommen?
- Was würde das ältere Geschwisterkind sagen, wie es dem mittleren geht?
- Und was würde das Jüngste sagen (wenn es schon reden könnte)?
- Könnten wir einen wöchentlichen/zweiwöchentlichen Extratermin einräumen, an dem sich ein Elternteil bewusst dem Mittleren zuwendet?

*Das Nesthäkchen-Syndrom: Wenn das Jüngste sich ständig
als schwach erlebt*

Je mehr Kinder in der Familie leben, desto schwieriger wird es
für das Letztgeborene, eine neue, noch nicht von den Geschwistern besetzte Nische für sich zu finden. Erlebt ein solches Nest-
häkchen seine Brüder oder Schwestern als sehr dominant, so
kann es sich in die Opferrolle hineinmanövrieren, indem es
schnell anfängt zu weinen, zu jammern, herumzutoben oder
sich bei den Eltern zu beschweren. Das ist in gewissem Umfang
eine ganz normale und verständliche Strategie, weil das Kleine
dadurch oft tatsächlich die eingeforderte Hilfe durch die Eltern
erhält, die häufig den Drang verspüren, das Kleine gegen die
Großen in Schutz zu nehmen und zu verteidigen.

Wenn dieses Muster sich aber dauerhaft einprägt, erlebt sich
das kleine Kind immerzu als hilfebedürftig und unselbstständig.
Sein Gejammer geht den Großen dann immer mehr auf die Nerven und das Spiel geht wieder von vorne los.

Eltern mit einem Kind, das dieses »Opfer«-Verhalten zeigt,
sollten diesem Kind in aller Geduld Wege und Möglichkeiten
aufzeigen, sich gelegentlich als stark und selbstwirksam zu erleben. Das kann zu Hause geschehen, indem man die eigenen Ver-
haltensimpulse à la »Ich muss das Kleine doch beschützen!« kritisch hinterfragt und nicht ungeprüft bedient. Das kann auch in
einem Sportverein oder bei einem anderen Hobby geschehen, in
dem sich das Kleine abseits seiner Geschwister als stark, erfolgreich oder kompetent erfahren kann. So kommt das Kind allmählich aus der Nische »Opfer« heraus und kann sich auch mal
anders erleben als hilflos, schwach und klein.

*Nachtschattengewächs. Wenn ein Kind unter einem sehr
erfolgreichen Bruder/einer seiner erfolgreichen Schwester leidet*

Manche Kinder leiden darunter, nicht so leistungsfähig oder erfolgreich wie ein Geschwister zu sein. Es ist natürlich, dass Begabung, Talent und Erfolg in Familien unterschiedlich verteilt
sind. Das ist in der Regel auch kein Problem. Da jedes Kind Talente hat, ist es oft nur die Frage der Bewertung, welches Kind als
besonders erfolgreich gilt – und welches nicht.

Insofern lohnt es sich immer, das eigene Wertesystem zu überprüfen und gegebenenfalls zu verändern.

- Wie wichtig ist mir die schulische Leistung? Halte ich gute Zensuren für wichtiger als Sport/Kreativität/Fantasie/soziale Fertigkeiten?
- Wie vermittle ich meinen Kindern, was mir an ihnen gut gefällt?
- Kann ich meinem nicht so erfolgreichen Kind ganz ehrlich sagen, dass ich es liebe? Oder hindert mich etwas daran? Habe ich vielleicht das Gefühl, etwas falsch gemacht zu haben?
- Was kann mein vermeintlich erfolgloses Kind besser als das erfolgreiche? Kann es besser Gefühle zeigen/für sich sorgen/sich in andere einfühlen …? Was macht es besonders?

Gerade für Kinder, die sich im Schatten eines (vermeintlich?) erfolgreichen Kindes bewegen, kann es hilfreich sein, ein ganz eigenes Gebiet zu finden, auf dem sie erfolgreich sein können, ohne mit dem Geschwister in Konkurrenz zu gehen.

Es nützt übrigens nichts, die Unterschiede zu leugnen. Ein Kind hat sehr feine Antennen und merkt sehr schnell, dass dem Bruder Mathe leichterfällt oder die Schwester viel besser Geige spielt. Das heißt nicht, dass man Kinder in Bezug auf die Leistungsfähigkeit miteinander vergleichen sollte; aber wenn das Kind ohnehin diese Unterschiede spürt, ist es kontraproduktiv, dem Kind zu sagen: »Nein, das ist nicht so. Du bist genau so schlau/schnell/sportlich.« Gehen Sie lieber auf die Gefühlslage Ihres Kindes ein: »Bist du jetzt traurig, weil du das Gefühl hast, deinem Bruder gelingt alles viel leichter als dir?« Lassen Sie Ihrem Kind dieses Gefühl und nehmen Sie es damit an. Reden Sie ihm seine Gefühle nicht aus, auch wenn es sich für Sie schmerzlich anfühlen mag. Denn es wird sich angenommen fühlen und dadurch mehr innere Stärke aufbauen können. Statt gute Ratschläge zu erteilen, könnten Sie Ihrem Kind vielleicht von einer ähnlichen eigenen Erfahrung erzählen:

Nehmen Sie die Gefühle des Kindes an, auch wenn es schmerzt.

Vielleicht waren Sie auch einmal neidisch auf eine Schwester oder eine Freundin. Indem Sie das berichten, vermitteln Sie das Gefühl: »So ist das Leben. Und man kann damit gut leben, seinen eigenen Weg finden und glücklich werden.«

Benachteiligt? Wenn ein Kind das Gefühl hat, dass ein anderes bevorzugt wird

Auch wenn Eltern es oft nicht wahrhaben wollen oder sich dafür schämen: Es ist normal, dass Eltern manche Kinder unbewusst bevorzugen oder ihnen emotional näherstehen als einem anderen. Oft haben diese Vorlieben oder Abneigungen mit eigenen Kindheitserlebnissen zu tun, wenn zum Beispiel das Kind an eine verehrte Schwester oder einen gehassten Bruder erinnert (oder umgekehrt). Oft spielen auch Ähnlichkeiten oder charakterliche Unterschiede eine große Rolle: So kann es sein, dass sich eine Mutter ihrer Tochter sehr nahe fühlt, weil sie sich selbst als Kind in ihr wiederfindet und sich sehr gut in sie hineinversetzen kann. Es kann aber auch sein, dass sie die Tochter ablehnt, eben weil sie sie an sich selbst als Kind erinnert, und zwar mit den Eigenschaften, an die die Mutter nicht erinnert werden möchte. Ein Vater kann z. B. sehr heftig abweisend auf einen schüchternen Jungen reagieren, weil er selber so ein kleiner, schwacher Junge war, sich damit schlecht fühlte und daran nicht denken möchte. Der Junge aber konfrontiert den Vater mit seiner zurückhaltenden Art mit unangenehmen Erinnerungen, worauf dieser unwirsch oder abwehrend reagieren kann.

Kinder, die sich einem offensichtlich geliebten und umsorgten »Sonnenschein« gegenüber zurückgesetzt fühlen, können mit innerem Rückzug, aber auch mit aggressiven Ausbrüchen, Wut und Irritation reagieren. Manchmal agieren sie die Wut, die sie insgeheim auf das (vermeintlich?) bevorzugte Geschwisterkind haben, an anderer Stelle ab, etwa indem sie Kinder in der Schule verprügeln. Die Geschwisterbeziehung wird dadurch entlastet und der Familienfrieden wiederhergestellt, indem das Kind sich ein Opfer außerhalb der Familie sucht.

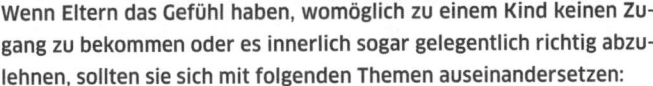

Wenn Eltern das Gefühl haben, womöglich zu einem Kind keinen Zugang zu bekommen oder es innerlich sogar gelegentlich richtig abzulehnen, sollten sie sich mit folgenden Themen auseinandersetzen:

- Welche Gefühle löst das Kind bei mir aus?
- An wen erinnert mich sein Aussehen, sein Verhalten?
- Wie geht es mir im Kontakt mit dem Kind? Kenne ich dieses Gefühl schon von früher? Gibt es eine »alte Geschichte«, die sich hinter dieser latenten Form der Abneigung verbirgt (schlechte Erfahrungen, Traumatisierungen, Kummer, Verlusterfahrungen etc.)? Könnte ich mit jemandem darüber reden?
- Wie geht es dem anderen Elternteil mit dem Kind? Ähnlich oder ganz anders? Kann er/sie hier entlastend und ausgleichend einspringen?

Die Abneigung einem Kind gegenüber hat in der Regel nichts mit Mangel an elterlicher Liebe zu tun. Sondern mit unverarbeiteten und negativen Erlebnissen in der eigenen Geschichte. Wenn Sie diesen auf die Spur kommen, ist das schon ein wichtiger Schritt, um die Beziehung zu dem Kind zu verändern.

Auch hier ist es übrigens nicht ratsam, dem Kind das Gefühl des emotionalen Benachteiligtseins auszureden. Es kann im Gegenteil sehr hilfreich sein, mit dem Kind darüber ins Gespräch zu kommen und dabei freundlich und ehrlich zu bleiben: »Weißt du, manchmal ärgere ich mich so sehr, dass ich mich selbst nicht mehr verstehe. Ich glaube, das hat nicht so viel mit dir, sondern viel mehr mit mir und meiner eigenen Kindheit zu tun.« Das nimmt dem Kind das Gefühl, irgendwie nicht liebenswert oder selbst schuld daran zu sein, dass es ein gefühltes emotionales Minus auf seinem Konto hat.

Bedenken Sie bitte auch: Sie müssen Ihr Kind nicht permanent heftig lieben, um eine gute Mutter/ein guter Vater zu sein. Machen Sie sich frei von der Vorstellung, man müsse sein Kind immer und überall toll finden. Es ist viel hilfreicher und intensiver, sich dem Kind gegenüber aufrichtig und verbindlich zu verhalten, als ihm etwas vorzuspielen. Kinder bemerken unauthentisches Verhalten sofort und werden falschen Versprechungen oder zweifelhaften Aussagen gegenüber sofort skeptisch. Im schlimmsten Fall gerät das Kind in tiefe innere Konflikte, weil es nicht mehr weiß, wem oder was es nun glauben soll: seinen eigenen Gefühlen (»Mama hat mich manchmal nicht lieb«) oder der verbalen Versicherung (»Ich hab dich genau so lieb wie deinen Bruder/deine Schwester«). Auch häufige Doppelbotschaften à la »Natürlich hab ich dich lieb, aber kuscheln will ich nicht mit dir« können zu hochgradiger Irritation führen, die sich wieder in Form von Aggression oder Rückzug äußern kann.

Lückenbüßer: Wenn Kinder Ersatzkinder sind
Wenn ein Kind in einer Familie eigentlich ein Lückenbüßer ist, kann das sehr belastend sein. Solche Konstellationen gab es in der Vergangenheit häufig, wenn z. B. der Bruder im Krieg gefallen war: Der Sohn wurde nach diesem Toten benannt und sollte die schmerzliche Lücke schließen, die der Verlust des geliebten Menschen hinterlassen hatte. Auch wenn eine Mutter eine Fehl- oder Totgeburt erlitten hatte oder ein erstes Kind verstorben war und sie diese Tode nicht genug betrauern konnte, kann das Nächstgeborene eine Lückenbüßerfunktion einnehmen. Kinder, die sich in dieser Rolle gefangen sehen, haben oft das Gefühl, nicht sie selber sein zu dürfen, sondern eigentlich das Leben eines anderen zu leben. Sie beschreiben solche Gefühle allerdings oft erst im späteren Alter, wenn sie sich in Therapie oder einer anderen Selbsterfahrungssituation befinden. Das Gefühl, nicht das eigene, sondern das Leben eines toten Vorfahren leben zu müssen, kann sehr belastend und entfremdend sein und führt nicht selten zu depressiven Verstimmungen. Insofern ist es immer ratsam, sich zu überlegen, ob ein Kind womöglich eine solche Lückenbüßerrolle innerhalb der Familie einnimmt. Man kann dieses Kind aus dieser Funktion entlassen, indem man nachträglich den Tod betrauert, den man durch die Geburt des Kindes verdrängt hat, und man kann dieses Prozedere auch sehr gut ritualisieren.

Überfordert: Wenn das Kind die zugewiesene Rolle
nicht erfüllen kann

Wenn ein Kind mit der Rolle, die es in der Familie zugewiesen bekommen hat, nicht (mehr) zurechtkommt, kann das zu heftigen Ausbruchsversuchen, aber auch zu innerem Rückzug oder Angstzuständen führen. Das kann daran liegen, dass das Kind Schwierigkeiten hat, diese Rolle auszufüllen, etwa weil es sich über- oder unterfordert fühlt, weil es ihm zu anstrengend ist oder die mit der zugewiesenen Rolle verknüpften Anforderungen zu stark mit den eigenen Bedürfnissen kollidieren. In der Regel versuchen Kinder, die ihnen zugewiesenen Rollen möglichst gut zu erfüllen, und sie sind zufrieden, wenn ihnen das gelingt. Erst, wenn sie merken, dass sie die Erwartungen der Familie nicht erfüllen können, ohne dabei Schaden zu nehmen oder dauerhaft zu kurz zu kommen, entsteht Leidensdruck.

Ein Beispiel hierfür ist der Sohn, von dem der Vater erwartet, dass er später einmal die Firma übernimmt. Hinfort erwartet der Vater entsprechendes Interesse an der Firma und seiner Tätigkeit, vielleicht auch ein gewisses dominantes Verhalten, damit der Sohn später als Chef erfolgreich werden kann. Wenn dem Sohn diese Erwartungen dauerhaft zu viel werden oder sie völlig an seinen wahren Interessen vorbeigehen, kann er nur mit widerwilliger Anpassung und hochambivalenten Gefühlen, massiver Rebellion, Aggression oder depressivem Rückzug reagieren.

Ein anderes Beispiel ist das Mädchen, von dem erwartet wird, dass es stets hübsch, adrett und niedlich zu sein habe. Wenn das Mädchen aber von Natur aus vielleicht nicht hübsch und auch eher temperamentvoll-burschikos als mädchenhaft-niedlich ist, wird es der elterlichen Erwartung nicht entsprechen können. Konflikte sind dann programmiert, wenn Eltern nicht flexibel genug sind, von ihren Vorstellungen abzulassen. Viele Konflikte lassen schlagartig nach, wenn Eltern von alten, festgefahrenen Gedankenmustern ablassen und sich von bestimmten inneren Ideen oder Idealen ganz bewusst verabschieden.

Sündenbock. Wenn ein Kind in der Familie immer die Schuld auf sich nimmt

In vielen Familien findet sich ein Kind, das sich selbst als »Sündenbock« empfindet. »Immer bin ich schuld an allem«, heißt es dann manchmal. Aber nicht alle »Sündenböcke« beschweren sich lautstark über diesen Status, den sie in der Familie haben. Manche nehmen diese Rolle mehr oder weniger klaglos auf sich und entlasten damit alle anderen Familienmitglieder. Die Rolle des Sündenbocks kann eine schwere Belastung für die kindliche Psyche sein. Die Stärke, die Kinder aus dieser Rolle beziehen können, liegt darin, dass sie sich als Retter der Familie empfinden und dies auch tatsächlich sind: Denn wenn sie ihre Rolle nicht spielten, dann würden sich andere Familienmitglieder schlecht fühlen, z. B. ein Geschwisterkind oder ein Ehepartner. Das nimmt der Sündenbock ihm ab.

Warum Kinder in eine Sündenbockrolle geraten, hat viele mögliche Ursachen:

- Zunächst muss das Kind eine bestimmte Eigenschaft mitbringen, mit der es in der Familie ohnehin schon aneckt: Es kann z. B. als anstrengend, fordernd, stur, jähzornig, unzugänglich, störrisch o. Ä. erlebt worden sein. Ein schon früh als schwierig erlebtes Kind läuft eher Gefahr, zum Sündenbock der Familie erklärt zu werden, als ein pflegeleichtes Sonnenscheinchen, das seinen Eltern immerzu das Gefühl vermittelt, alles gut und richtig zu machen, also nur das Positive spiegelt;
- Das Sündenbock-Kind löst bei einem der Elternteile extrem negativ besetzte Gefühle aus: Es macht ihm/ihr starke Konkurrenz, droht ihn/sie in den Schatten zu stellen und muss so durch diese Rollenzuschreibung »in Schach gehalten« werden. Oder es verhält sich so, wie man sich selbst niemals erlauben würde, etwa faul, besonders freizügig, frech. Oder aber es lebt eigene Anteile aus, die man selber an sich nicht ausstehen kann und massiv unterdrücken muss, etwa aggressive Impulse, den Wunsch, planlos vor sich hinzuleben, alles hinzuschmeißen und abzuhauen etc.

- Das Sündenbock-Kind erfüllt in der Regel bestimmte elterliche Erwartungen nicht: Es ist nicht gut genug in der Schule, zeigt sich spröde im Umgang, erwidert die elterliche Zuneigung nicht so, wie man sich das wünscht, es spiegelt nicht die vermeintliche elterliche Grandiosität wider, sondern stellt die Eltern und ihr Verhalten infrage usw. Damit macht sich das Kind zum Objekt der Ablehnung, frei nach dem Motto: »Wenn du uns nicht toll findest, lehnen wir dich jetzt auch ab.« Dabei ist völlig egal, wie und wann dieser Prozess begonnen hat, die Frage nach dem Huhn und dem Ei stellt sich hier nicht. Wichtig ist nur, die verhängnisvolle Wechselwirkung zu erkennen und sie ggf. zu durchbrechen.
- Das Sündenbock-Kind erinnert einen Elternteil an einen ungeliebten Bruder, die nervige Schwester oder einen Konflikt mit einer anderen Person; ein Beispiel hierfür:

Eine Frau ist Mutter eines Sohnes und einer Tochter. Der Sohn ist in seiner Entwicklung eher langsam und benötigt viel Hilfe und Zuwendung, die ihm die fürsorgliche Mutter auch geduldig gewährt. Die jüngere Tochter hingegen ist selbstbewusst, eigenständig und ehrgeizig, sie ist sehr gut in der Schule, was die Mutter aber subtil abwertet. Sie will ihr sogar den Gang aufs Gymnasium verbieten mit dem Argument, sie sei damit doch sicher überfordert. Darüber hat sich die Tochter so empört, dass sie die Mutter genötigt hat, eine Beratung aufzusuchen. Dem erstaunten Berater gegenüber zeigt sich, dass die Mutter in der Tochter die eigene Schwester ablehnt, die immer »viel besser« gewesen sei als sie selbst und immer alles erreicht habe, was sie erreichen wollte. An der Tochter wollte sie sich unbewusst für das rächen, was die Schwester ihr damals »angetan« hatte.

Stilles Leid – übersehenes Leid? Auch pflegeleichte Kinder können Kummer haben

Wenn wir über Kinderkummer reden, müssen wir immer ein bisschen aufpassen, uns nicht ausschließlich auf die lauten, »störenden« Kinder zu konzentrieren. Naturgemäß fallen diese Kinder einfach mehr auf, weil sie unsere Vorstellungen vom harmonischen Familienleben durchkreuzen, unseren Alltag erschweren oder den Schulunterricht durcheinanderwirbeln und mitunter eben auch andere Leute nerven. Um ein solches Kind muss man sich sofort kümmern, damit es sein unerwünschtes Verhalten möglichst rasch unterlässt – das ist zumindest immer unser erster Impuls.

Das ist nicht ganz falsch, schließlich müssen wir andere Kinder vor dem kleinen »Aggressor« schützen und sind bestrebt, »Herr oder Herrin der Lage zu bleiben«. Mit dieser »Hab-acht«-Stellung macht man sich aber auf die Dauer eher zur Marionette des Kindes, das sozusagen unsere Strippen zieht und uns nach seiner Lust und Laune tanzen lässt. Insofern muss man genau aufpassen, nicht immer nur auf die befürchteten Aktionen des »auffälligen Kindes« zu warten und dann reflexartig zu reagieren, sondern schon im Vorfeld, also sozusagen »proaktiv« Situationen schaffen, in denen man sich dem Kind und seinen spontanen »Nervaktionen« nicht hilflos ausgeliefert fühlt (mehr dazu in Kapitel 5, Punkt 9).

Über die (verständliche) Konzentration auf das störende, laute, »auffälligere« Kind verlieren Eltern (und Lehrer sowieso!) die ruhigeren Kinder oft völlig aus dem Blick. Doch auch ein Kind, das sich pflegeleicht, angepasst und ruhig verhält, braucht die Zuwendung und Aufmerksamkeit der Eltern, manchmal sogar ganz besonders. Es hat schon verinnerlicht, möglichst »gut« und »störungsfrei« funktionieren zu müssen, und fordert keine besondere elterliche Aufmerksamkeit ein. Ständiges Wohlverhalten kann Kindern gelingen, solange sie gut in der Schule und innerlich stabil genug sind, um emotional »bescheiden« leben zu können.

> Auch ein pflegeleichtes Kind braucht Zuwendung, manchmal sogar ganz besonders.

Innere Konflikte entstehen erst dann, wenn das pflegeleichte Kind doch einmal Hilfe benötigt, sich das Einholen dieser Hilfe aber selber verbietet oder diese Bedürftigkeit für das Kind mit dem Gefühl von Angst oder Scham verbunden ist: »Wenn ich davon ausgehe, dass ich bloß nicht auffallen darf, weil dafür kein Platz vorgesehen ist, dann wage ich auch nicht, plötzlich mit Problemen zu kommen.« Auf diese Weise kann sich ein

Kind überfordert und einsam fühlen, in seinen inneren Nöten nicht gesehen.

Insofern ist es wichtig, insbesondere dann, wenn ein »auffälliges« oder einfach nur besonders lebhaftes Geschwisterkind dem anderen immer die »Show« stiehlt, zu überlegen, wie es dem stilleren Kind wohl geht. Fragen Sie doch einfach mal nach, was es sich wünschen würde, wenn eine Fee käme, die ihm drei Wünsche erfüllen möchte. Vielleicht merken Sie aber auch schon an seiner Antwort, wie wenig es Sie »in Anspruch« nehmen möchte. Frei nach dem Motto: »Ihr habt doch schon so viele Probleme mit X, dann kann ich nicht auch noch Stress machen.«

So sind Kinder: Wenn sie merken, dass die Eltern zu sehr belastet sind, nehmen sie sich und ihre Bedürfnisse und Wünsche zurück, um Mama oder Papa zu schonen. Vorübergehend ist das sicher kein Problem, bis zu einem gewissen Maß ist es Kindern durchaus zuzumuten, ihre Belange gelegentlich hintanzustellen. Zur psychischen Belastung wird das für Kinder erst, wenn dieser Zustand über einen langen Zeitraum besteht und er sich für das Kind als scheinbar unveränderbar darstellt.

Immer brav und zufrieden?
Die Rolle des »Sonnenscheins« hinterfragen

- Wenn Sie das Gefühl haben, dass eines Ihrer Kinder gelegentlich oder dauerhaft zu kurz kommt, dann versuchen Sie, sich in das Kind einzufühlen. Nehmen Sie hin und wieder seine Perspektive ein und überlegen Sie, wie es ihm mit dem »dominanten« Geschwister geht und wie es sich in seiner Rolle als »pflegeleichtes« Kind wohl fühlen mag:
- Welche Vorteile hat das Kind in dieser Rolle? Z.B.:
- Es wird in Ruhe gelassen.
- Es bekommt keinen Ärger.
- Der Bruder/die Schwester legt sich mit den Eltern an und kämpft vielleicht auch im Interesse des stillen Kindes mit und bahnt damit bestimmte Wege usw.
- Was könnte das Kind evtl. als Nachteil dieser Rolle empfinden?
  - Es wird immer erwartet, dass es »gut funktioniert«.
  - Keiner fragt, wie es ihm geht; weil alle davon ausgehen, dass alles in Ordnung ist.

- Es wird evtl. von dem anderen Geschwisterkind angefeindet, weil es das »Lieblingskind«, der kleine »Sonnenschein« der Familie ist.
- Es traut sich nicht, seine Sorgen vorzutragen.
- Es verdrängt eigene Bedürfnisse und Aggressionen etc.

- Was würde Ihr Partner sagen, wie sich das »stillere«, angepasstere, brave Kind in der Familie fühlt?
- Was würde das dominantere/lautere Kind sagen, wenn man es fragte, wie es seinem Bruder/seiner Schwester in der Familie geht?
- Was könnte das brave Kind unter Umständen manchmal gut brauchen?
- Wie könnten Sie dafür sorgen, dass es im Familienleben nicht »untergeht«, sondern ebenso viel Aufmerksamkeit bekommt wie das »problematischere«, lautere oder streitlustigere Kind?

Die Bedeutung der eigenen Geschwistererfahrungen für die Erziehung

Dass Geschwister für die persönliche Entwicklung eines Kindes von besonderer Wichtigkeit sind, ist eigentlich keine neue Erkenntnis. Dennoch wird Geschwisterbeziehungen in Beratung und Therapie oft zu wenig Bedeutung eingeräumt. Das betrifft z. B. die Analyse der Situation, in der sich ein »auffälliges« Kind befindet: Hier sollten Eltern, Erzieher, Lehrer und Berater immer in ihre Überlegungen einbeziehen, dass es unter Umständen auch einen massiven oder unerkannten Konflikt mit einer Schwester oder einem Bruder geben könnte.

Andererseits wird oft auch übersehen, dass Eltern mitunter belastende Erfahrungen mit den eigenen Geschwistern gemacht haben, die dann unbewusst in die Erziehung der Kinder mit einfließen. Einige anschauliche Beispiele hierfür haben wir bereits gesehen.

Für alle Eltern kann es also hilfreich sein, einmal einen Blick in die eigene Geschwistergeschichte zu werfen. Insbesondere aber Eltern, die ein einigermaßen getrübtes Verhältnis zu einem ihrer Kinder haben, könnten dieses entschärfen, indem sie eventuelle eigene alte und ungelöste Konflikte mit ihren Geschwistern bearbeiten.

Kinder vor Projektionen schützen: Die eigenen Geschwistererfahrungen reflektieren

Hierfür könnten folgende Fragen hilfreich sein:

- Kann ich es nicht aushalten, wenn die Kinder streiten? Durften wir früher streiten? Wie war das? Wie hat sich das für mich angefühlt?
- Erinnert mich eines meiner Kinder an meine Schwester/meinen Bruder? Was für Gefühle löst das aus?
- Habe ich das Gefühl, ein Kind besonders schützen zu müssen? Woher kommt dieses Gefühl?
- Mit welchem Kind kann ich mich am besten identifizieren? An wen erinnert mich dieses Kind? Vielleicht an mich selbst, als ich klein war? Oder an eine geliebte Schwester?
- Welches Kind oder kindliche Verhalten ist mir besonders fremd oder unangenehm? Hat das etwas mit meinen eigenen Geschwistern zu tun?
- Wie habe ich mich früher selbst im Kontakt mit meinen Geschwistern wahrgenommen (schwach, hilflos, stark, mutig, beschützend ...)?
- Welche Position habe ich in der Familie eingenommen? Wie hat sich das für mich angefühlt? Was hat mir daran gut gefallen, was weniger?
- Wie bin ich von meinen Geschwistern behandelt worden?
- Was möchte ich bei meinen Kindern am liebsten vermeiden? Was soll mein Kind auf keinen Fall erleben, was ich erlebt habe?

Ergänzen Sie, am besten auf einem Blatt Papier, spontan:

- Meine ältere Schwester/mein älterer Bruder war meistens viel _____ als ich.
- An meiner jüngeren Schwester/meinem jüngeren Bruder hat mich oft genervt, dass sie/er _____ _____
- Ich war meistens _____ als mein Bruder/meine Schwester.
- Mein Vater hat _____ wahrscheinlich am liebsten gehabt.

185

– Meine Mutter bevorzugte meistens _____

– Meine Schwester/meinen Bruder hat an mir gestört, dass ich
_____
_____

– Meine Schwester/mein Bruder mochten mich, wenn ich ____
_____
_____

– Als Kind musste ich in meiner Familie oft dafür sorgen, dass
_____
_____

– Am meisten Zuwendung habe ich bekommen, wenn ich ____
_____
_____

– Probleme/Ärger in der Familie gab es, wenn ich _____
_____
_____

– Ich habe meine Schwester/meinen Bruder oft beneidet, weil
_____
_____

– Was ich meiner Schwester/meinem Bruder schon immer mal
sagen wollte, mich bis jetzt aber noch nicht getraut habe: __
_____
_____

Reflektieren Sie abschließend:

- Was für Gefühle kommen hoch?
- Wie sind Sie früher mit diesen Gefühlen umgegangen, wie machen
  Sie das heute?

Wichtig: Sollten hier traurige oder beängstigende Gefühle hochkommen (was durchaus normal wäre), so denken Sie bitte daran, dass das Ihre kindlichen Gefühle sind. Also Gefühle, die Sie hatten, als Sie sich noch hilflos und abhängig fühlten und es auch waren. Nun sind Sie erwachsen und weder hilflos noch abhängig! Bringen Sie sich also mental nach dieser kleinen Übung unbedingt wieder in die Gegenwart zurück, damit Sie nicht in eventuellen unangenehmen oder belastenden Gefühlen hängen bleiben. Und denken Sie daran: Sie tun das alles, um Ihre eigenen Kinder besser zu verstehen und zu entlasten. Insofern lohnt sich manchmal ein Blick in die Vergangenheit.

Vielleicht haben Sie Parallelen entdeckt: Sehen Sie in Ihrem Kind manchmal das nervige eigene Brüderchen oder Schwesterchen? Dann helfen Ihnen diese Erkenntnisse sicher dabei, Ihr Kind nun auch mal »anders« zu betrachten als mehr oder weniger getrübt durch die Brille der gekränkten Schwester oder des gekränkten Bruders.

Fünf

»Hilfe, mein Kind nervt!«
⑩-Punkte-Plan für gestresste Eltern

Wenn Sie Probleme mit Ihrem Kind haben und Ihre Nerven öfter blank liegen, haben Sie vielleicht eine tiefe Sehnsucht nach schneller Entlastung und dem Gefühl, endlich etwas Konkretes tun zu können. Das ist verständlich. Leider gibt es für komplexe Probleme aber keine schnellen Lösungen. Insbesondere wenn die Konflikte schon seit geraumer Zeit Ihren Familienalltag dominieren, ist mit einer schnellen Lösung nicht zu rechnen.

Das heißt nicht, dass Sie nichts tun könnten – im Gegenteil! Sie können sehr viel tun, um Ihre Familiensituation positiv zu verändern. Sie müssen sich aber klar darüber sein, dass das nicht von heute auf morgen geht und dass es bei allen Fortschritten, die Sie machen, auch hin und wieder kleinere Rückfälle geben wird. Seien Sie also geduldig mit sich, aber auch mit den anderen Familienmitgliedern.

Familien sind sehr komplexe Gefüge aus sehr unterschiedlichen Menschen, die wiederum selbst viele verschiedene und zum Teil auch sich widersprechende Bedürfnisse und Gefühle haben. Insofern ist es vielleicht nachvollziehbar, dass Veränderungen im Familiensystem immer ein bisschen Zeit brauchen. Bis neu gewonnene Erkenntnisse im Familienleben und auch im Verhalten der einzelnen Personen zur Geltung kommen können, kann es Wochen bis Monate dauern. Sie können aber davon ausgehen, dass diese Veränderungen dann nicht nur an der Oberfläche, sondern in der Tiefe wirken – und dann auch nachhaltig sein können. Voraussetzung dafür sind allerdings ein langer Atem und die Bereitschaft mehrerer Familienmitglieder, die positiven Veränderungen innerhalb des Familiensystems mitzugestalten.

In diesem Kapitel habe ich nun einige Anregungen aus der therapeutischen Praxis zusammengestellt, die vielleicht erste Weichen in Richtung Veränderung stellen könnten.

Lesen Sie die zehn Überschriften durch und überlegen Sie in Ruhe, was Sie davon am meisten anspricht und was am meisten Unlust hervorruft. Machen Sie eine innere Prioritätenliste und überlegen Sie, welche Übung für Sie die erste Wahl wäre und welche die »letzte«.

1. Probleme – na und? Wie Sie gelassen bleiben und Schluss mit Schuldgefühlen machen
2. Neu fokussieren: Wechseln Sie die Perspektive!
3. Was ist bloß los? Das »auffällige« Kind verstehen lernen
4. In Kontakt bleiben: Wie man auch »schwierige« Kinder weiter lieb haben kann
5. Und wie geht's Ihnen so? Nehmen Sie sich Zeit für sich selbst!
6. Keine Angst vor Gefühlen! Tipps für den Umgang mit Wut und Aggressionen
7. Schluss mit dem Wiederholungszwang: Wie Sie alte Denkmuster aufspüren und durchbrechen
8. Omas Nähkästchen und andere interessante Familiengeschichten: Werfen Sie einen Blick in die Vergangenheit
9. Machen Sie's doch einfach anders: Veränderung fängt bei uns selber an
10. Wenn der Leidensdruck zu hoch wird: Sich Hilfe holen

Sie haben es sicher schon befürchtet: Am effektivsten wäre es, genau dort anzusetzen, wo Sie nicht hinschauen wollen, also den Punkt zu beackern, der bei Ihnen die meisten Widerstände auslöst. Sie können sich natürlich auch erst langsam herantasten und erst die etwas leichteren »Übungen« angehen.

Es wäre jedoch schade, wenn Sie die Chancen nicht nutzen würden, die in den eher unangenehmen Überlegungen stecken. Denn erfahrungsgemäß verstecken sich hier die üppigsten Erkenntnisquellen. Es liegt ganz an Ihnen, ob Sie diese anzapfen wollen. Aber wie heißt es so schön? Wer nicht wagt, der nicht gewinnt. Insofern kann ich Sie nur ermutigen, sich auch mit den schwierigeren oder schmerzlicheren Angelegenheiten Ihres Lebens auseinanderzusetzen. Es ist nicht nur für Sie selbst heilsam, sich über bestimmte Zusammenhänge in Ihrem Leben klar zu werden. Sie entlasten auch Ihre Kinder damit.

❶ Probleme – na und? Wie Sie gelassen bleiben und Schluss mit Schuldgefühlen machen

Eltern, die sich mit »schwierigen« Kindern oder wiederkehrenden familiären Konflikten herumschlagen, leiden oft unter heftigen Schuld- oder Schamgefühlen. Viele Familien manövrieren sich bei dem Versuch, ein Problem in den »Griff« zu bekommen, in einen destruktiven Teufelskreis aus Vorwürfen, Selbstvorwürfen und Gegenvorwürfen. Ein erster Schritt aus diesem Teufelskreis wäre, von Schuldgefühlen abzulassen. Der zweite dann, von Schuldzuweisung abzusehen.

Schuldgefühle sind überflüssig und kontraproduktiv.

Sie haben richtig gelesen: Schuldgefühle sind überflüssig und kontraproduktiv. Es gibt viele Gründe, sich von ihnen zu verabschieden:

• Schuldgefühle untergraben das Selbstwertgefühl
  Schuldgefühle tun weh und gehen an die Substanz. Wer häufig unter Schuldgefühlen leidet, ramponiert dauerhaft sein Selbstwertgefühl.

• Schuldgefühle führen zur Selbstbestrafung
  Menschen, die unter Schuldgefühlen leiden, neigen dazu, sich unwürdig oder schlecht zu finden. Dann steht es ihnen auch nicht zu, sich wohlzufühlen oder glücklich zu sein.

• Schuldgefühle blockieren Gefühle
  Hinter einem schlechten Gewissen verstecken sich andere

Gefühle wie Hilflosigkeit, Trauer oder Schmerz. Erst wenn wir die Gefühle hinter den Schuldgefühlen wahrnehmen, können wir erkennen, wo wir Wunden haben, die noch nicht verheilt sind.

- Schuldgefühle verhindern Veränderung und Wachstum
  Wer sich tatsächlich dauerhaft unfair verhält, z. B. wiederholt seine Kinder beschimpft oder schlägt, und dann immer wieder über Schuldgefühle jammert und Besserung gelobt, bringt so zum Ausdruck, dass er das »Schlechte« seines Verhaltens erkennt. Und dass er weiß, was er stattdessen zu tun hätte. Leider tut er es aber oft nicht. Klassische Beispiele sind auch der reuevoll scheinende Alkoholiker oder der untreue Ehemann, der sowohl seiner Frau als auch der Freundin gegenüber ein schlechtes Gewissen hat, aus dem komplizierten Beziehungsgefüge aber nicht ernsthaft aussteigen will. Schuldgefühle können so unheilvolle Dynamiken stabilisieren. Schuldgefühle machen gemachte »Fehler« nicht rückgängig und halten uns auch nicht davon ab, dieselben (oder andere) Fehler wieder zu begehen.
  Um an unseligen Situationen, in denen man selber leidet und auch andere leiden, etwas zu ändern, braucht es mehr als ein schlechtes Gewissen. Nämlich den Mut, hinter den Schuldgefühlen nach den tiefer liegenden Problemen zu suchen.

- Schuldgefühle machen überverantwortlich
  Menschen mit Schuldgefühlen neigen dazu, vermeintliche Schuld dadurch zu tilgen, dass sie sich für alles und jeden verantwortlich und zuständig fühlen. Sie laden sich unendlich viele Aufgaben auf, können schlecht »Nein« sagen, wenn jemand sie um Hilfe bittet, und gehen über die Grenzen ihrer Belastbarkeit ständig hinaus.

- Schuldgefühle belasten unsere (Familien-)Beziehungen
  »Du bist schuld daran, dass es mir schlecht geht!« In (Familien-)Beziehungen werden direkte oder indirekte Beschuldigungen oft eingesetzt, um eigene Ziele durchzudrücken.

Menschen, die zu Schuldgefühlen neigen, werden so emotional erpressbar.

- Schuldgefühle verhindern Empathie
Mütterliche/väterliche Schuldgefühle machen es schwierig, auf Kinder mitfühlend einzugehen, weil die Eltern sich an deren Kummer (mit)schuldig fühlen. Weil sie das kaum ertragen können, versuchen sie, die Probleme ihrer Kinder klein- oder wegzureden. Oder sie brechen sofort unter der Last der Schuldgefühle zusammen und taugen dann als Ansprechpartner auch nicht mehr viel. Für Kinder, die ein authentisches Gegenüber brauchen, kann dies fatale Folgen haben.

- Schuldgefühle sind Schutzschilder
Schuldgefühle werden oft präventiv eingesetzt: Wenn ich selbst schon ein schlechtes Gewissen habe, kann mich die Kritik des anderen nicht verletzen. Das glaube ich zumindest. In Wirklichkeit bin ich für die Kritik des anderen nicht offen und will seine Sicht der Dinge lieber nicht kennenlernen. Schuldgefühle panzern uns wie Schutzschilder, verhindern aber auch Nähe und Kontakt.

- Schuldgefühle verhindern Versöhnung
Schuldgefühle nach Streitereien, Trennungen und eskalierten Konfliktsituationen verhindern ein ehrliches und offenes Aufeinanderzugehen. Versöhnung wird erst möglich, wenn wir Schuldgefühle überwunden und ein angemessenes Schuldbewusstsein und einen realistischen Blick auf das Geschehene entwickelt haben. Dann können wir unser Verhalten verstehen, uns selber und – wenn nötig – auch anderen verzeihen.

- Schuldgefühle sind Energiefresser
Da sich Schuldgefühle wie eine schwere Last anfühlen, versuchen wir uns möglichst rasch von ihnen zu befreien. Schuldgefühle zu vermeiden, zu verdrängen und gegen sie

anzuarbeiten ist eine anstrengende Arbeit. Diese Kraft könnten wir eigentlich besser in unserem anspruchsvollen Familienalltag oder für die schönen Dinge des Lebens brauchen.

- Schuldgefühle machen manipulierbar
  Wer zu Schuldgefühlen neigt, tut Dinge, die er eigentlich nicht tun möchte. So machen uns Schuldgefühle manchmal auch unaufrichtig. Statt zu sagen: »Ich möchte das nicht machen«, tun wir es doch, fühlen uns aber schlecht dabei. Besonders Frauen sagen oft »Ja«, obwohl sie eigentlich lieber »Nein« sagen würden. Solche Menschen kann man wunderbar zu seinen eigenen Zwecken ausnutzen. Das spüren natürlich auch Kinder!

- Schuldgefühle provozieren Schuldzuweisungen
  Weil Menschen, die schnell Schuldgefühle entwickeln, diese schon im Vorfeld abzuwehren versuchen, sind sie auch oft geneigt, die »Schuld« bei anderen zu suchen. Das in Beziehungen und Familien so beliebte Schwarze-Peter-Spiel trägt aber nicht zur Problemklärung bei, sondern vertieft die Kluft zwischen streitenden Parteien und verhärtet unterschiedliche Positionen. Schuldgefühle und Schuldzuweisungen sind zwei Seiten einer Medaille.

Machen Sie sich also frei von dem Gedanken, dass Sie vielleicht eine schlechte Mutter oder ein schlechter Vater seien, »alles« falsch gemacht oder irgendwie versagt hätten. Schauen Sie sich an, was alles gut läuft in der Familie. Überlegen Sie sich (vielleicht mit Ihrem Partner), was Sie schon alles miteinander erreicht haben. Überlegen Sie, ob Sie vielleicht zu wenig würdigen, was Sie alles täglich leisten. Und beschäftigen Sie sich ausnahmsweise mal nicht überwiegend mit Ihrem »auffälligen« Kind, sondern mit Ihrem schlechten Gewissen.

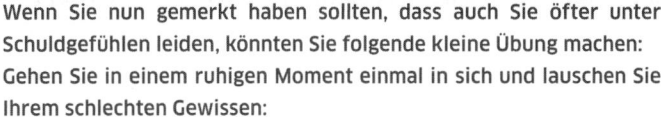

Wenn Sie nun gemerkt haben sollten, dass auch Sie öfter unter Schuldgefühlen leiden, könnten Sie folgende kleine Übung machen: Gehen Sie in einem ruhigen Moment einmal in sich und lauschen Sie Ihrem schlechten Gewissen:

- Was genau sagt Ihnen Ihr schlechtes Gewissen? Wessen Stimme hat es? Welche Formulierung benutzt es, was genau wirft es Ihnen vor?
- Und welche Gefühle löst es aus? Wut, Ärger, Ohnmacht, Traurigkeit?
- Kommt Ihnen das bekannt vor? Gab es schon früher diese innere Stimme, die Ihnen suggeriert hat, Sie seien irgendwie »nicht in Ordnung« oder machten etwas »falsch«?
- Sind diese Vorwürfe der Ansicht Ihres Partners oder einer Freundin nach wirklich gerechtfertigt?
- Möchten Sie gerne beweisen, dass Sie eine gute Mutter/ein guter Vater sind? Wem?
- Können Sie den Gedanken ertragen, keine perfekte Mutter perfekter Kinder zu sein? Sondern ein ganz normaler Mensch mit ganz normalen Kindern? Fällt es Ihnen eher schwer oder eher leicht, kleinere »Macken« bei sich oder anderen mit Humor zu nehmen und menschlich zu finden?
- Was würde Ihnen helfen, zu mehr innerer Gelassenheit zu finden?
- Wie könnten Sie Energie tanken, um die Probleme in Ihrer Familie tatkräftig anzupacken?

Machen Sie sich klar, dass Sie keine schlechte Mutter sind, nur weil Ihr Kind Probleme hat und/oder macht. Schuldgefühle und Grübeleien über vermeintliche »Fehler« in der Erziehung bringen uns nicht weiter. Im Gegenteil: Oftmals verhindern sie, kreativ und konstruktiv in die Zukunft zu blicken und das Problem ernsthaft anzugehen.

Also: Werfen Sie das schlechte Gewissen über Bord und sehen Sie den aktuellen Schwierigkeiten freundlich und mutig ins Gesicht. Probleme sind dazu da, um sie zu lösen. Und nicht, um sich ihretwegen schlecht zu fühlen oder kleinzumachen.

❷ Neu fokussieren: Wechseln Sie die Perspektive!

Eltern, die sich schon seit geraumer Zeit in einem Dauerkonflikt mit ihrem Kind befinden, fühlen sich oft gefangen im ewig wiederkehrenden Muster von Streit, Wut und Ärger. Und auch wenn die akuten Streitereien oder Kämpfe wieder abebben, so bleibt der darunterliegende Grundkonflikt ungelöst. Dann braucht es wieder nur einen kleinen Funken, einen klitzekleinen Anlass, und das Feuer ist wieder entfacht. Und der Krach ist wieder da. Wer sich in einer solchen Spirale befindet, sieht verständlicherweise keinen Ausweg. Viele Eltern fühlen sich diesen Mechanismen dann ausgeliefert. Das sind sie aber nicht, auch wenn im Moment die Lage noch so aussichtslos zu sein scheint.

Ein wichtiger Schritt, der eine familiendynamische Veränderung einleiten könnte, besteht darin, den eigenen Blickwinkel zu verändern! Wer immer nur aus derselben Perspektive schaut, wird an dem Beobachteten nichts Neues erkennen können. Betrachten Sie etwa eine Skulptur immer nur von hinten, so können Sie nicht wahrnehmen, wie Sie von vorne aussieht. Wenn die Skulptur sich aber nicht dreht, müssen Sie sich bewegen, wenn Sie auch die anderen Seiten zu Gesicht bekommen wollen. Also: Bewegen Sie sich in diesem Sinne und versuchen Sie, Ihr Kind, das Problem, Ihre Familie auch mal aus einem anderen Blickwinkel wahrzunehmen.

> Wer immer nur aus derselben Perspektive schaut, wird nichts Neues erkennen können.

Versuchen Sie z. B., das Kind mit den Augen eines an dem Konflikt Unbeteiligten zu sehen. Stellen Sie sich vor, Sie seien eine Tante oder eine entfernte Bekannte und müssten auf dieses Kind vorübergehend aufpassen. Was passiert? Entdecken Sie plötzlich ein ganz anderes Kind? Oder zumindest ganz andere Facetten dieses Kindes?

Diese kleine Übung könnte Ihnen helfen, wieder eine gesunde Distanz herzustellen, die uns in stressigen Lebensphasen manchmal abhandenkommt. Außerdem ermöglicht sie Ihnen, Ihr Kind wieder einmal mit einem ganz anderen Blick zu bedenken. Vielleicht entdecken Sie nun wieder das liebenswerte, zarte Wesen hinter dem kleinen, störrischen Bock? Oder einfach ein trauriges Kind, das sich hinter »angeberischem Getue« versteckt? Wenn Eltern in der Lage sind, ihr Kind nicht auf das Problematische zu reduzieren, sondern das Problematische nur als einen kleinen Teil seiner Person und seines Verhaltens zu betrachten, so können sie meistens wieder etwas gelassener mit den familiären Schwierigkeiten umgehen.

Ebenso hilfreich können ganz kleine »Umdenkmanöver« sein, wie die folgende Übung zeigt.

Von Beurteilungen ablassen und Verantwortung für die eigenen Gefühle übernehmen

Versuchen Sie, nicht mehr über das Kind, sondern ausschließlich von sich und Ihren Gefühlen zu sprechen:

- Sagen Sie nicht: »Mein Kind nervt!«, sondern: »Ich bin genervt von meinem Kind.«
- Sagen Sie nicht: »Mein Kind stört!«, sondern: »Mich stört es, dass mein Kind so laut/unruhig/zappelig ist!«
- Sagen Sie nicht: »Mein Kind ist so aggressiv!«, sondern: »Ich halte es schlecht aus, wenn mein Kind so aggressiv/wütend/trotzig … ist!«, usw.

Sie werden merken, dass es ein großer Unterschied ist, ob Sie das Kind in seiner Gesamtheit »beurteilen« oder ob Sie sich auf das Gefühl konzentrieren, dass das Kind mit seinem Verhalten in Ihnen auslöst.
Sie werden merken, dass der Fokus sich verändert: Nicht mehr das Kind steht im Mittelpunkt Ihrer Aussage, sondern Sie selbst sind es.
Damit übernehmen Sie die Verantwortung für Ihre Gefühle. Ihr Kind ist – auch wenn es noch so nervig ist – nicht verantwortlich dafür, wie Sie sich fühlen. Auch wenn es Auslöser und Provokateur sein mag: Schuld ist es an Ihren Gefühlen trotzdem nicht. Und wie Sie mit Ihren Gefühlen dann umgehen, liegt auch ganz allein in Ihrem Ermessen. Reagieren Sie gereizt oder genervt, werden Sie laut und ärgerlich? Das ist verständlich, menschlich nachvollziehbar. Die Schuld Ihres Kindes ist es dennoch nicht.

Sie könnten auch einmal versuchen, das Verhalten des Kindes, das Sie gewöhnlich für problematisch halten, positiv zu sehen.

Was bringt das Kind damit in Bewegung? Was traut es sich, was Sie sich nicht trauen würden? Inwiefern fordert es Sie heraus? Und was könnten Sie daraus für sich lernen?

❸ Was ist bloß los? Das »auffällige« Kind verstehen lernen

Wenn Sie eine Ahnung davon bekommen möchten, was in Ihrem Kind vorgeht, könnten Sie sich langsam an den folgenden Fragen abarbeiten. Lassen Sie sich dabei Zeit, überdenken Sie Ihre Antworten immer wieder oder sprechen Sie darüber mit Ihrem Mann/Ihrer Frau/einem Partner oder einer guten Freundin.

- Wann hat sich das Verhalten Ihres Kindes verändert? Gab es einen konkreten Auslöser? Was ist in dieser Zeit oder kurz vorher passiert?
  Oft sind Krankheiten von Familienangehörigen, der Tod eines Verwandten, Umzüge, Geburten von Geschwisterkindern oder Arbeitsplatzverlust der Eltern ein Auslöser für »auffälliges« Verhalten.
  Bedenken Sie: Es *muss* nichts äußerlich Gravierendes sein, das Irritationen hervorruft. Es können auch kleinere Bemerkungen sein, die in einem Streit gefallen sind, die Ihr Kind vielleicht aufgeschnappt hat und sich zu sehr zu Herzen nimmt. Oder Ihr Kind erspürt diffuse Stimmungen, die es nicht richtig einordnen kann und deren Bedeutung es nicht versteht. Das kann unter bestimmten Umständen auch kindliche Ängste auslösen.

- Wie hat sich das Verhalten des Kindes verändert?
  Beschreiben/imaginieren Sie eine typische Situation, in der sich Ihr Kind exakt so verhält, wie Sie es ganz schlimm finden. Wenn Sie mögen, schreiben Sie sie auf, je genauer, desto besser. Lesen Sie das Geschriebene mit einem gewissen zeitlichen Abstand wieder durch. Fällt Ihnen etwas auf, was Ihnen vorher entgangen war? Ein wichtiges Detail, ein auslö-

sendes Moment, eine Wiederholung, ein Muster? Wie bewerten Sie im Nachhinein die Situation? Ist sie im Nachhinein nicht mehr so »schlimm«, wie Sie es seinerzeit wahrgenommen hatten? Können Sie das Verhalten des Kindes vielleicht mittlerweile sogar nachvollziehen?

- In welchen Situationen benimmt sich Ihr Kind »auffällig«? In der Schule, zu Hause? Was müssen Sie tun, damit es sich provokativ oder widerspenstig verhält?

- Welche Zusammenhänge sehen Sie zwischen der jeweiligen Situation und dem Verhalten Ihres Kindes? Flippt es schnell aus, wenn es sich z. B. überfordert fühlt oder sich anstrengen soll? Erkennen Sie ein Muster?

- In welchen Situationen fühlt sich Ihr Kind wohl und geborgen? Hat es genug von diesen »Wohlfühlzeiten«? Was müssten Sie tun, damit sich Ihr Kind ruhig und sicher fühlt?

- Welche Gefühle löst Ihr Kind bei Ihnen aus, wenn es sich »daneben«- oder »auffällig« benimmt? Werden Sie wütend? Traurig? Sauer? Fühlen Sie sich hilflos, ohnmächtig, überfordert? Werden Sie aggressiv? Wichtig: Seien Sie hier ganz ehrlich zu sich. Und bedenken Sie: Oft fühlen sich die Kinder genau so, wie Sie sich fühlen! Wenn Sie sich also im Umgang mit Ihrem Kind oft wütend fühlen, dann könnte es sein, dass Ihr Kind auch wütend ist. Experimentieren Sie mit diesem Gefühl: Was liegt hinter der Wut Ihres Kindes? Ist es traurig? Worüber könnte es traurig sein und auf wen wütend? Vielleicht fragen Sie Ihr Kind einfach mal?

  Was liegt hinter der Wut Ihres Kindes?

- Versuchen Sie zu erspüren, was Ihr Kind umtreibt. Versuchen Sie, sich in Ihr Kind intuitiv hineinzuversetzen, indem Sie sich z. B. in sein Zimmer stellen, sich auf seinen Platz am Esstisch setzen oder sogar mal probehalber ins Kinderbett legen: Wir geht es Ihrem Kind gerade? Versuchen Sie, die derzeitige Lebenssituation aus seiner Kinderperspektive zu betrachten:

- Was findet Ihr Kind gerade toll und spannend?
- Gibt es Veränderungen, die es beunruhigen könnte?
- Gibt es Probleme, die unausgesprochen in der Luft hängen, z. B. Trennungsgedanken, einen möglichen Umzug, Geldsorgen o. Ä.?

Kinder erspüren auch unausgesprochene Nöte ihrer Eltern sehr gut. Auch wenn man mit Kindern nicht über alles sprechen sollte, was einen belastet: Es kann hilfreich sein, zu sagen:»Ich habe gerade ein paar Probleme mit X/im Betrieb/ ..., die haben aber nichts mit dir zu tun, und ich werde sie lösen. Du brauchst dir keine Sorgen um mich zu machen.« Solche Aussagen können Kinder sehr entlasten, die naturgemäß dazu tendieren, sich für den Mittelpunkt der Welt und deshalb auch für schuldig an allen möglichen Gefühlen der Eltern zu halten.

Falls es Ihnen nicht auf Anhieb gelingen mag, sich in Ihr Kind einzufühlen, üben Sie das ein bisschen.

❹ In Kontakt bleiben: Wie man auch »schwierige« Kinder weiter lieb haben kann

Eltern, die sich seit geraumer Zeit mit einem schwierigen Kind »herumplagen« und nicht mehr weiterwissen, zeigen sich oft genervt von dem Störenfried. Manchmal lassen sie kein gutes Haar an der kleinen Nervensäge und schimpfen ausgiebig über dessen ungebührliches Verhalten. Oft haben sie aber auch ein schlechtes Gewissen, dass sie ihr eigenes Kind offensichtlich nicht mal mehr richtig lieb haben können.

Dabei stimmt das natürlich nicht. Alle Eltern haben ihre Kinder lieb, auch wenn sie das manchmal weder spüren noch zum Ausdruck bringen können.

Nur weil ein Elternteil die Zuneigung zum eigenen Kind nicht mehr spüren kann, heißt das noch lange nicht, dass dieser auch tatsächlich keine Liebe mehr für das Kind in sich trägt. Sie ist nur überschattet von all dem aufgeschaukelten Ärger und muss vorsichtig wieder freigelegt werden, um wieder gespürt werden zu können. Oft sind es auch Erschöpfungszustände, die die Eltern ihre Liebe zu dem Kind nicht mehr spüren lassen.

In Beratungen sind das immer sehr berührende Momente, wenn Eltern sich wieder als handlungsfähig erleben und oftmals gleichzeitig von einer Welle der Zuneigung für ihr Kind überrollt werden, die sich so lange hinter Bergen von Sorgen versteckt hatte.

Machen Sie also Schluss mit der Vorstellung, sie müssten Ihr Kind immerzu heiß und innig lieben. Das geht nicht. Liebe und Zuneigung können aber freier fließen, wenn bestimmte Klärungsprozesse in Gang gesetzt worden sind bzw. wenn Eltern bereit sind, das Verhalten ihres Kindes verstehen zu lernen, bzw. wenn sie es so annehmen, wie es derzeit gerade ist.

Wenn Sie dauerhaft das Gefühl haben, keinen inneren Kontakt mehr zu Ihrem Kind zu haben, dann empfehle ich Ihnen folgende Übung.

Wenn die Beziehung abzubrechen droht:
Kontaktaufnahme mit dem eigenen und dem inneren Kind

Machen Sie diese Übung, wenn Sie alleine sind. Nehmen Sie sich dazu ein bisschen Zeit und sorgen Sie dafür, dass Sie nicht durch Telefonanrufe o. Ä. gestört werden.

Nehmen Sie, wenn Sie mögen, Stift und Papier zur Hand und beantworten Sie die Fragen schriftlich. Denken Sie nicht zu lange nach, sondern antworten Sie möglichst spontan.

- Nennen Sie spontan fünf positive Eigenschaften Ihres Kindes.
- Wann haben Sie sich das letzte Mal über Ihr Kind gefreut? Worüber haben Sie sich gefreut? Beschreiben Sie kurz die Situation.
- Was war das Schönste, was Ihr Kind letzte Woche erlebt hat? Was das »Blödeste«?
- Wie vermitteln Sie Ihrem Kind, dass Sie es lieben? Kommt das bei Ihrem Kind an?
- Wann hat Ihr Kind Sie das letzte Mal gerührt, sodass Ihnen (fast) die Tränen kamen? Was hat Ihr Kind bei Ihnen ausgelöst? Mitleid, Reue, ein schlechtes Gewissen, eine innere Verbundenheit, ein tiefes Liebesgefühl?

- Wenn Sie an Ihre eigene Kindheit denken, was fällt Ihnen ganz spontan als Erstes ein? Welche Gefühle sind damit verbunden? Freude? Trauer? Ärger? Stolz? Wut?
- Nehmen Sie ein altes Kinderfoto von sich zur Hand. (Wenn Sie keines zur Hand haben, stellen Sie sich einfach sich selbst als Kind vor.) Was sehen Sie? Ein fröhliches Kind? Ein trauriges Kind? Ein ernsthaftes Kind? Ein Kind, das lächelt, sich aber innerlich einsam fühlt? Ein freches Kind? Ein braves Kind? Mögen Sie dieses Kind? Was würden Sie ihm gerne sagen?
- Hat das Kind auf dem Foto etwas mit Ihrem Kind gemeinsam? Was für Unterschiede gibt es?
- Was hätte das Kind auf dem Foto manchmal mehr gebraucht?

Vielleicht wundern Sie sich, dass es in diesem Buch immer auch so viel um Ihre Gefühle und Erlebnisse geht. Und Sie fragen sich, warum Sie sich so viel mit sich selbst beschäftigen »sollen.« Ganz einfach:

Erfahrungsgemäß prägen unsere eigenen Erlebnisse den Umgang mit unseren Kindern unbewusst viel stärker, als wir allgemein annehmen. Deshalb ist es sinnvoll, sich ab und zu bewusst mit der eigenen Biografie zu beschäftigen. Besonders in schwierigen Familienphasen ist es nötig, sich und seine persönlichen Lebenserfahrungen von denen der anderen Familienmitglieder zu trennen.

Das ist nötig, um ein gewisse Klarheit zu behalten und nicht in einem diffusen Gemisch aus den unterschiedlichsten Gefühlen und Bedürfnissen zu landen, das kaum noch überschaubar ist. Versuchen Sie sich in diesem Sinne von Ihrem Kind liebevoll und bewusst abzugrenzen und immer wieder mal auseinanderzudividieren, wie *Sie* sich fühlen, wie *Ihr Partner* sich fühlt und wie *Ihre Kinder* sich fühlen. Das kann nämlich sehr unterschiedlich sein.

Manchmal fürchten wir beispielsweise bei unseren Kindern Probleme, die wir selbst mal hatten. Und weil wir es besser machen wollen als unsere Eltern, bauen wir dann hartnäckig Problemen vor, die unsere Kinder womöglich nicht haben. Hat sich jemand als Kind z. B. oft einsam gefühlt, wird er als Mutter / Vater vielleicht dafür sorgen, dass das Kind sich oft verabredet, viel unternimmt usw., damit es sich nicht ebenso einsam fühlen muss, wie sie / er sich selber fühlte. Je nachdem, ob dieser Aktionismus dem Temperament des Kindes entspricht oder nicht, wird es das dann gut oder nervig finden. Erst wenn sich Mutter oder Vater darüber klar sind, warum sie so darauf bedacht sind, das Kind möglichst wenig alleine zu lassen, kann er / sie sein Verhalten ändern.

Dein Problem oder mein Problem?
Vorsicht vor Verstrickungen

Es ist also immer hilfreich, sich klarzumachen, dass Ihr Kind möglicherweise ganz andere Schwierigkeiten hat, als Sie früher hatten. Nur so können die wahren Probleme des Kindes in den Fokus Ihrer Aufmerksamkeit rücken.
Prüfen Sie also gelegentlich:

* Was sind meine Befürchtungen in Bezug auf mein Kind? Was möchte ich ihm auf jeden Fall ersparen?
* Was davon kenne ich aus meiner Kindheit?
* Geht es meinem Kind ähnlich oder ganz anders als mir früher?

Vielleicht stellen Sie jetzt fest, dass Sie in Ihrem Kind etwas sehen, was sehr viel mehr mit Ihnen als Kind zu tun hat als mit Ihrem Kind selbst. In diesem Fall lenken Sie den Fokus ruhig auf sich selbst und bearbeiten Sie Ihre eigenen alten Verletzungen. Entweder indem Sie mit einem Vertrauten darüber reden, sich selbst trösten oder sich einen Therapeuten suchen. Es tut Kindern ungeheuer gut, wenn sie ihren Eltern nicht mehr als Projektionsfläche der eigenen alten Wunden dienen müssen. Indem Sie sich bewusst mit sich selbst beschäftigen, können Sie Ihr Kind entlasten. Und wenn Sie sich selbst mit mehr Liebe und Verständnis betrachten, dann können Sie das auch wieder besser mit Ihrem Kind tun.

Lenken Sie den Fokus auf sich selbst.

⑤ Und wie geht's Ihnen so? Nehmen Sie sich Zeit für sich selbst!

Sie finden Ihr Kind manchmal total anstrengend? Sind Sie ausgepowert und haben schon manchmal fast Angst vor bestimmten Situationen? Geht Ihr Kind Ihnen manchmal so auf die Nerven, dass Sie es am liebsten auf den Mond schießen könnten? Was machen Sie dann mit Ihrer Wut? Erlauben Sie sich, wütend zu sein, oder halten Sie das für unziemlich, weil eine Mutter doch immer liebevoll und verständnisvoll zu sein hat?

Vergessen Sie das. Auch Mütter haben Aggressionen. Das ist nicht neu, nicht schlimm, nichts Absonderliches. Und trotzdem haben viele Mütter ein schlechtes Gewissen, wenn sie merken, dass sie wütend und ungeduldig werden. Oder sie sind frustriert und erschöpft und kämpfen gegen das Gefühl an, immer irgendetwas falsch zu machen.

Dann ist es höchste Zeit, sich auch mal etwas Gutes zu tun. Was brauchen Sie ganz aktuell, um einen guten Boden unter den Füßen zu spüren (mehr Zeit mit dem Partner, »mal rauskommen«, eine Kur ...)? Wie können Sie Ihre Energiequellen wieder zum Sprudeln bringen? Könnten Sie mal kurzfristig aus dem Alltagskarussell aussteigen, einen Kurzurlaub buchen oder einfach mal einen Tag freimachen?

Es fällt uns manchmal schwer, es uns gut gehen zu lassen, wenn es in der Familie große Probleme zu bewältigen gibt. Doch genau dann brauchen wir Auszeiten und schöne Erlebnisse, die uns die Kraft geben, unser Leben weiter konstruktiv zu gestalten.

Erlauben Sie sich also unbedingt, es sich gelegentlich bewusst gut gehen zu lassen! Sorgen Sie selbst dafür und warten Sie nicht darauf, dass irgendjemand anderes das für Sie übernimmt. Lassen Sie sich kein schlechtes Gewissen machen, wenn Sie mal etwas für sich ganz alleine in Anspruch nehmen wollen, wie ein Wochenende am Meer oder einen kleinen Wellness-Trip. Viele Mütter halten sich in ihrer Familie für unentbehrlich und glauben, dass der Laden ohne sie zusammenbre-

> Es fällt uns manchmal schwer, es uns gut gehen zu lassen.

204

chen wird. Das sind meistens nur eine unberechtigte Befürchtung und ein Ausdruck dessen, dass sich Mütter für alles in der Familie zuständig fühlen. Nur wenn Sie von dieser Allmachtsfantasie ablassen, können Sie sich mit einem guten Gefühl einmal selbst etwas gönnen. Arbeiten Sie daran! Auch und besonders, wenn es in der Familie knistert oder brodelt: Tanken Sie Energie, wann immer und wo auch immer das möglich ist. Beim Yoga, Tanzen oder Spazierengehen. Ganz gleich, was Ihnen guttut: Tun Sie es.

Und gelegentlich können Sie sich auch mal folgende Fragen stellen:

Mein Leben, die Gefühle und ich: Wie geht es mir eigentlich?

- Was bewegt und beschäftigt mich (abgesehen von dem »Problemkind«)?
- Wie zufrieden bin ich mit meinem Leben? Was für Ziele habe ich? Was habe ich schon erreicht?
- Was läuft gerade richtig gut in meinem Leben?
- Was ist meine größte derzeitige Baustelle (abgesehen von dem »Problemkind«)?
- Wie wohl fühle ich mich in meiner Ehe/Partnerschaft? Was würde ich hier gerne verändern?
- Was fehlt mir manchmal? Wie könnte ich das bekommen?

Viele Mütter meinen, es sei angesichts eines großen Haufens Familienprobleme der pure Luxus, sich mit sich selbst zu beschäftigen und es sich fröhlich gut gehen zu lassen.

Dieser Gedanke ist insofern widersinnig, als es unseren Kinder guttut, wenn wir uns um uns selbst und um die Befriedigung unserer Bedürfnisse kümmern und für unser eigenes Glück sorgen. Erstens müssen sie das dann nicht übernehmen. Zweitens geht es Kindern gut, wenn es ihren Eltern gut geht. Und drittens können Sie mit aufgeladenen Batterien einfach wieder entspannter Ihren Familienalltag gestalten.

Kindern geht es gut, wenn es ihren Eltern gut geht.

Also: Sorgen Sie gut für sich. Ihre Seele und Ihre Kinder werden es Ihnen danken.

❻ Keine Angst vor Gefühlen! Tipps für den Umgang mit Wut und Aggressionen

Viele Menschen unterteilen Gefühle in negative und positive Gefühle. Das ist insofern unsinnig, als alle Gefühle ihre Berechtigung und ihren Sinn haben. Besser wäre, von angenehmen und unangenehmen Gefühlen zu sprechen. Wir alle sind lieber fröhlich als traurig, lieber lustig statt deprimiert, lieber glücklich als wütend. Doch warum eigentlich? Warum fällt es uns so schwer, auch mal die Kraft der Wut zu spüren, die Macht der Traurigkeit zu ertragen und herzhaft ärgerlich zu sein?

Weil vielen von uns diese Gefühle schon in der Kindheit ausgetrieben und als »schlechte« Gefühle verkauft wurden, die man nicht äußern darf, weil sie auch andere Menschen verunsichern oder unangenehm berühren. Das hindert uns daran, diese Gefühle wahrzunehmen und ihnen nachzuspüren. Stattdessen versuchen wir, sie uns zu verbieten und abzuwehren. Dass diese verdrängten Gefühle dann an anderer, weitaus unpassenderer Stelle wieder zum Vorschein kommen, kennen die meisten wohl: Da wird man plötzlich höllisch wütend, weil man den Schlüsselbund hat fallen lassen, oder ist beim Autofahren extrem genervt von dem allzu lahmen Vordermann, der für unsere schlechte Stimmung eigentlich überhaupt nichts kann.

Auf Dauer ist es also nicht sinnvoll, Wut, Ärger und Trauer zu verbannen und sukzessive aufzustauen.

> **Unerwünscht und machtvoll?**
> **Wie gehen Sie mit Aggressionen um?**
>
> Haben Sie doch mal den Mut, sich mit diesen vermeintlich machtvollen Gesellen zu beschäftigen. (Machtvoll sind sie ohnehin nur, weil wir sie verdrängen. Bei der Beschäftigung mit ihnen fällt die empfundene Bedrohung oft wie ein angepikster Luftballon in sich zusammen!)
>
> - Erlauben Sie sich Gefühle von Wut, Ärger und Aggression?
> - Wie äußern Sie diese? Halten Sie sie für »negative« Empfindungen?
> - Machen Ihnen diese Gefühle Angst? Was könnte Ihrer Fantasie zu-

folge schlimmstenfalls passieren, wenn Sie diesen Gefühlen in Ihrem Leben mehr Platz einräumten?
- Haben Sie womöglich schlechte Erfahrungen damit gemacht, etwa in Ihrer Kindheit?
- Sind Ihnen diese Gefühle bzw. der Ausdruck dieser Gefühle ausdrücklich oder nonverbal »verboten« worden (»Ein anständiges Mädchen/ein anständiger Junge schreit nicht herum«)?
- Schlucken Sie viel Ärger und Wut »herunter«?
- Wie erlebt Ihr Kind Ihre Aggressionen?
- Und wie lebt Ihr Kind seine Aggressionen aus? Sehen Sie irgendeinen Zusammenhang?

Wenn Ihr Kind häufig »aggressiv« zu sein scheint: Versuchen Sie, seine Gefühle ganz bewusst anzunehmen. Verbieten Sie ihm nicht, wütend zu sein, sondern spiegeln Sie sein Gefühl: »Mensch, du bist aber wütend! Irgendwas muss dich mächtig ärgerlich machen!« Das wird Ihnen besser gelingen, wenn Sie auch sich selbst Wut und Aggression prinzipiell gestatten. Wenn Sie eine solche akzeptierende Reaktion zeigen (und diese Annahme tatsächlich auch so empfinden), wird sich das Kind in seiner Wut und seiner inneren Not wahrgenommen fühlen. Ein wütendes Kind braucht nicht unbedingt einen Boxsack (obwohl der vielleicht manchmal auch hilfreich wäre), sondern zunächst einen Erwachsenen, der seine Wut ernst nimmt und sie ihm nicht sofort verbieten will.

Ein wütendes Kind braucht einen Erwachsenen, der seine Wut ernst nimmt.

Üben Sie sich also in der Annahme: Es ist okay, dass sich Ihr Kind so fühlt, wie es sich fühlt. Es ist nicht Ihre Schuld. Es braucht aber die prinzipielle Erlaubnis, sich auch mal ärgerlich, traurig oder wütend zu fühlen. Je eher Sie sich selber solche Gefühle gestatten, desto leichter wird Ihnen das fallen.

Passen Sie allerdings auf, dass Sie Ihrem Kind nur das sagen, was auch wirklich stimmt. Wenn Sie innerlich nicht in der Lage sind, die Wut oder Trauer des Kindes auszuhalten, dann wird die Aussage »Ich erlaube dir, wütend/traurig zu sein« unauthentisch. Kinder erspüren solche Doppelbotschaften und reagieren darauf irritiert.

Wenn Sie aber in der Lage sind, sich bewusst und ehrlich auf die Wut des Kindes einzulassen, indem Sie sich sagen: »Na gut, dann ist es jetzt halt wütend«, und dem Kind sig-

Traurig, unzufrieden oder »nölig« sein zu dürfen, ent- lastet ein Kind.

nalisieren, dass Sie mit dieser aktuellen Wut sou- verän umgehen können, dann wird sich Ihr wü- tendes Kind erfahrungsgemäß beruhigen. Dann kann man in Ruhe darüber sprechen, was es denn so wütend gemacht hat. Oder sich einfach einer schönen gemeinsamen Aktivität widmen. Das gilt für alle ande- ren Stimmungen übrigens genauso. Ein Kind, das ausdrücklich traurig sein darf, wird sich ebenso entlastet fühlen wie ein Kind, das auch mal unzufrieden oder »nölig« sein darf.

Insbesondere bei größeren Kindern, die handgreiflich wer- den oder sich nahezu selbstgefährdend über gewisse Grenzen hinwegsetzen, zum Beispiel nachts abhauen, die Schule schwän- zen oder regelmäßig zu spät nach Hause kommen, hat sich das Prinzip der »elterlichen Präsenz« von Haim Omer und Arist von Schlippe bewährt. Hier geht es darum, physische, aber gewalt- freie Präsenz zu zeigen. Also: abwechselnd Wache stehen, wenn ein Kind nachts häufiger ausgebüxt ist; einen Teenager mithilfe mehrere Personen daran zu hindern, den Raum zu verlassen; ihn zur Schule zu begleiten, um sicherzugehen, dass er dort auch hingeht, usw. Das ist eine anstrengende Aufgabe für Eltern, allerdings viel besser, als das Kind »aufzugeben« und sich resig- niert von ihm abzuwenden. Das wäre insbesondere für einen wi- derspenstigen, hochprovokanten Jugendlichen genau das Schlimmste: von den Eltern fallen gelassen zu werden. Dann wäre seine mögliche Fantasie, nichts wert oder nicht liebenswert zu sein, bestätigt; und sein womöglich schlechtes Selbstwertge- fühl erhielte neue Nahrung.

❼ Schluss mit dem Wiederholungszwang: Wie Sie alte Denkmuster aufspüren und durchbrechen

Eltern wiederholen in der Erziehung ihrer Kinder unbewusst Verhaltensweisen, die sie bei ihren eigenen Eltern kennengelernt haben. Das ist verständlich, da wir in unseren Herkunftsfamilien unsere ersten prägenden Beziehungserfahrungen erlebt und diese tief in unserem Inneren abgespeichert haben. Besonders in Stressphasen kommen diese verinnerlichten Verhaltensmuster oft wieder zum Vorschein. Auch wenn wir uns vielleicht einmal vorgenommen haben, unsere Kinder ganz anders zu erziehen, als wir selbst noch erzogen wurden. »Jetzt höre ich mich schon so an wie meine eigene Mutter«, oder: »Diesen blöden Spruch meines Vaters konnte ich schon damals nicht leiden. Und jetzt sage ich ihn sogar manchmal selber!«, seufzen Eltern oft.

Wenn Sie angesichts eines stressigen Familienalltags gelegentlich wieder in solche alten, möglicherweise ungeliebten Muster hineinrutschen, grämen Sie sich nicht, sondern nehmen es mit Humor. Versuchen Sie stattdessen, die Werte Ihrer Herkunftsfamilie besser kennenzulernen, die Muster besser zu verstehen und sie einer gründlichen Prüfung zu unterziehen.

In die Mottenkiste schauen und alte Werte aufstöbern

Eine gute Möglichkeit, die Werte der eigenen Herkunftsfamilie zu ergründen, ist die Analyse der Sinnsprüche, die wir als Kind häufig zu hören bekamen:

- Welche Redewendungen und Sprüche wurden in Ihrer Herkunftsfamilie oft verwendet?
- Welche davon wurden maßregelnd, also »erzieherisch« eingesetzt?

Machen Sie spaßeshalber einmal eine Liste. Und überlegen Sie dann, was diese Sprüche über den »Spirit« Ihrer Familie aussagen. Welcher »Geist« wehte in Ihrem Elternhaus? Welche Stimmung herrschte dort oft? War sie oft getrübt oder freundlich?

- Welche Werte sollten mit den Redewendungen transportiert werden?
    - z.B. »Ohne Fleiß kein Preis!« à »Wenn du weiter so faul bist, wird aus dir nie etwas!«
    - »Wenn der Kuchen spricht, schweigt der Krümel!« à »Du hast hier nicht viel zu melden!«
    - »Nur die Harten kommen in den Garten!« à »Stell dich nicht so an!«

Um dem Wertesystem der eigenen Ursprungsfamilie näherzukommen, könnten Sie auch folgende Sätze ergänzen (bitte möglichst spontan):

- In meiner Herkunftsfamilie durfte ich nie _____
- Ich musste immer _____
- Ich sollte möglichst _____
- Ich musste immer aufpassen, dass _____

Wenn Sie nun ein Gefühl dafür entwickelt haben, welche Werte bei Ihnen zu Hause eine große Rolle gespielt haben, können Sie auch folgende Fragen in Ihrem Herzen bewegen:

- Welche Werte will ich meinen Kindern vermitteln? Wo gibt es Überschneidungen, wo Unterschiede?
- Was möchte ich ihnen auf keinen Fall weitergeben, was mir beigebracht wurde?
- Und welche Botschaften sende ich meinen Kindern – vielleicht, ohne es zu wollen?

Wenn Sie einen wiederkehrenden Konflikt in Ihrer jetzigen Familie haben, dann könnten Sie auch mal überlegen, ob es einen ähnlich gelagerten Konflikt bereits in Ihrer Herkunftsfamilie gab. Wenn ja: Zwischen wem gab es diesen Konflikt? Wurde er nicht gelöst? Sehen Sie evtl. Ähnlichkeiten oder Parallelen im Umgang mit diesem Konflikt?

Wenn uns gelingt, unser eigenes Schicksal von dem des eigenen Kindes zu trennen, können wir alte Muster aufgeben und neue Verhaltensweisen in unser Familienleben einfließen lassen.

Wenn wir unsere eigene Kindheit von dem Leben der Kinder bewusst abkoppeln, können wir einen unbefangeneren Blick auf unser Kind werfen. So ist auch die folgende Frage immer ganz wichtig:

- Wie ging es mir, als ich im Alter meines (jetzt »auffälligen«) Sohnes/meiner Tochter war?
- Hat mich etwas belastet oder gestört?
- Wie habe ich mich in dieser Zeit in meiner Familie gefühlt?
- Und wie geht es meinem Kind heute mit seinem Leben, seinen Gefühlen, mit mir? Ähnlich oder ganz anders?

❽ Omas Nähkästchen und andere interessante Familiengeschichten: Werfen Sie einen Blick in die Vergangenheit

Bei massiven Familienkonflikten reicht oft der Blick in die derzeitige aktuelle Familiensituation nicht aus. Oft erkennt man erst in der Beschäftigung mit der Eltern- oder Großelterngeneration bestimmte problembehaftete Themen, die bereits über Generationen hinweg unbewusst weitergegeben wurden.

So ist es immer wieder erstaunlich, zu sehen, wie viele akute Familienkonflikte ihren Ursprung in längst vergangenen Zeiten haben. Es kann also nicht schaden, sich das emotionale Vermächtnis der Vorfahren einmal genauer anzusehen: Wenn Sie zum Beispiel das Gefühl haben, dass »Aggression und der Umgang damit« eines Ihrer aktuellen Themen ist, schauen Sie ruhig mal, ob das vielleicht auch schon in der Großeltern- oder Elterngeneration eine Rolle gespielt hat. Werden Sie neugierig auf das, was Ihre Ahnen erlebt haben. Wenn Sie anfangen, diesbezüglich zu recherchieren, werden Ihnen vielleicht rasch Parallelen auffallen.

Ein Beispiel zur Illustration: Angst ist ein häufiges Thema, das generationenübergreifend weitergegeben wird. Wenn Sie oder Ihr Kind unter Ängsten leiden, die für Sie schwer fassbar sind oder die sich nicht aus den eigenen Lebenserfahrungen herleiten lassen, könnte es gut sein, dass Sie mit der existenziellen Angst Ihrer Vorfahren in Kontakt gekommen sind. Wenn die eigenen Eltern oder Großeltern beispielsweise in einem Krieg so schreckliche Erfahrungen wie Flucht, Bombenangriffe, Armut, Hunger, Gewalt, Vertreibung oder Vergewaltigung durchlitten haben, werden die damit verbundenen existenziellen Ängste oft verdrängt. Die Menschen »funktionieren« zwar weiter und sorgen für ihr Überleben, die Psyche aber macht regelrecht dicht. Die Seele schützt sich durch diesen Mechanismus und ermöglicht ein Weiterleben der betroffenen traumatisierten Menschen.

Allerdings werden genau diese verdrängten Gefühle unbewusst an die nächste oder übernächste Generation weitergegeben. Ein Fallbeispiel:

Ein 40-jähriger Mann litt zunehmend unter der latenten Angst, er könne irgendwann mal »unter der Brücke« landen. Diese Angst schien – von außen betrachtet – völlig unberechtigt zu sein, da er einen gut dotierten Job hatte und daher einen recht gehobenen Lebensstandard pflegte. Trotzdem raubte diese subtile Angst ihm zunehmend den Schlaf und machte es ihm unmöglich, sein Leben und seinen Erfolg in vollen Zügen zu genießen. In einer Therapie fing er an, sich mit seiner Vergangenheit auseinanderzusetzen, und fand heraus, dass seine Großeltern einst durch die Vertreibung aus ihrem Elternhaus alles verloren hatten. Nur mit den Kleidern am Leib mussten sie eine tagelange mühsame Flucht antreten. Seine Großeltern waren zu diesem Zeitpunkt etwa so alt gewesen, wie er nun war.

Wenn Sie also unter diffusen Ängsten leiden, die Sie sich nicht recht erklären können, so lohnt sich ein tieferer Blick in die Familiengeschichte. Dasselbe gilt für andere Themen wie etwa Schuld- und Schamgefühle, Existenzsorgen, Verlustängste und Versagensgefühle, mangelndes Selbstwertgefühl, Unsicherheiten etc. Sich über diese »schweren Vermächtnisse« klar zu werden ist nicht nur für uns selber hilfreich. Es ist auch für unsere Kinder wichtig, dass wir ihnen nicht unbewusst den Ballast der früheren Generationen weitergeben. Hier liegt eine wunderbare Möglichkeit, Kinder psychisch nachhaltig zu entlasten, die leider noch viel zu wenig genutzt wird.

⑨ Machen Sie's doch einfach anders: Veränderung fängt bei uns selber an

Wenn Sie das Gefühl haben, mit Ihrem Problem in einer Sackgasse zu stecken, bleibt nur eines: Warten Sie nicht darauf, dass sich andere verändern, sondern tun Sie das selbst. Insbesondere, von einem Kind zu erwarten, dass es sein Verhalten besser unter Kontrolle bekommt oder sich ab jetzt einfach besser »benimmt«, ist manchmal schlicht unrealistisch. Entweder sieht sich das Kind selber nicht dazu in der Lage, weil es sich damit überfordert fühlt. Oder es sieht gar keinen Anlass, etwas zu ändern, weil sein Leidensdruck nicht hoch genug ist.

Da aber in einem System die Veränderung des einen zwangsläufig auch eine Veränderung der anderen nach sich zieht, können Sie ja schon mal damit anfangen, etwas anzustoßen. Hierbei gilt: Schon kleine Impulse können große Effekte erzielen! Sehen Sie das durchaus spielerisch, sozusagen als kleines familiendynamisches Experiment. Was passiert, wenn ich mich morgen mal ganz anders verhalte, als die anderen es von mir erwarten? Was macht mein Sohn, wenn ich mal nicht mit ihm schimpfe, sondern ihn einfach in den Arm nehme? Was passiert, wenn ich anfange, mehr an mich zu denken, statt mich immerzu um das problematische Kind zu kümmern?

> Schon kleine Impulse können große Effekte erzielen!

Auch Familienstreitereien werden oft zu festgefahrenen, zum Teil destruktiven Ritualen. Ein Vorwurf jagt den nächsten, die Debatte dreht sich im Kreis. Aus diesem auszusteigen ist zwar nicht ganz leicht, aber doch möglich. Dazu gehört die Bereitschaft, sich die eigenen Verhaltensweisen bewusst zu machen und sie kritisch zu betrachten. Und der Mut, auch mal unkonventionell und ungewöhnlich zu handeln.

- Überlegen Sie also genau, wie Ihre »Standardreaktionen« in Konfliktsituationen aussehen. Welche Sätze sagen Sie Ihrem Kind ungefähr zehnmal am Tag, ohne dass sie irgendetwas Positives bewirken?
- In welchen Situationen sind Sie sehr schnell wieder in der »Falle« und agieren mehr oder weniger kopflos oder nach Schema F?
- Welchen »roten Knopf« müssen Ihre Kinder drücken, damit Sie die Fassung verlieren oder sich in einer Endlosschleife von Schimpfereien wiederfinden?

Wenn Sie sich dann wieder einmal in einer solchen Situation befinden, halten Sie bewusst inne, bevor Sie Ihr inneres Programm wie gewohnt abspulen. Und spüren Sie hin: Was ist Ihr Impuls? Was würden Sie jetzt am liebsten sofort tun? Ist es das, was Sie immer tun? Dann lassen Sie es! Atmen Sie stattdessen tief durch.

Was könnten Sie stattdessen tun, was mal ganz anders ist? Weggehen, einfach nicht reagieren, sich einer anderen Tätigkeit widmen, eine humorvolle Bemerkung fallen lassen, mit der jetzt keiner rechnet?

Besonders prima ist es, wenn Sie Ihr Kind in einer entsprechenden Situation mit Ihrer ungewohnten Reaktion überraschen können. Ich erinnere mich z. B. an eine Mutter, die, als ihre Kinder mal wieder mit irgendwelchen Sachen herumschmissen, plötzlich auch mit Kissen um sich warf, statt wie sonst lautstark zu schimpfen. Die Kinder waren völlig verblüfft und machten große Augen. Nach einer Weile lachten alle, die Situation, die sonst immer eskaliert war, war entschärft.

In heftigen Konfliktsituationen ist es etwas schwieriger, mithilfe einer solchen »paradoxen Intervention« auszusteigen. Je besser Sie aber wissen, worauf Sie anspringen, wo Ihre wunden Punkte sind und in welchem Moment Sie »rot« sehen, umso besser können Sie im passenden Moment von dem sich drehenden Karussell abspringen.

Überhaupt könnten Sie sich fragen, was Sie in Ihrem Alltag mal ändern könnten:

Kümmern Sie sich zu viel um andere und zu wenig um sich?

Haben Sie das Gefühl, zu kurz zu kommen, und geben innerlich den Kindern daran die »Schuld«?

Sind Sie immer für Ihren Mann da, dieser aber selten für Sie (oder umgekehrt)?

Dann ändern Sie mal Ihre Gewohnheiten. Kochen Sie mal nicht oder gehen Sie öfter weg. Was passiert, wenn Sie den Streit über die Hausaufgaben nicht mitmachen und Ihr Kind ohne Hausaufgaben in die Schule geht? Was geschieht, wenn Sie dem Kind mal nicht die Leviten lesen, weil es sich unmöglich benommen hat, sondern einfach sagen: »Tja, Frechheit siegt«? Erlauben Sie sich solche Experimente im Alltag. Sie können Spaß machen und zu neuen Erkenntnissen füh-

> Was können Sie in Ihrem Alltag mal ändern?

ren. Zum Beispiel zu der, dass die Welt nicht zusammenbricht, wenn wir nicht immer für alle da sind. Oder dass ein Kind vielleicht zähneknirschend von alleine die Hausaufgaben zu machen beginnt, wenn der Lehrer das einfordert – und nicht Sie diejenige sind, die sich bei Ihrem Kind damit unbeliebt macht.

⑩ Wenn der Leidensdruck zu hoch wird: Sich Hilfe holen.

Wenn der Leidensdruck mindestens eines Familienmitgliedes sehr hoch und eine Veränderung nicht in Sicht ist, sollte eine Familie sich Hilfe holen. Viele Familien haben zunächst eine verständliche Scheu, eine Beratung aufzusuchen. Schließlich weiß man nicht, was auf einen zukommt, wie der Therapeut arbeitet, welche Themen auf den Tisch kommen usw. In der Regel sind die Familien aber nach einem ersten Treffen erleichtert, sich in einem geschützten Rahmen offen äußern zu dürfen. Wo hat man schließlich sonst Raum, Platz, Zeit und vor allem die ausdrückliche Erlaubnis, sich ausschließlich den Problemen der Familie zu widmen?

Wenn Sie sich Hilfe holen wollen, verabreden Sie ein erstes Treffen: Hier werden Sie schnell spüren, ob der/die Therapeut/in Ihnen zusagt. Es ist wichtig, dass die »Chemie« stimmt, um sich dieser Person auch anvertrauen zu können. Suchen Sie jemand anderen, wenn Sie sich nicht wohl oder nicht verstanden fühlen, und geben Sie ggf. auch die entsprechende Rückmeldung. Es spricht nicht unbedingt für eine Unfähigkeit des Therapeuten, wenn Sie sich bei ihm nicht gut aufgehoben fühlen, vielleicht ist er aber gerade für Sie und Ihre Familie nicht der passende Ansprechpartner.

Was Sie über systemische Familientherapie wissen sollten. Grundprinzipien und andere wichtige Hinweise

Wenn Sie sich überlegen, eine Familienberatung oder -therapie zu beginnen, so könnten Ihnen folgende Informationen vielleicht die ersten Sorgen nehmen.

Das Prinzip Vertraulichkeit

Was in einem therapeutischen Rahmen erzählt wird, ist und bleibt *streng vertraulich*. Nichts wird nach außen getragen. Der Therapeut hat dafür zu sorgen, dass sich die Familienmitglieder in einem geschützten Rahmen mit ihm und miteinander angstfrei und vertrauensvoll austauschen können. In Berater- und Therapeutenkreisen gehört das zum beruflichen Ethos und ist insofern eine Selbstverständlichkeit, auf die Sie sich als Klienten verlassen können.

Das Prinzip Allparteilichkeit

Der Familientherapeut ist dem Gesetz der Neutralität oder besser der Allparteilichkeit verpflichtet. Das heißt, dass er versucht, allen Mitgliedern der Familie gleich viele Möglichkeiten zu geben, sich zu äußern und mitzuarbeiten. Er wird versuchen, die Probleme aus der Sicht aller beteiligten Personen zu beleuchten, um der Komplexität der Familie und der Thematik gerecht zu werden. Insofern ist jedes Familienmitglied gleichwertig. Mit der Haltung: »Erklären Sie mal meinem Mann/meiner Frau, dass sein/ihr Verhalten falsch ist«, wird man bei einem allparteilich arbeitenden Berater nicht weit kommen.

Kinder werden im therapeutischen
Prozess als Bereicherung erlebt

Je nach Alter werden auch Kinder mit einbezogen und als hoch-
kreative Köpfe im therapeutischen Prozess sehr geschätzt. Es ist
immer wieder erstaunlich, zu sehen, wie gut Kinder ihr Familiensystem kennen, wie schnell sie unausgesprochene Botschaften entschlüsseln können und wie lösungsorientiert sie denken.

Die Familie als 3-D-Puzzle: Wie der Therapeut
versucht, Ihr System zu verstehen

In den ersten Sitzungen wird der Therapeut versuchen, Ihre Familie kennenzulernen, und Ihnen eine ganze Reihe Fragen stellen. Das tut er nicht, weil er Sie ausquetschen will oder einfach
nur neugierig ist. Sondern er muss einen sozusagen dreidimen-
sionalen Eindruck davon bekommen, wie Sie als System »ticken«, was Ihnen wichtig ist, wie Sie Ihren Alltag gestalten, was
Sie gerade besonders belastet, was Ihnen Spaß macht, welchen
Humor Sie pflegen und so weiter. Weiterhin möchte er verstehen, wie die Beziehungen untereinander funktionieren, wer
wem besonders nahesteht, wo es Reibereien gibt, wer welche Rolle in der Familie spielt. Dabei handelt es sich um sehr komplexe
Zusammenhänge, die manchmal nicht leicht zu erkennen sind.
Doch Sie werden sehen, dass bereits in diesem gegenseitigen
Kennenlernprozess schon jede Menge interessante familiendy-
namische Zusammenhänge deutlich werden.

Ziele werden gemeinsam vereinbart

Kompetente Familientherapeuten stochern nicht wild oder unge-
fragt in Ihrer Ehe oder Familiengeschichte herum. Vielmehr
wird in den ersten Sitzungen gemeinsam ein Ziel erarbeitet: Was
wollen Sie erreichen? Woran würden Sie merken, dass die Bera-
tung/Therapie erfolgreich war? Was muss ich tun, damit Sie

mich schnell wieder loswerden? Solche und ähnliche Fragen könnten auf Sie zukommen. Oft haben die verschiedenen Familienmitglieder unterschiedliche Anliegen: Die Mutter will, dass die Kinder mehr mithelfen, der Vater will mehr Ruhe haben und die Kinder wechselweise mehr Freiheit oder mehr Aufmerksamkeit? Kein Problem! Dann wird gemeinsam verhandelt, was am wichtigsten ist und in welcher Reihenfolge die Themen »abgearbeitet« werden. Es kann allerdings immer wieder zu Akzentverschiebungen in der Arbeit kommen, wenn hinter benannten »Problemzonen« bislang unbekannte »Problemzonen« sichtbar werden, die dann ihrerseits nach Thematisierung rufen. Wer bereit ist, sich auf solche interessanten Wege zu begeben, wird viel über sich und seine Familie lernen.

Familienberatung ersetzt keine tiefenpsychologisch fundierte Einzeltherapie, kann sie aber ergänzen

Manchmal kommt es vor, dass sich in Familienberatungen noch andere gravierende »Baustellen« auftun, die eher von einer einzelnen Person bearbeitet werden müssen als von dem gesamten System (zum Beispiel traumatische Erfahrungen in der Kindheit). Unter Umständen ist es dann sinnvoll, sich eine tiefenpsychologische Einzeltherapie zu suchen. Ein weiteres gemeinsames Arbeiten ist dennoch möglich und hilfreich. So ist es z. B. manchmal so, dass ein depressiver Elternteil eine Psychotherapie macht und in der zusätzlichen systemischen Beratung daran gearbeitet wird, wie die Familie möglichst gut mit der Krise des Elternteils zurechtkommen kann.

Ressourcenorientierung: Es wird nicht nach Schuld gesucht, sondern nach Lösungen

In der Familienberatung wird nicht nach Schuld gesucht. Der Konflikt einer Familie wird als Konglomerat verschiedener Interessens- und Bedürfnislagen betrachtet, das es zu entwirren und zu verstehen gilt. Einerseits geht es also darum, das Verständnis für die Gefühle und Interessen jedes Einzelnen zu schärfen und dafür zu sorgen, dass sich jeder in der Familie gleichermaßen wohlfühlen kann. Gleichzeitig werden auch ganz praktisch neue Umgangsformen miteinander ausprobiert, die die Familie stärken können.

In der Familienberatung wird nicht nach Schuld gesucht.

Familienberater gehen davon aus, dass Eltern kompetent und lösungskreativ sind

Familienberater sehen Eltern als Experten ihrer Familie an und halten sie für lösungskreativ. Statt ihnen Vorschriften zu machen oder Ratschläge zu erteilen, wird er sie darin unterstützen, den eigenen passenden Weg im Umgang mit den Kindern zu finden, freilich unter konstruktivem Einsatz seines familienpsychologischen Fachwissens.

Tipp: Die systemische Familientherapie ist in Deutschland anders als in anderen Ländern leider noch nicht von den Krankenkassen zugelassen, obwohl ihre nachhaltige Wirksamkeit mittlerweile in vielen Studien nachgewiesen wurde. Das heißt, dass die Kosten der Familienberatung bzw. Familientherapie nicht von der Krankenkasse übernommen werden, sondern selbst bezahlt werden müssen. Mittlerweile wird Familienberatung manchmal zu einem erschwinglichen Preis von sozialen oder kirchlichen Einrichtungen angeboten (beachten Sie aber: Erziehungsberatung ist nicht gleich Familienberatung!). In besonders dringlichen Fällen kann auch das Jugendamt eine AFT (= aufsuchende Familientherapie) anordnen, die für die Klienten dann sogar kostenfrei ist.

Ausblick

Kleines Plädoyer für einen gelasseneren Umgang mit »schwierigen« Kindern

Kinder leben ebenso wenig in einem luftleeren Raum wie Eltern: Was Kultur und Gesellschaft jeweils als »auffällig«, »störend« oder »unangemessen« bezeichnen, ist höchst unterschiedlich und stets veränderbar. Wir sollten uns nicht kritiklos von gängigen pädagogischen Maximen vereinnahmen lassen, sondern sie durchaus gelegentlich hinterfragen: Ist wirklich alles, was nicht normgemäß ist, gleich pathologisch und muss wegtherapiert werden? Wie tolerant sind wir in Bezug auf außergewöhnliche Kinder mit eigenwilligen Ansichten und ungewöhnlich scheinenden Verhaltensweisen? Wie individuell darf man in einer durch und durch individualisierten Gesellschaft eigentlich sein? Ist es okay, wenn mein Kind in einer Welt der Extrovertierten und Schamlosen schüchtern, zart oder zurückhaltend ist, oder muss ich es »umkrempeln«? Sind wir willens, die »störenden« oder ungeliebten Verhaltensweisen unserer Kinder zu verstehen, bevor wir sie verurteilen und als vermeintlich sinnlos ablehnen? Können wir Aggressionen als Teil der menschlichen Natur wieder akzeptieren und damit gelassener umgehen lernen? Warum blicken wir lieber argwöhnisch auf ein vermeintlich pathologisches kindliches Verhalten als auf die dahintersteckende psychische Befindlichkeit? Warum gehen wir oft so oberflächlich mit unseren Kindern um?

Durch Etikettierungen à la »Das Kind ist verhaltensgestört« geraten Kinder oft in eine destruktive Spirale der Selbstabwertung. Weil sie es aus dieser Negativspirale selten eigenständig herausschaffen, sind wir Erwachsenen hier gefragt und gefordert. Wir können diesen Kindern aber auch nur dann nachhaltig helfen, wenn wir selbst bereit sind, uns und unser Verhalten zu hinterfragen: Was tragen wir unbewusst dazu bei, dass das Kind sich so verhält, wie es sich verhält? Wie steht es um unsere Bereitschaft und Fähigkeit, auch ein kantiges Kind zu lieben? Können wir es aushalten, dass ein Kind uns manchmal keine »Ehre« macht, sondern uns Kummer bereitet?

Wenn wir bereit sind, gelegentlich unser Wertesystem, unsere Art, zu denken, und unsere Glaubenssätze infrage zu stellen, können wir unseren »problematischen« Kindern neue Entwicklungsmöglichkeiten eröffnen. Insbesondere müssen wir von der Vorstellung Abstand nehmen, das Kind sei für sein schlechtes Benehmen selbst verantwortlich und nur das »schwierige« Kind habe sich zu verändern. Das überfordert es und hilft ihm nicht. Insofern ist dieses Buch auch eine Aufforderung, sich bewusst mit sich, den eigenen Erwartungen und Kindheitserlebnissen auseinanderzusetzen.

Ich habe in diesem Buch auch versucht darzustellen, dass kein Kind einfach so, quasi aus sich selbst heraus und vollkommen grundlos »schwierig« oder »auffällig« wird. Eltern sind nie monokausal schuld an einem bestimmten Verhalten, leiden aber dennoch sehr häufig unter massiven Schuldgefühlen, wenn das Kind nicht so »funktioniert«, wie sie sich das wünschen. Da sie aber die engsten und wichtigsten Bezugspersonen des Kindes sind, können sie ihm am besten helfen – wenn sie denn wissen, wie sie das anstellen können. Hierfür habe ich einige hoffentlich hilfreiche Anregungen gegeben.

Ihnen Mut zu machen, das »schwierige« Kind als persönliche Herausforderung zu begreifen, sein Verhalten als Anstoß zur eigenen Reifung und Weiterentwicklung Ihres Familiensystems zu verstehen, war ein weiteres Anliegen dieses Buches. In diesem Sinne hoffe ich, dass Sie Ihr »auffälliges« Kind weiterhin mit den Augen der Liebe sehen und seinen wichtigen Beitrag zum Familienleben besser wertschätzen können.

Wenn wir mehr Bereitschaft zeigen, auch problematisches kindliches Verhalten als nachvollziehbares, »sinnhaftes« Verhalten zu verstehen, wenn wir willens sind, auch »schwierige« Kinder zu lieben und von Herzen anzunehmen, können wir viel dazu beitragen, unsere Welt ein kleines bisschen friedlicher zu machen. Dafür wünsche ich uns allen viel Erfolg.

Literatur

Beck, Ulrich: Risikogesellschaft. Auf dem Weg in eine andere Moderne, Suhrkamp Verlag, Frankfurt am Main 1986

Bergmann, Wolfgang: Ich bin der Größte und ganz allein. Der neue Narzißmus unserer Kinder, Patmos Verlag, Düsseldorf 2009

Chua, Amy: Die Mutter des Erfolges. Wie ich meinen Kindern das Siegen beibrachte, Nagel und Kimche, München 2011

Dilling, Horst; Freyberger, Harald J. (Hg.): Taschenführer zur ICD-10-Klassifikation psychischer Störungen, Huber Verlag, Bern 2011, 5. Auflage

Honoré, Carl: Kinder unter Druck. Rettet die Kindheit vor Schule und Übereltern, Fackelträger Verlag, Köln 2008

Juul, Jesper: Elterncoaching, Beltz Verlag, Weinheim und Basel 2011

Kohler-Weiß, Christiane: Das perfekte Kind. Eine Streitschrift gegen den Anforderungswahn, Freiburg im Breisgau, Herder 2008

Neuburger, Robert: Das Familientrauma. Wege zurück ins Leben. Patmos, Düsseldorf 2007

Omer, Haim; von Schlippe, Arist: Autorität ohne Gewalt: Coaching für Eltern von Kindern mit Verhaltensproblemen.»Elterliche Präsenz« als systemisches Konzept, Vandenhoeck & Ruprecht, Göttingen 2011, 8. Auflage

Römer, Felicitas: Arme Superkinder. Wie unsere Kinder der Wirtschaft geopfert werden, Beltz Verlag, Weinheim und Basel 2011

Römer, Felicitas: Ich bin keine Super-Mama! Schluss mit dem schlechten Gewissen, Herder, Freiburg im Breisgau 2008

Thompson, Caroline: Die Tyrannei der Liebe. Wenn Eltern zu sehr lieben: Perfekte Erziehung und die Ambivalenz unserer Gefühle, Antje-Kunstmann-Verlag, München 2008

Winterhoff, Michael: Warum unsere Kinder Tyrannen werden. Oder: Die Abschaffung der Kindheit, Gütersloher Verlagshaus, Gütersloh 2008

Wirsching, Michael; Scheib, Peter (Hg.): Paar- und Familientherapie, Springer-Verlag, Berlin und Heidelberg 2002

Anmerkungen

1. Generation Zahnspange

1   Bundeszentrale für politische Bildung, Geburten, www.bpb.de/wissen/
    0OBM9A,0,Geburten.html

2   www.spiegel.de, »Sterben die Deutschen aus?«, 6.1.2000, www.spiegel.de/po-
    litik/ausland/0,1518,58855,00.html

3   Bertelsmann Stiftung, »Familie. Bildung. Vielfalt«, S. 103

4   www.spiegel.de/politik/ausland/0,1518,58855,00.html

5   Thompson, Caroline: Die Tyrannei der Liebe. Wenn Eltern zu sehr lieben: Per-
    fekte Erziehung und die Ambivalenz unserer Gefühle, Antje-Kunstmann-Ver-
    lag, München 2008, S. 96

6   Alle Fallbeispiele sind aus Gründen des Personenschutzes eine realitätsnahe
    Mischung aus Erlebtem und Fiktion. D.h., alle Situationen, Fakten, Altersan-
    gaben und Familienverhältnisse sind dem Original gegenüber stark verfrem-
    det, alle Namen sind frei erfunden.

7   Honoré, Carl: Kinder unter Druck. Rettet die Kindheit vor Schule und Überel-
    tern, Fackelträger Verlag, Köln 2008, S. 11

8   www.n-joy.de, »Generation Burnout«, www.n-joy.de/leben/generationburn-
    out121.html

9   Juul, Jesper: Elterncoaching, Beltz Verlag, Weinheim und Basel 2011, S. 66

10 ebda., S. 67

11 ebda., S. 67

2. Was heißt schon »schwierig«?

1   Maier, Anja: Lassen Sie mich durch, ich bin Mutter. Bastei Lübbe, Köln 2011

2   Beck, Ulrich: Risikogesellschaft. Auf dem Weg in eine andere Moderne, Suhr-
    kamp Verlag, Frankfurt am Main 1986, S. 193

3   Thompson, Caroline: Die Tyrannei der Liebe. Antje-Kunstmann-Verlag, Mün-
    chen 2008, S. 88

4   Bergmann, Wolfgang: Ich bin der Größte und ganz allein. Der neue Narziß-
    mus unserer Kinder, Patmos Verlag, Düsseldorf 2009, S. 22

5   Winterhoff, Michael: Warum unsere Kinder Tyrannen werden. Gütersloher
    Verlagshaus, Gütersloh 2008, Klappentext

6   Juul, Jesper: Aus Erziehung wird Beziehung. Authentische Eltern – kompeten-
     te Kinder, Herder Verlag, Freiburg 2005

7   Winterhoff, Michael: Warum unsere Kinder Tyrannen werden, S. 39

8   ebda., S. 39

9   ebda., S. 31

10   ebda., S. 31

11   ebda., S. 95

12   ebda., S. 94

13   ebda., S. 179

14   ebda., S. 65

15   Der Spiegel 29/05, »Abends in die Elternschule«, S. 124

16   Stern, »Kleine Tyrannen: 100 Fragen ratloser Eltern und 100 Antworten erfah-
     rener Experten«, 26.07.2007

17   Stern, 21.05.2008

18   Welt online, www.welt.de/wissenschaft/article12686579/Jedes-zehnte-Kind-
     hat-eine-psychische-Stoerung.html; 3.3.2011

19   Hamburger Abendblatt, »UKE: Jedes vierte Kind ist psychisch auffällig«,
     12.08.2010

20   Hamburger Abendblatt, »Burn-out schon bei Kindern«, 12.08.2010

21   Sueddeutsche.de;   www.sueddeutsche.de/karriere/jugendlicher-schwermut-
     burnout-bei-kindern-1.582780, 19.03.2007

22   www.wecarelife.at, »Kinder unter Druck«, www.wecarelife.at/gesundheit-me-
     dizin/burnout/kinder-unter-druck/

23   Hamburger Abendblatt, »Wie krank sind Hamburgs Kinder?«, 6.1.2012

24   www.psychiatrie-aktuell.de, »Risperidon«, http://www.psychiatrie-aktuell.de/
     bgdisplay.jhtml?itemname=neuroleptika_risperidon

25   Techniker Krankenkasse, »Immer mehr Kinder nehmen Psychopharmaka –
     Anzahl teilweise mehr als verdoppelt«, 19.10.2011;

26   www.wien.orf.at, »Kritik: Zu wenig Psychotherapie für Kinder«, http://wien.
     orf.at/news/stories/2511830/

27   www.zeit,de; »Krank und allein«, http://www.zeit.de/zeit-wissen/2011/05/Psy-
     chisch-kranke-Kinder, 16.08.2011

28   ZEIT online, »Talente entdecken statt Durchschnitt fördern«, 21.02.2012,
     www.zeit.de/gesellschaft/zeitgeschehen/2012-02/hengstschlaeger-durch-
     schnittsfalle

3. Sinnvolle Symptome, zweifelhafte Diagnosen

1   Dilling, Horst; Freyberger, Harald J. (Hgg.): Taschenführer zur ICD-10-Klassi-
     fikation psychischer Störungen, Huber Verlag, Bern 2011, 5. Auflage, S. 268

2   Winterhoff, Michael: Warum unsere Kinder Tyrannen werden, S. 101

3   Taschenführer zur ICD-10-Klassifikation psychischer Störungen, S. 159

4   ebda., S. 331

5   ebda., S. 332

6   Morschitzky, Hans; Hartl, Thomas: Raus aus dem Schneckenhaus, Soziale Ängste überwinden, Patmos Verlag, Ostfildern 2011, S. 24

7   Spiegel online; »ADHS ist oft Falschdiagnose«, 05.03.2012, www.spiegel.de/ wissenschaft/medizin/0,1518,819486,00.html

8   www.focus.de/gesundheit/ratgeber/psychologie/adhs/adhs-kritik_aid_14037. html, ADHS. Umstrittene Diagnose

9   Rotthaus, Wilhelm: »Systemische Kinder- und Jugendpsychiatrie und Psychotherapie« in: Wirsching, M.; Scheib, P. (Hgg.): Paar- und Familientherapie, Springer-Verlag, Berlin und Heidelberg 2002, S. 529

4. Von Problembären und Sündenböcken.

1   Rogge, Jan-Uwe: Kinder dürfen aggressiv sein, Rowohlt, Reinbek bei Hamburg 2008, 2. Auflage, S. 185

2   Omer, Haim; von Schlippe, Arist: Autorität ohne Gewalt: Coaching für Eltern von Kindern mit Verhaltensproblemen.»Elterliche Präsenz« als systemisches Konzept, Vandenhoeck & Ruprecht, Göttingen 2011, 8. Auflage

3   Rogge, Jan-Uwe: Kinder dürfen aggressiv sein, S. 163

4   ebda., S. 33, 34

5   Hantel-Quitmann, Wolfgang: Arbeitsbuch Familienpsychologie und Familientherapie, Bd. 3, Gesundheit und Krankheit, Lambertus Verlag, Freiburg 1997, S. 119

6   ebda.

7   HQ, Familienpsychologie und Familientherapie, Band 4, Familiengeschichten, S. 111

8   Neuburger, Robert: Das Familientrauma. Wege zurück ins Leben. Patmos Verlag, Düsseldorf 2007, S. 48 f.

Kinder auf der Überholspur

Immer früher, immer schneller, immer besser? Pränatale Frühförderung, kaum mehr eine freie Minute im Erziehungsalltag – Kinder müssen funktionieren, Leistungen erbringen und werden rücksichtslos auf ihre Rolle in der zukünftigen Arbeitswelt getrimmt.

Schonungslos analysiert Felicitas Römer, welch ungeheurer Druck auf Kinder und Eltern ausgeübt wird und wie die allseitigen Interessen am Kind den Alltag von Familien heute prägen. Dieses Buch macht Eltern Mut, sich und ihre Kinder nicht länger vereinnahmen zu lassen, die herrschende Förderungshysterie mit dem notwendigen Abstand zu sehen und mehr auf den eigenen gesunden Menschenverstand zu vertrauen.

»Die Hamburger Paar- und Familientherapeutin Felicitas Römer, Mutter von vier Kindern, hat eine Kritik des elterlichen Förderwahns vorgelegt. Ihr Buch ist sozusagen der Gegenentwurf zur ›Tigermutter‹ Amy Chua.« F.A.Z.

Felicitas Römer
Arme Superkinder
Wie unsere Kinder der Wirtschaft geopfert werden
broschiert, 231 Seiten
ISBN 978-3-407-85921-1